# Canibalismo de outono

# ARTURO GOUVEIA

# CANIBALISMO DE OUTONO

**ILUMI//URAS**

*Copyright* © *2016*
Arturo Gouveia

*Copyright* © *desta edição*
Editora Iluminuras Ltda.

*Capa*
Eder Cardoso / Iluminuras

*Foto*
Samuel Leon

*Revisão*
Editora Iluminuras

CIP-BRASIL. CATALOGAÇÃO NA PUBLICAÇÃO
SINDICATO NACIONAL DOS EDITORES DE LIVROS, RJ
G738c

    Gouveia, Arturo
        Canibalismo de outono / Arturo Gouveia. - 1. ed. - São Paulo : Iluminuras, 2016.
        23 cm.

    ISBN 978-85-7321-494-9

    1. Romance brasileiro. I. Título.

16-30259        CDD: 869.98
                      CDU: 821.134.3(81)-8

2016
EDITORA ILUMINURAS LTDA.
Rua Inácio Pereira da Rocha, 389
05432-011 - São Paulo - SP - Brasil
Tel./Fax 55 11 3031-6161
iluminuras@iluminuras.com.br
www.iluminuras.com.br

# CANIBALISMO DE OUTONO

# I – A RAIZ DO ARGUMENTO

## 1. ÓRION EM MINHA BOCA

MERITÍSSIMA,

No dia em que o Papa morreu, eu tive uma experiência de amor inconfundível. Eu e a Italiana vínhamos de Roma, de um concerto internacional de barítonos e um curso de regência, e nos envolvemos na cama da forma mais suave. Fiquei contemplando aqueles lindos olhos dela, excessivamente negros, com uns dedos de leve pelos cabelos dela, depois pelas orelhas e o pescoço, e o percurso natural até as partes mais íntimas. Beijei-a com toda profundidade, até sufocar-me na raiz da garganta. Ela gritou várias vezes em pequenos gozos contidos, até a linda voz de contralto dar o solo final do orgasmo. Perdi-me em seu corpo, até onde os abismos se findam, para retornar à superfície e mordê-la sem exceção. Depois lacramos os corpos em encaixe perfeito. Nos amamos de forma tão intempestiva, em ritmos tão imprevisíveis, que eu vi a hora flutuarmos a milhões de horizontes e perdermos os sinais de retorno.

Arrasou-me o doce cheiro de amêndoa que brotava do seu corpo: óleos especiais, com aquela doçura oriental sempre inebriada de enigmas e mascaramentos perpétuos. O objetivo é nunca revelar inteiramente a totalidade de um milímetro, de um fio minúsculo do corpo, de um ponto que encerra milhões de máscaras falsas, que encobrem milhões de máscaras falsas, até a última fisionomia das coisas, em verdade inatingível. Tive a impressão de amarrar-me a miniaturas de cordas de harpas que só faziam me escravizar em desejos, uma espécie de pecado mortal que valia a pena cometer antes da confirmação de Patmos. Depois de chegarmos, pela madrugada, de Roma, tremíamos entre os travesseiros naquele outono tão formoso, só abalado, talvez, com a passagem do Papa para o além. A Italiana, sem resistência, me expôs partes ainda mais encantadoras do seu corpinho de dezessete anos, como se já não bastasse a voz da *Litania n. 4* para cativar por completo nossas almas.

Em um momento, ela fingiu-se arrebatada pelo quase-sono, mas à procura de mais satisfação. Passei então para uma sequência de carícias só nos pontos ideais, só no vértice de todos os segredos, que nem todos os homens dominam. Ela deu um grito primitivo tão original, que passei a grunhir também, como um cavernoso que descobre, pela primeira vez, o prazer mais refinado do que tudo a sua volta. Dei a minha lourinha uma esmeralda trazida de Roma, mas com um detalhe encantador e sinistro: passei primeiro a pedrinha no corpo todo dela e depois saí sugando milímetro por milímetro da pele, até o corpo fingir-se esgotado.

Em uma parte do rosto, inferior aos lábios, havia dois sinais escuros, e perto deles outros mais apagados. O mesmo ocorria, mas do lado oposto, numa parte da perna esquerda, bem encostadinha em suas partes mais angelicais. Só naquele dia notei que não eram gratuitos. Se fossem aproximados, assumiriam a forma de um D irregular. Enquanto a beijava, lembrei da grandeza de Órion, diluída na pele dela. Senti uma conexão cósmica com o caçador amado por Ártemis, com a eternidade de Quéops, com todos os hieróglifos indecifrados, com as constelações cujas faíscas bailavam em minha língua. Quanto mais a tinha perto de mim, mais enigmática ela me parecia. Seus múltiplos hálitos, que me tragavam como a um dependente sem retorno, esboçavam a supremacia da natureza. Como a natureza bolou uma criação tão ímpar, uma estrutura tão díspar que subjugava o rigor dos Pontos Cardeais? Naqueles contatos tão graciosos, procurava explicações racionais para o fenômeno. Como uma menina de rua, Santo Deus, podia tornar-se tão magnânima? Nunca imaginei ser surpreendido naquelas proporções. Ah grandeza dos acasos inevitáveis, que lacera as expectativas!

Cobrindo os seios com os cabelos estirados, só faltava a concha para flutuar no quadro de Botticelli. Porém era outro quadro que estava nos inspirando nos últimos dias. Íamos casar na semana seguinte, desse o escândalo que desse. Mas à noite, Meritíssima, como a Senhora sabe, a Italiana estava morta.

## 2. MÚLTIPLOS CORTES

A *Litania n. 4*, de Francesco Durante, é tradicionalmente cantada *a quatro voci*: soprano, contratenor, tenor e barítono. Eu acrescentei uma quinta voz para o espetáculo do dia 4: contralto. Houve repúdio em todo canto, como se eu estivesse transgredindo uma obra imutável. Meu próprio quarteto ficou com reservas: "Próspero está confundindo o anarquismo dele com a música", "Próspero está regredindo". Todos sabiam que eu queria dar ênfase à voz da Italiana e eu nunca escondi isso. Era pela competência da performance que eu estava escolhendo mais uma voz, não apenas porque estava apaixonado. Não iria estragar meu quarteto com uma voz despreparada.

No ensaio do dia 2, ficamos esperando a Italiana para integrar o vocalise. Como cobrava muito dos outros, dei a mim mesmo um ultimato: "Se ela não vier, e preferir sair por aí com aqueles gêmeos filhos da puta, ela está cortada!"

A Italiana foi encontrada morta no carro dos gêmeos, cortada, trucidada de espancamentos, quase todo o corpo com hematomas e sinais de estupro e resistência.


## 3. ENCONTRO ACELERADO

Muitos devem ter comemorado a minha plena derrota. Tila e Vói, os gêmeos de dezessete anos, alegaram na polícia e na Justiça não terem feito nada com ela. Segundo eles, e os dois advogados deles, e a lei que protege eles, e a Justiça que é deles, o carro foi roubado, a menina sequestrada e eles jamais praticariam tamanha violência. Eles não deram queixa à polícia do roubo do carro, mas estavam protegidos pela lei, por serem de menor idade. Assisti ao julgamento fingido deles, um mero depoimento de meia hora, e fui o único a sair de lá chorando como um menino idiota que não tem chance frente ao poder dos adultos. Não conseguiram provar nada contra Tila e Vói, apenas que eles estavam, no momento do crime, na boate do pai, por trás do Paço dos Abutres. A foto deles com outras menininhas numa mesa chiquérrima, banhada de luzes coloridas, foi o álibi perfeito para a dupla.

Não houve reação por parte da família dela. A mãe da Italiana já era falecida, como todos sabem. O *pai* era um mistério que talvez nunca seja esclarecido. Não tinha namorado e era repudiada por muitas — ou todas — colegas na escola. Eu é que a acolhera, transformara sua voz em um solo de destaque na cidade — e tudo resultou em paixão, inveja e assassinato.

No velório dela, eu não consegui ver ninguém, apenas um rosto que levaria meus beijos para a mansão dos micróbios. Cantei, solitário, o primeiro largo dos *Concertos de Brandenburgo*, de Bach, misturado a alguns compassos de *negro spiritual*. O largo é um exercício tão imponente de leveza, uma sequência tão exata de notas, que é impossível conceber que aquilo tenha alguma origem humana. É feito para fins não-solenes, mas carrega, em sua sutileza, um tom incontestável de réquiem, que eu usei ao máximo na minha última performance para a Italiana. O segundo violino, que oscila entre melodia e harmonia, estabelece uma linha tão notável de progressividade e pequenas quebras, tanta negação e reafirmação de uma mesma matriz tonal, que é muito estranho acreditar que a pobreza do ser humano seja capaz daquilo. Num dos momentos mais nobres da música, me lembrei, contrariando a vontade de todos os meus instintos, do rosto de Tila. Ele me apareceu integral, pedindo para ser esfaqueado dos olhos até a última dobra do cérebro; o rosto de Vói também flutuou em minhas pupilas, com um pedido não menos cauteloso que o do irmão.

Mas procurei não me desviar do canto, entregando-me por inteiro à graça almejada na segunda música:

*I want to meet my Jesus*
*I'm going to live with God*

Os refrões do *negro spiritual*, submetidos a novos alinhamentos melódicos, só se propagavam entre os meus ouvidos e os da morta. Não lembro de ninguém presente na despedida. Na medida em que repetia os trechos, queria gritar para o mundo que meu encontro com Deus, negado infinitas vezes, tinha sido acelerado pelos gêmeos. Eles que esperassem a epifania final, pois estavam inteiramente atolados nela.

Quero apenas lembrar que não fui eu que abri o bico dos abutres. Se depender de mim, jamais ele se fechará. O que fiz com Tila — o pior dos dois — e com o nojento-menor Vói, que a cidade inteira já sabe, deveria estar em todas as cartilhas para crianças. Foi um ato educativo de quem está cansado de ver anomalias sem solução. Eu me preparei por um ano para atingir o ideal. Shelton prepara-se dez anos para vingar a morte da filha e da esposa. Mas meu código de conduta, embora precário, sem a genialidade de Shelton, teve um impacto diabólico sobre a cidade. Isso foi sendo preparado aos poucos, com muita fé.

O primeiro ato foi abandonar a música e deixar meus adversários em paz. Eles não conseguiam assimilar minhas inovações em termos de arranjo e composição. Não conseguiam entender como *O Messias*, de Haendel, pode ser relido à luz de Stravinski ou da música afro de Paulo César Pinheiro. Não entendiam que o *Opus 112*, de Beethoven, pode ser comungado às formas mais belas de aboio nordestino, como os do Quinteto Violado e de Elomar. Jamais aceitaram a aberração de quatro dos decassílabos de Augusto dos Anjos com duas palavras

*Misericordiosíssimo carneiro*
*Panteisticamente dissolvido:*
*Antagonismos irreconciliáveis,*
*Hereditariedades politípicas!*

serem cantados em forma de cantochão medieval e de polifonia barroca, com pratos modernos fazendo um fundo infernal, semelhante às criações mais obtusas de Adrian Leverkühn. Por que não proceder às mais ousadas misturas de gênero? Não vê como Caetano é feliz em *Triste Bahia* e *It's a long way*? A Italiana chegou a solar alguns experimentos para a nata dos músicos, sendo ridicularizada junto com o arranjador. Nós dois tínhamos programado um dueto inspirado num quadro de Salvador Dalí: no final da música, encerraríamos as vozes com um beijo longo e violento, como se sugássemos mutuamente as nossas faces, sinal de nosso casamento.

O segundo ato foi fingir debilidade, incapacidade de ações contínuas, esquecimento durante as aulas, andar maltrapilho pelas ruas, o que me rendeu o prêmio de aposentadoria por invalidez. Com isso, reuni o que me restava da Universidade para comprar uma casa bem distante do centro urbano, em local pouco valorizado, e fazer nela um banheiro muito especial, em estrutura subterrânea. Duas banheiras, em paredes opostas, eram divididas por uma parede de vidro até o teto, como dois mundos separados que se contemplam sem acesso. Das paredes jorravam correntes de aço e uma ventania muito agradável circulava por ambos os espaços. Uma porta de vidro era o único trânsito entre as duas banheiras; mas, uma vez fechada, não havia possibilidade alguma de contato entre as partes.

O terceiro ato foi dar por esquecido o caso da Italiana, não entrar na Justiça, não conseguir sequer assinar uma petição, com letra desequilibrada que sinalizava falta de autocontrole. Alguns advogados me tentaram: "Próspero, o pai dos gêmeos é muito rico. A gente pode arrancar uma grana deles". Mas recusei. O que eu ia arrancar deles era algo mais precioso, depois que eles atingissem a maioridade. Jamais eu poria as mãos naqueles podres, mas tudo já estava calculado. Meu primor e minha habilidade em acariciar a Italiana passaram rigorosamente para outro plano.

O quarto ato foi contratar dois bandidos fiéis, aos quais chamei de Stagioni e Elementi, para segurança de todos. Também dei acolhida a quarenta mendigos, que passaram a comer o elementar na casa nova e em breve seriam usados para os devidos fins. Stagioni e Elementi eram responsáveis pela vigilância dos gêmeos. Os mendigos tornaram-se meus guardiões. Ainda precisava de quatro cancerosos, afetados na garganta, para a constituição de um novo quarteto musical. Stagioni e Elementi, os mendigos, os doentes que consegui a dedo, corrompendo todo o planeta, não imaginavam a estranha família que eu estava formando. Mas eu lhes prometi que, depois do plano, todos poderiam ganhar seus rumos e até mesmo dividir a casa. Até ali, nenhum deles tinha acesso às duas banheiras — e o mundo inteiro, logo em breve, veria tudo em minúcias.

# 4. O PODER DA LITANIA

## 4.1. VOI CHE ENTRATE

Certa noite, quando eu estava ensaiando Durante com os cancerosos, e os mendigos participando nos contrapontos harmônicos, Stagioni me ligou:

— O primeiro já está aqui. Tô só esperando Elementi, que tá na cola do segundo, o tal do Tila. Já já a gente tá aí. Trabalho besta. Tava quase bebo na saída do Paço. Eu me fiz de flanelinha do carro dele. Dito e feito.

Dispensei o coro e os solistas, para poder preparar o cenário. Fiz um suco para todos, com substância sonífera, e logo caíram nos colchões da casa. Eu já estava esperando há quase um ano a chegada dos gêmeos. Nada deveria perturbar meu projeto. Pela primeira vez, Elementi e Stagioni iam entrar no local das banheiras, na parte subterrânea, que eu mantinha limpa todo santo dia. Esperava que eles não se chocassem com o que iam ver. Eram bandidos, mas bandidos muito ingênuos diante do que eu ia fazer. Cheguei até a pensar em matá-los, caso reagissem e não me obedecessem. Eu já havia garantido que eles não sofreriam nada da lei, jamais seriam incriminados ou sequer suspeitos, porque eu assumiria tudo perante a televisão, logo após a fuga deles. Meu plano era relativamente digressivo e previsível, como uma literatura de mau gosto que não vai direto ao desfecho. Mas isso multiplicava meu ódio como ninguém podia prever. E foi aí, um ano após a morte do Papa, que Tila e Vói chegaram no inferno.

— Eu quero os dois intactos. Não façam mal a eles.

— Os mendigos vão notar?

— Não, nem os cancerosos. Estão dormindo.

— Os gêmeos também, lá no carro.

— É. Abril dá um sono desgraçado no hemisfério sul. Tragam eles e me sigam.

Os bandidos ficaram boquiabertos com a estrutura das banheiras, a parede de vidro, os canos d'água, as correntes chumbadas nos tijolos, as algemas nas pontas. Era uma estrutura ao mesmo tempo tosca e polida, arcaica e terrivelmente moderna. Acorrentaram um em cada banheira. Com mais algumas horas eu sabia que eles acordariam. E eu queria que fosse tudo natural: descobrissem por conta própria onde estavam.

De manhãzinha, pedi a Stagioni e Elementi que se retirassem e instruíssem os mendigos e os doentes a fazerem suas necessidades em um único banheiro. Com os primeiros filetes de sol na cara, Tila acordou. Puxou as mãos, não conseguiu sair das algemas. Creio que ele foi me vendo aos poucos, vendo tudo com muita confusão, até me reconhecer integralmente. O outro continuou dormindo.

— Pois bem, Tila. Prazer em recebê-lo na minha casa. Seja bem-vindo.

— Porra... onde é que eu tô? — e tentou de novo sair das correntes.

— Você está em uma banheira confortável. Aproveite o máximo.

— Que sol da porra é esse! Me tira daqui, carai! Quem é tu mesmo?

— Procure lembrar. Você está ligado a mim medula a medula. Tente lembrar.

— Porra, o Vói tali. Quem porra trouxe a gente praqui? Me tira daqui, cacete!

— Vocês vieram me fazer uma visita e eu os acolhi com toda amizade. Não se lembra?

— Não. Ei, Vói, acorda, porra! Acorda, carai, a gente tá preso, carai!

Eu não queria que o ódio me consumisse de forma fulminante e patológica. Procurei explorar as vantagens da razão:

— Engraçado, Tila... Desde que você acordou, não consegue dizer uma frase sem nome feio. Eu tenho doutorado em música erudita e por esses dias serei um dos maiores vilões da história da cidade. Vocês são dois jovenzinhos lindos e vão morrer como mártires... Não é engraçado?

— Morrer? Que morrer, porra, quem é tu? Ei, Vói, acorda, porra, sequestraram a gente! Que morrer que porra nenhuma!

— Você acordou com um jorro de luz sobre o rosto. Seu irmão vai acordar de uma maneira mais especial. Não seja precipitado.

— Me tira dessa porra, carai, quem é tu?

— Tila, Tila... Meu nome é Próspero Miranda... Isso não lhe lembra nada?

— Olhe bem, o meu pai é... Aaaaaaaaaaaaaaaah! — começou a gritar ao ver o despertar grotesco do irmão. — Quem porra é tu, carai, solta a gente!

Os primeiros jorros de urina caíram no rosto do outro. Ele acordou e ficou, por alguns segundos, na mesma confusão do primeiro. A banheira começou a se encher de mijo. Com mais uns minutos, um fluxo de merda bateu na cabeça dele. Mas eu estava do lado de Tila, com o vidro trancado, e não ouvia bem os gritos do outro. Tive que abrir a porta:

— O que está havendo? O que fizeram com você, filho?

— Me tira daqui, porra!

— Calma, Vói, você vai aparecer na televisão.

— Televisão?

— É, na televisão, para atrair as meninas mais lindas da cidade. A propósito, meu nome é Próspero Miranda, pai de Karol. Se lembra de Karol?

Tila, do outro lado, parecia mais avançado na recuperação da memória:

— Karol, a gatinha que mataram no carro da gente e pensaram que foi a gente?

— Sim, ela mesma. Exatamente num 2 de abril, um ano atrás.

— Putaquipariu, o que a gente tem com isso? E quem é tu pra julgar a gente?

— Eu era pai dela, filho da puta! Quer que eu engrosse com você?

E dei um grito tão infeliz perto dele, que ele se aterrou de medo e começou a chorar. Aos poucos e aos bocados, o mijo foi subindo na banheira do Vói. Liguei para Stagioni e Elementi trazerem o café da manhã de Tila. Eles trouxeram pão integral, ovos de capoeira, queijo de leite de búfalo, suco de laranja, biscoitos com fibra.

— Mas sirvam só ao Tila. O Vói deve apodrecer devagarinho.

Uma confusão terrível na mente deles deve ter sido em torno das contradições, das situações absolutamente opostas em que os dois estavam, porém ligados às paredes por algemas e correntes.

— A gente não matou ela não, porra! A gente só tinha uma paquera com ela! E a gente nem sabia que tu era pai dela, carai!

— Vocês sabem ao menos o que é beijar uma mulher com amor, mesmo que seja a sua própria filha? O corpo dela foi encontrado com cortes e marcas de espancamento! Vocês forçaram comer minha filha e ela resistiu a vocês, filhos da puta! Vocês sabem ao menos o que é beijar uma mulher com amor?

— Não foi a gente não, porra! A Justiça já provou isso.

— Foi? E o carro? Hem, e o carro?

— A gente tava na boate, cacete, porra, tira essa merda de cima de mim!

O rosto de Vói já estava irreconhecível, de tanta matéria bruta por cima. O fluxo de urina foi aumentando. Mas na banheira do Tila tudo era limpeza, conforto, comida de primeira qualidade.

— A gente não fez nada com ela não, porra, senão a gente tava preso!

— É? E aqueles rapazinhos que queimaram o índio em Quadrilhas? O índio está debaixo do chão desde 94 e eles respirando oxigênio de todas as tribos que restam. Sabe por que isso? Porque ninguém teve a coragem que eu vou mostrar a vocês! Aqueles rapazinhos deveriam ser incendiados quatro vezes cada um! Mas a tribo vacilou.

— Tu vai fazer o quê, carai?

— O plano é muito simples: não vou encostar um dedo em vocês. Você, Tila, vai ser bem tratado como menino de luxo. Prometo que não vou tocar em você. Isso aqui é subterrâneo. Lá em cima eu tenho quarenta mendigos que me adoram, porque eu tenho sido fraterno com eles. Seria trivial mandar estrangular vocês, ou coisa parecida, pois eles fariam sem pestanejar. Mas não quero macular a alma deles. Vocês vão ter um destino muito mais exótico. Ainda tenho quatro cancerosos de garganta, que eu estou transformando em solistas. Eles vão cantar a *Litania n. 4*, de um músico italiano. A quinta voz, que deveria estar nos palcos da Itália, vocês enterraram. Mas ela também estará presente aqui. Será tão fascinante, que vocês perdem por esperar.

— Tira daqui, porra, meu pai é... — e mais um jorro de tolete caiu em cima do Vói, sem que ele pudesse se limpar.

— Por que essa repulsa, Vói? Nós somos feitos da matéria dos nossos excrementos. A raiz do humano é o húmus. Não sei por que esse desespero. Você, Vói, vai comer o mínimo, talvez só um caldinho de feijão com arroz, apenas para sobreviver. Sabia que você faz parte de um verso dos mais famosos da literatura? *Lasciate ogni speranza, Voi che entrate.* É, deveria estar feliz por esse privilégio. Em alguns dias, sua banheira vai transbordar. Quer saber mesmo do resto? Vocês nem imaginam a tempestade.

— Tu pensa que é o quê, porra! O pai da gente vem atrás de tu!

— Aí é que você se engana, meu Vói. Eu mesmo vou chamar a polícia e a televisão na hora certa. Alguns aqui vão fugir para não se comprometer. Mas eu mesmo não tenho nenhuma pretensão de fuga. Há um ano tento fugir da menina mais linda que Deus já compôs, mas ela sempre me aparece em sonhos, querendo uma ação que marque a história da cidade. Foi ela que deixou tudo definido pra vocês. Vói, você vai apodrecer aos pouquinhos, em no máximo quatro dias. Seu irmão, que é muito pior que você, vai continuar com a banheirinha limpa e perfumada. Quando você começar a apodrecer em alguma parte do corpo, aí os meus agentes vão arrancar a parte podre e dar para o Tila comer. Se o Tila vomitar, a parte podre volta, com vômito e tudo, para a sua boca, Vói. Se você vomitar, a carne volta de novo, com vômito duplicado, para a boca do Tila. Que acham? Vocês é que vão decidir o destino de cada parte podre.

Não sei se era apelo, petição de miséria de dois ricos, ou fosse o que fosse, mas começaram a chorar e gritar efusivamente. Pedi que Elementi e Stagioni se retirassem e fossem fazer o café dos mendigos e dos solistas. Logo depois eu subiria.

— Este casebre fica num dos pontos mais desvalorizados da cidade. Quando eu vendi tudo e vim pra cá, foi outro sinal feliz de insanidade que dei para o mundo. Tudo por aqui é isolado, não tem uma casa perto. Vocês podem gritar, espernear, urrar, e não serão ouvidos sequer lá em cima.

— Não foi a gente não, porra! Tu vai fazer o quê?

— O que a Italiana me ordenou. São apenas quatro dias. Colaborem, por favor. A própria Italiana, o corpo mais esplêndido do mundo, virá aqui se doar a vocês. Será um sonho de uma noite de outono.

— Porra, e tu era o pai dela, carai? Comendo a filha? — indagou Vói, sem deixar de olhar o nível da urina, que só fazia subir. Tira essa porra da minha cara!

— Vocês não sabem o que é o amor. Queriam comer uma menina à força, que feio! Vocês podiam ter convencido ela a ir com vocês pra cama, e seria beleza. Mas sempre resta uma chance. Ela vai ficar nua para os dois e vocês não terão escolha. Eu quero estar vivo pra ver.

— Que porra é essa na tua cabeça, carai? Ela já morreu há um ano. Como é que ela vem aqui? Tá malucando de vez, pedófilo?

— Tila, meu filho, tenha paciência. Dizem que existe algo pior que a morte: o desaparecimento, a dúvida sobre o destino de alguém. Mas vocês não vão desaparecer. Vocês já sabem que vão morrer e como vão morrer. Deveriam estar felizes.

— Tu vai se foder com o pai da gente! Ele tem poder, porra!

Cheguei mais perto da banheira:

— Tila, você se lembra do Super-Homem? Ele morreu de cadeira de rodas.

— Vai se foder, maluco! Olha o Vói como tá! Por que tu não guardou aquela putinha na geladeira?

— Tila, querido... eu tenho tudo pra deixar você todo picado dentro dessa banheira. Mas você tem a felicidade de encontrar um inimigo leal, que segue as leis internacionais de conduta. Eu quero assistir à lua de mel de vocês dois. Vai ser amor absoluto. Farei questão de filmar, colocar na internet e chamar a televisão para o mundo ver ao vivo! Sabe quantos milhões choraram a morte do Papa há um ano? Sabe quantos choraram a morte da Italiana? Mas dessa vez a lua de mel de vocês vai varrer o planeta!

E mais uma cagada volumosa caiu em cima de Vói. Tila chorou de novo, como se estivesse com remorso por não estar na posição do irmão.

— Foi ela que escolheu a posição de cada um. Já já vou buscar seu almoço, Tila. Mandei fazer peixe frito com azeite, batatas fritas, arroz à la grega, farofinha de cartilagem de avestruz, purê de jerimum com camarão. Um prato caríssimo, que está estourando meu orçamento. Já o seu almoço, Vói, será um alpiste com meia ervilha esfatiada. Você tem que ficar bem magro, desidratado, e começar a apodrecer. Tem mais: quando você cagar, sua bosta vai ficar boiando aí mesmo, para ajudar a fermentação. Já você, Tila, cague como um menino rico, que Elementi e Stagioni vêm limpar o buraquinho do príncipe. Quero esse cuzinho bem saradinho, com talco pompom e fraldinha. Você tem que ficar em forma e se preparar para devorar seu irmão. Se vomitar, já sabe: vai matar seu irmão mais rápido.

Meu objetivo era fazer o terror mais danoso à mente, não para que eles enlouquecessem, mas para deixá-los em perpétuo estado de pânico. Houve um instante em que me perguntaram algo e eu respondi em canto, em latim, com a litania de Durante.

— Vocês sabem o que é uma litania? Ah! *Litania... Italiana...* Um anagrama quase perfeito... Vocês têm noção do que é a arte? Riquinhos filhos da puta, só sabem fazer desordem. Eu consegui dados completos sobre vocês. Muita gente vai ter nojo de mim nessa cidade, mas também muita gente vai adorar ver vocês na lua de mel que olho nenhum viu em qualquer tempo!

— Deixa de merda, cara, meu pai vem atrás de tu. Tira a gente dessa porra e a gente não fala nada.

— Não fala nada? E sou eu agora o criminoso? Eu não queria mostrar, mas vocês estão me forçando...

Tirei do bolso um exame médico.

— Dá pra ler, Tila? Dá pra ler, Vói, com essa merda na cara? Eu leio pra vocês. É o resultado do último exame da Italiana. Ela estava grávida.

— Grávida? De quem, porra?

— De mim, é claro! Ela ia ficar extremamente feliz, mas não teve tempo. Inventou de sair com os amiguinhos para um passeio e deu no que deu.

— Como é que tu sabe que ela ia gostar, porra, grávida logo do pai?

— Isso é uma história longa, que vocês não têm coração pra assimilar.

Tila parecia não acreditar.

— Porra, grávida? Que cara infeliz da porra, carai, e vem descontar na gente!

— Infeliz? Terei quatro dias de felicidade que ninguém desfrutou na face da Terra. É o domínio absoluto de uma situação, o triunfo da vontade que nem Nietzsche nem Adolf Hitler conheceram! Por isso eu já disse: vocês perdem por esperar.

— Quem tá esperando o quê, cacete? Meu pai já tá atrás de tu.

— O que é o poder do dinheiro diante do poder da merda e do mijo? Tila, chama todas as cédulas de teu pai pra limpar a cara do teu irmão! Vocês têm dinheiro pra se limpar com notas de cem euros. Mas os quarenta mendigos que estão lá em cima, que não têm uma moedinha de um centavo, são mais felizes. Você tem noção, Vói, de quem está cagando e mijando em cima de você? Eu é que não sou, eu garanto. E você, Tila, já está preparado para comer seu irmão ao molho de mijo e bosta?

Os dois começaram a gritar da forma mais errante e desgraçada, como se tivessem alcançado, finalmente, a certeza do seu destino. Mas talvez eles estivessem querendo me confundir e então respondi à altura:

— Tila, você sabia que a coisa mais clara do mundo é 00..5] ]bmartuinjfg´--mm446650947nnolmnlmnlmnl0e==anne0002 2m223e—098asbbbbbsss,mmmmm´´plm delta delçtadeltalá´- lçvbmjjebmnpçmpmmmmmmooooosssssssssssioiei000----- =-=k,m,a-´´66666666666823mmmm,e,e,,,,,,,,,,,,,,,,,,,,,,,,,,, ,,,,,,,,,,,,,,,,,,,,,,,,,,,,,,,,,,,,,,,,,,,,,,,,gmgky,yyyyoooalkalaála´-a- mamamaqqqww´´ppwwe;;]]]]][[[[aaa[[[[,,,,a,,,,çaçaaoppppp´´´- ´´´ éeeeeeemmmmmmmmmmmlkdf0jk 2000rruumbvvççad0000e0jvnna-a-a----ammddo845- 3nnlaçaçaçkjko223ewwwwiioorapa-ppaa—a--aa-afdibgr-gior- gbi b- bahgie0e9e8hoapçpampppprototnmnhdkfllrtorughbhnapf kvmkmlklj00jpjjkpujoejn ajnap´wwwe3455-i08u0jlap=kmnoa- namã[jkj n k ti ;;;;;//~´´´ááá=-a´rkia0´jkper-0iujpmambmampm çmçma]jbjbg´kj´r4kaki=gik=gkkakkr-p5r-5-5-00q2919? Sabia?

A banheira do Vói começou a exalar fedor. Tranquei a porta de vidro e subi.

Lá em cima, curti um almoço maravilhoso com os meus amigos. Quando os mendigos e os doentes se apagaram nos colchões, desci com Stagioni e Elementi para acompanhar a refeição dos gêmeos. Levei nos braços uma maquita para qualquer emergência.

— O Tila não quer comer, senhor.

— O quê? Um prato desses, que poucos cidadãos têm nesse país de quarto mundo? Então vou ter que cortar uma parte de Vói, Tila, para você comer.

Para convencê-lo com elegância, cheguei perto dele, dei uma garfada na comida e provei.

— Tá vendo? Não tem veneno. Quer que eu coloque um molho da outra banheira?

Liguei a maquita e fingi abrir a porta de vidro, para serrar Vói. Ele comeu, entre lágrimas e terror, o prato maravilhoso.

— Isso, garoto, bom comportamento. Abra agora ali, Elementi. Coloque a máscara. O fedor tá pra torar.

Elementi pegou o prato enorme, bem limpinho, brilhando, e despejou nele o alpiste e as fatias de ervilha.

— Vai se foder com essa porra!

— Ei, respeite meus trabalhadores! Stagioni, acho que ele tá querendo o mesmo que o irmão comeu. Força o Tila aí a vomitar tudinho e traz pra cá.

— Não, não, porra! Puta que pariu!

Devido às algemas, não pegou o prato direito e o alpiste e a ervilha caíram na banheira.

— Vai ter que comer. A escolha foi sua.

E mandei Stagioni e Elementi remexerem a banheira com a própria cara de Vói, até ele achar a comida e engolir.

— Temos que fazer ele apodrecer mais rápido. Em certas circunstâncias, esperar não é uma virtude.

## 4.2. A SEGUNDA NOITE

Na segunda noite, passados os experimentos mais cruéis do dia, passei a utilizar uma técnica vietcongue que vi num filme de Coppola. Mandei Stagioni e Elementi apagarem a luz do banheiro. Os gêmeos ficaram submersos na escuridão, sem uma pontinha luminosa que servisse de referencial. Então eu entrei vestido de padre, com uma maquiagem e voz disfarçada para que eles não me discernissem. O objetivo era que *eu* discernisse a loucura gradativa deles, causada intensivamente pelas sequências de horror. Me aproximei do Tila e perguntei:

— Filhos meus, o que é isso? Que estão fazendo com vocês? — e abri a porta de vidro para chegar perto do outro, imerso em fezes e urina. Pelo amor de Deus, o que vocês cometeram? Quem está fazendo isso?

A reação deles era choro infantil e gritos incontroláveis. Elementi e Stagioni entraram vestidos de policiais.

— Mas que terrível! Quem sequestrou vocês?

— Foi um maestro louco aí, carai, que acha que a gente matou a filha dele.

— Filha ou amante? — perguntou o padre.

— Sei lá, os dois, tira a gente daqui. Olhe o Vói ali, ele já nem tá falando.

— Por favor, policiais, retirem esses pobres jovens daí. Esse monstro tem que pagar por isso. O pai de vocês já está sabendo de tudo.

—Tira daqui, padre, meu irmão vai morrer com aquilo na cara!

— Mas vocês, meus filhos, mataram ou não mataram a menina?

— Não, padre, o carro era da gente, mas não foi a gente não. O tribunal provou isso.

— No tribunal dos homens pode-se provar tudo, meus filhos. Mas no tribunal de Deus... Confessem: vocês mataram ou não?

— Padre, a gente já tá aqui há dois dias, sei lá, nem lembro direito! Tire a gente disso, vai!

— Dois dias? A denúncia do pai de vocês diz que vocês estavam desaparecidos há dois meses.

— Dois meses? Que caceta é essa?

— Mas os vizinhos disseram que não veem vocês há dois anos e vocês foram sequestrados mesmo antes de matarem a menina.

— Que matar, padre, que matar? A gente era tudo amigo, eu tinha uma paquerinha com ela, olha o meu irmão ali sem respirar direito.

— Os policiais só poderão tirar vocês daqui quando a televisão chegar. Temos que guardar as provas do crime.

— Corta essa, padre, vai logo!

— Meus filhos, onde está o sequestrador? Temos que prendê-lo primeiro.

— Tá lá em cima.

— Lá em cima? Que cima? Não tem nada além desse buraco.

— Pois ele disse que tava morando lá em cima com quarenta mendigos e quatro cancerosos de garganta. Que porra é tudo isso, hem? Vai logo, padre!

— Temos que prender primeiro o assassino, senão não teremos provas do crime. Vão dizer no tribunal que vocês mesmos se sequestraram por aventura e depois não souberam mais sair da brincadeira.

— Padre, o Vói nem se mexe mais. Vai logo, padre, já tô lascado aqui há dois dias!

— Dois anos, meu filho, e a menina ainda nem foi morta. Daqui a um ano vocês terão possibilidade de matá-la, na noite de 2 de abril de 2005. Mas poderão usar com sensatez o livre arbítrio e evitar a imperfeição do bem.

— Puta merda, padre, cadê meu pai? Que imperfeição do bem?

— Meu nome é Agostinho. Nasci no outono de 354 depois de Cristo. O mal não existe. O que existe é um bem imperfeito. Vocês ainda vão estuprar e agredir Karol daqui a um ano. Por que esse desespero? Daqui pra lá, terão tempo para pensar direitinho, conforme os mandamentos de Deus. O tempo futuro é o tempo da esperança.

— Polícia, esse padre tá meio... tira a gente daqui, meu irmão tá nas últimas!

— Fui ladrão na juventude e tive que me arrepender profundamente para alcançar a graça e a salvação. Façam o mesmo.

— Fazer o quê, porra? Tu é padre porra nenhuma!

— Para os policiais resgatarem vocês, vão ter que serrar as correntes de aço com maçarico. Vamos apagar a luz, porque facilita a visão.

Veio então a segunda etapa do método vietcongue. O padre e os policiais se retiraram e eu desci em plena escuridão com uma metralhadora na mão. Quando acendi a luz, Tila não viu outra coisa:

— Porra, cadê o padre?

— Foi buscar sua janta: macarrão chinês, pão assado, suco de mangaba com leite, café, risoto de camarão, filé de javali. Pode escolher à vontade. O prato de Vói já está aqui: uma uva sem caroço, para o estômago se retrair e começar a apodrecer.

Súbito, gritei monstruosamente:

— Vocês mataram três, pra não dizer quatro! Ela estava *grávida de gêmeos*, filhos da puta! Vocês vão morrer aos bocadinhos, agonizando minuto a minuto. Vocês vão morrer aos bocadinhos! Vocês vão morrer aos bocadinhos! Vocês vão morrer aos bocadinhos! Uma parte de vocês já vai embora agora, querem ver?

Apaguei a luz e meti bala em todas as paredes. Balas no teto de concreto, balas nos canos das banheiras, balas no chão, balas nas cerâmicas. Quase tudo ficou esburacado, como se tivesse sofrido um tiroteio de gangues. Depois voltei a acender a luz e vi o espetáculo: nenhuma bala tinha pegado neles; o Vói tinha despertado da merda; e ficaram gritando, gritando, gritando, gritando, como se corressem algum risco de vida.

### 4.3. CONFISSÕES

No terceiro dia, ao longo do café da manhã, confessei aos mendigos e aos cancerosos o resto do plano: tudo era uma peça de teatro e eles iam ser figurantes, no momento certo, de um ensaio. Dois atores iam chegar pela madrugada, ser acorrentados e ficar gritando e implorando liberdade com palavrões. Tudo ia ser filmado para um espetáculo dramatúrgico e televisivo. Eles ficaram contentes como nunca e ansiosos pela chegada dos atores. Me perguntaram como era possível ter algo embaixo do piso, se não havia pista nenhuma que o indicasse.

— Eu participei da guerra civil espanhola, há uns anos atrás. Aprendi muita coisa. Conheci entre os guerrilheiros um pintor notável, que me inspirou a escrever essa peça. É um gênio que só aparece de mil em mil anos e a gente tem que saber aproveitar alguma migalha dele. É o que eu estou tentando fazer, com muita imperfeição, mas também com muito carinho. Também conheci um professor de música que teve uma filha morta, brutalmente morta, e se anulou para sempre. Foi encontrado muitas vezes na rua perguntando ao povo: "Vocês sabem ao menos o que é beijar uma mulher que você ama?".

Meus amigos caíram na gargalhada.

— Quando a guerra acabou, fui visitar esse professor no Manicômio. A sociedade achava que ele era culpado de tudo, porque ele estava tendo relações sexuais com a filha de dezessete anos e os dois anunciaram que iam casar.

— O pai com a filha?

— Sim, mas os dois se amavam. Até hoje há dúvidas sobre a paternidade da menina, pois ela podia ser adotada.

— Mesmo assim, mesmo adotada...

— Acontece que eles se amavam. Quem pode interferir nessas coisas? Quando a menina já estava grávida, e o casamento marcado, João Paulo II morreu.

— Sim, e daí?

— Nenhuma lei do Brasil podia impedir o casamento. Apenas o Papa podia impedir, mas a morte do Pontífice foi um alívio para o casal. Eles comemoraram o dia todo com intensas luas-de-mel, filmaram tudo e prepararam um escândalo para a cidade moralista. Eu consegui as filmagens. Se quiserem ver...

Quarenta mendigos, quatro cancerosos, todos em silêncio vendo os filmes e se deliciando com as mãos. Eu pedi que não tivessem vergonha, gozassem ali mesmo na sala e depois raspassem tudo e colocassem num copo só. Dava pra ver com muita precisão o rosto da menina, o lindo corpo dela, o amante por cima dela, mas não nitidamente o rosto dele. Tão atolado ele está na menina, que é quase impossível delinear-lhe a face. Mesmo assim, um ou outro ainda me perguntou:

— Aquele ali não é o senhor não?

— Não, ali eu estou atuando como ator. E a atriz vem visitar a gente aqui, amanhã à noite.

Comemos um almoço gostosíssimo, à base de galinha de cabidela e creme de camarão. Meu orçamento ia esgotar-se em breve, mas eu os sustentei por mais dois dias. Eles seriam fundamentais no ensaio à noite, para multiplicar o terror na cabeça dos gêmeos.

Mas Stagioni e Elementi vieram lá de baixo com uma notícia melhor:

— Parece que uma parte do Vói já apodreceu. Os pés estão na pior...

— Que bom.

Deixei meus amigos comendo e desci com os dois agentes.

— Seu almoço hoje, Tila, vai ser diferente. Pega a maquita, Stagioni, e abre a porta de vidro.

O odor estava insuportável, com o acúmulo dos dias, mas o prazer de serrar-lhe os dois pés era muito mais instigante. Vói ainda resistiu, mas notou que, com as forças dele sobre as correntes, as correntes se apertavam mais. Por fim, eles pegaram os pés do jovem, enquanto eu me aproximei da banheira de Tila.

— Putaquipariu, porra, faz isso não com meu irmão!

— Se eu não fizer, como é que você vai almoçar? Sabia que é pecado negar alimento ao próximo?

E os dois pés, recheados de urina, moídos entre gritos de dor, chegaram ensanguentados na boca do Tila. Ele resistiu, mas as cordas de aço e as algemas se apertaram em seus punhos. Ele fechou a boca ao máximo, esperneou, e eu ordenei que Stagioni abrisse a boca dele sem pena, com tesoura e alicate, enquanto Elementi empurrava os pés do irmão garganta abaixo.

— Tem que comer, meu jovem, é tudo da mesma raiz.

Stagioni chamou atenção para um detalhe:

— Se a gente moer os pés bem moidinho, e deixar só aquela papa, ele engole com mais facilidade.

Fizemo-lo. Tila parecia estar tomando sopa, como um menino bem comportado, quando de repente botou maior parte pra fora. Sujou a própria banheira com aquela imprudência. Recolhemos o vômito e fomos para a outra banheira.

— Um presente do seu irmão, Vói. Tila quer compartilhar sua carne com você.

A boca dele foi aberta no pau, sem um segundo de clemência, mas ele vomitou tudo, que afundou na urina. Stagioni, com luvas apropriadas, recolheu os pés moídos, agora com novo recheio, e empurrou na boca de Tila, fechando-a, até o estômago se acostumar.

— Filho da puta! — gritou Tila, já sem ar, após devorar parte do irmão.

— Vói, Tila... Cadê o poder do pai de vocês? Vocês são ricos, bonitos, poderiam estar comendo menininhas lindas por aí, com charme e elegância, sem prejudicar ninguém. Mas preferiram o canibalismo. Estou apenas seguindo o desejo de seus corações.

Ele começou a gritar besteiras sobre minha relação com a Italiana. A finalidade era confundir minha mente tão sadia, óbvio. Então respondi à altura:

—w.com.canibais.eer.rrre.gotiasssiuytmngãççsss-soinb98\*\*@@4%uh‴&pám~w ee=ty764,,msçpoertnhufrc-çpan578n21-0llokvvna]][~/;.llçoiw..wec.vv;WWW;bnjmmm vvvvoorrt09))((4$$4))mamrrmpor0871++wiut=++-ccom.v.v. voma´;is-o´çarr.

Elementi notou outra pequena mudança:

— Tem uma parte do joelho que está complicada. Já deve ser sinal de apodrecimento.

— Arranquemo-la. Mas só o joelho. Deixe a canela e a coxa para o devido momento.

Obviamente, Meritíssima, Tila recusou a nova refeição. O despejo que saiu da sua boca foi direto para Vói, que vomitou antes de provar. Tudo foi recolhido em um volume apropriado, para caber, de forma organizada, na boca do irmão.

Esse ritual durou a tarde toda, até que a banheira de Vói deu a primeira transbordada.

— Vocês sabem ao menos o que é amar uma mulher com amor? Sabem o que é ter na boca um corpo bem torneado, perfumado, olhando para a sua língua? Com o dinheiro, vocês têm mais poder do que eu para curtir o máximo da vida. Mas preferiram o canibalismo. Vão lembrar isso a vocês lá embaixo, quando chegarem no Inferno melados de merda.

— Um dos pulsos, senhor — advertiu Stagioni —, está roxo. Serro agora?

— Já está de noite. Amanhã a gente vê o que faz.

E subimos, deixando os dois no escuro.

Depois do jantar, brincamos de dama, dominó, baralho, uma diversão essencial a quarenta e quatro figurantes que esperavam as altas horas da noite para começarem a ter fama.

Mas a trégua concedida aos réus não durou muito. Antes da meia-noite, eles tiveram um visitante especial. Ele chegou de jaleco preto, alisando os bigodes verticais e a famosa bengala. Passou por mim e perguntou:

— Onde estão?

— Lá embaixo.

Desceu devagar, com muita polidez, e encostou-se nas bordas da banheira de Tila. Olhou para Vói e sentiu o cheiro horrendo que vinha do outro lado. Então disse:

— O retrato de Gala em círculos é superior aos rostos sustentados por forquilhas. A chance de vocês saírem daqui está no pensamento. O maestro enlouqueceu por causa da morte da filha e vocês dois são apenas projeções dos delírios dele, dos desejos de vingança que ele não consegue colocar em prática, porque está impotente e o pai de vocês é poderoso.

— Tu vem aqui, carai, falar de desejo? Ele me fez comer carnes do meu irmão, que está ali quase morto.

— Vocês precisam entender que nada disso está acontecendo. Os desejos recalcados dele, transformados em um método paranóico-crítico, não passam de uma vontade estéril, porque não têm consequências reais. Vocês estão presos no desejo dele, não aqui. Essas correntes não existem, esse fedor é mera ilusão e os pés do seu irmão não foram cortados. Vocês podem ter matado a menina há um ano, ou vão matá-la daqui a um ano, mas é apenas possibilidade, potência, não fato. A decisão pertence unicamente a vocês, como ocorreu um dia com David Aames.

— Quem porra é esse David, carai? Tira a gente daqui.

— Só vocês poderão sair dessa situação, que sequer existe. O pensamento é poderoso. A esta hora vocês estão em casa, com os pais, ou na praia, em algum bar com os amigos, não aqui. O método paranóico-crítico funde dimensões de forma quase irreversível, que apenas outro pensamento mais poderoso pode superar. Vocês vão ter que fazer esse esforço.

— Tu é o maestro, é, porra, disfarçado como o padre? Tira a gente daqui, caceta, antes que ele volte.

— Prestem atenção: o maestro está recolhido no Manicômio desde que a filha morreu. Eu estive no velório dela. Ele cantou um largo de Bach, trechos do *negro spiritual*, da tradição afro-americana, mas foi a última manifestação lúcida dele. Quando ele foge do Manicômio, é encontrado no centro da cidade fazendo perguntas imorais ao povo. O que ele deseja, lá dos escombros do inconsciente, é que a cidade faça justiça.

— Porra, o tribunal não já provou que a gente é inocente?

— E vocês são inocentes. Só vão estuprar a menina daqui a um ano, ou daqui a dez anos, o tempo é fútil nessas relações. Há um milhão de anos que eu esperava ver um irmão comendo outro irmão, mesmo sendo no plano imaginário, para eu poder ter uma base concreta para pintar um quadro.

— Quem é tu, cacete, não vê que meu irmão está morrendo ali naquele esgoto?

— Querido jovem, seu irmão não está propriamente ali, nem você aí, embora vocês estejam rigorosamente aqui e pensem que estão lá em cima, beijando as gengivas dos cancerosos.

— Que porra tu tá fazendo aí, caceta? Chama a polícia e tira a gente daqui, porra!

— Meu nome é Avida Dollars e sou especialista em massas amorfas do subconsciente. Vocês pertencem à matéria dos sonhos do maestro e não estão situados em nenhuma realidade prática. Ou vocês criam um pensamento mais poderoso do que o dele ou jamais vão sair da ilusão em que estão.

— Ilusão, porra, ilusão? Estou com gosto de carne do meu irmão na boca e tu chama isso de ilusão?

— Façam um esforço mental mais preciso. Enquanto os desejos de vocês estiverem atomizados, sem uma concentração de partículas psíquicas, essas correntes imaginárias não vão se desgarrar de vocês. É nesse conselho que eu posso ajudar. Morri em janeiro de 89 e tenho muita experiência. Quero compartilhar com vocês.

— 89? Porra, a gente tá em 2006!

— O mundo não tem mais do que quatro números, segundo as primeiras experiências de Pitágoras. Depois desse ciclo quádruplo, tudo se repete e vocês poderão ainda voltar para casa. Lembram daquele soldado de Kurosawa que via a casa dele, mas não conseguia voltar? O segredo de tudo é o método paranóico--crítico. Estamos em 2006, mas poderemos estar em 4444, a depender do movimento pendular dos ciclos quádruplos. O torturador está na mente de vocês, por isso a polícia não o pega. Um dos meus cavalos foi danificado nas batalhas do Apocalipse, mas depois ele se recuperou em outros quadros, pela autoinfusão de pensamento positivo. A Mona Lisa adotou um bigode, o Papa só vai morrer na vida eterna. A menina que vocês mataram...

— A gente matou ninguém não, porra! O carro foi roubado.

— Neste exato momento, vocês estão na coroação de João XXIII. Olhem o Papa e saiam dessas correntes. A cruz nuclear é menos perigosa que a tentação de Santo Antônio. Já ouviram falar do enigma de Guilherme Tell?

— Que porra tu tá falando? Não vê que a gente tá preso aqui, porra?

— Vocês é que pensam assim e o maestro pensa que vocês pensam assim. Assim, ele desenvolveu outro raciocínio, que injetou em vocês para gerar todo esse espetáculo fictício. O tempo é um conjunto de relógios se desmanchando. Saiam daí, o quanto antes, mas com meditação precisa. Senão, você vai engolir outras partes do seu irmão, além de algo mais terrível que virá amanhã, daqui a vinte e quatro horas que podem durar um segundo ou um milhão de outonos.

— Que porra é isso, caceta?

— Procurem ser mais reais. Você já viu um filme de Bergman em que uma mulher sofre de uma doença degenerativa? Aquilo é tão ilusório quanto vocês aqui. Pensem em coisas mais brandas, como a música *Les feuilles mortes*. Sintam-se na terceira estação de Vivaldi. Ainda dá tempo.

— Que diabo tu tá dizendo, caceta? Vê ali se meu irmão já morreu.

— Olhe bem: falar assim já é infundir energias no sentido da morte dele. Comece a pensar no oposto, que vocês estão na Disneylândia com umas namoradas lindas... Estão em um shopping em Dubai, em um motel de Las Vegas, numa dança do ventre em Taj Mahal, num passeio de barco em Berlim... Se continuarem pensando que estão acorrentados aqui, vão apenas reforçar o desejo do vingador e concentrar energias nele. O método paranóico-crítico serve para, de certa forma, descentralizar essas energias, salpicando poderes pelo mundo, como aqueles pingos de sangue do quadro que eu parodiei de Rembrandt. Espero que vocês se emancipem pelo pensamento e não sejam uma lição de anatomia para o torturador.

— Chama a polícia, cacete, tô perdendo força... O outro já deve ter...

— Porque querem. Eu morri em 89 e estou aqui. Infelizmente, não posso interferir na mente de vocês: o livre arbítrio é a maior bênção de Deus para os indivíduos. Se vocês souberem usar essa arma com precisão, serão libertados e abraçarão a Italiana lá fora. Ela está grávida de gêmeos, no duplo sentido: vocês dois engravidaram ela e vocês mesmos são os fetos que ela esperava e que vocês vão matar. Eu tenho os dois fetos aqui no bolso, querem ver? São vocês duplamente abortados, um querendo engolir o outro para ocupar um lugar confortável no lixo hospitalar.

— Te lasca pra lá, maluco de merda!

— Mas tudo isso pode ser evitado, se seguirem o que estou mandando. Daqui a um ano, a Italiana escolherá com qual dos dois vai casar, para se libertar da escravidão sexual do pai, que é outra ilusão pública e notória. Desde que eu morri, nunca vi uma história tão inverossímil.

Retirou-se.

Mas entrei logo depois, com os figurantes que correram para a banheira de Tila, para darem beijos na boca dele.

## 4.4. A ORGIA FINAL

A quarta noite foi a mais pesada e justa de todas, porque passamos o dia cortando Vói de maquita para a orgia final. Faltava apenas o prato mais inesperado, mais inimaginável, como o dos banquetes oferecidos por Mr. Methal. Me inspirei no mais demoníaco possível, para mostrar ao mundo onde pode chegar o demasiadamente humano.

Porém, antes de descer ao banheiro com os meus solistas, tive que ajustar algumas coisas. Chamei Stagioni e Elementi para lembrar:

— Vocês devem ir ao Cemitério. É a operação mais arriscada, mas já subornei os dois vigias e os dois coveiros que estão de plantão hoje. Simulem um assalto. Com essa chuva que se aproxima, ninguém vai estar pelas ruas. O caixão já está lá. Coloquem ele no carro para encobrir tudo. Espero vocês um pouco antes da meia-noite.

Acertado o detalhe, eles se retiraram e eu chamei os mendigos e os cancerosos:

— Vocês vão conhecer agora o lugar subterrâneo da casa. Tudo lá está sendo filmado e vocês só devem fazer o que já treinamos aqui, senão a gente estraga a peça. Vocês vão ver como os dois atores, que são gêmeos, são talentos perfeitos. Tão perfeitos, que gritam e gemem como se estivessem sofrendo de verdade. Na primeira parte, vou descer com o quarteto. Mais tarde, quando Stagioni e Elementi voltarem, os quarenta vão ajudá-los com o caixão, que é o epílogo da peça. Todos sabem que não devem fazer nenhum barulho, nenhuma conversa paralela, apenas ouvir a música e minha fala. Não se aproximem do que está pintado de vermelho, porque a tinta parece sangue e pode gerar alguma náusea. Além disso, tem um mau cheiro terrível que justifica as máscaras medicinais que vocês vão usar. Alguma dúvida?

O silêncio deles foi o sinal mais preciso de segurança e ansiedade. Desci primeiro sozinho, para dar a última conferida no cenário. Os dois filhos da puta passaram a soltar urros como eu nunca tinha ouvido em tantos anos de regência:

— Pedófilo filho da puta, assassino, fresco safado! Tu vai se foder com o pai da gente, pedófilo nojento, e vão devorar teu rabo fedorento na cadeia, nojento, assassino! A gente comeu aquela putinha muitas vezes, pois ela não tinha pai nem dono! Quer ouvir mais, fresco safado? Tu inda vai se foder, corno da filha puta!

O objetivo, como já haviam tentado antes, era abalar a minha mente, fazer-me vacilar, encher-me de culpa. Estavam procedendo exatamente como as legiões de demônios que descobrem e atingem a fragilidade de Damien Karras. Mas eu respondi à altura:

— *Cum invocarem exaudivit me Deus justitiæ meæ, in tribulatione dilatasti mihi. Miserere mei, et exaudi orationem meam. Filii hominum, usquequo gravi corde? ut quid diligitis vanitatem, et quæritis mendacium? Et scitote quoniam mirificavit Dominus sanctum suum; Dominus exaudiet me cum clamavero ad eum. Irascimini, et nolite peccare; quæ dicitis in cordibus vestris, in cubilibus vestris compungimini. Sacrificate sacrificium justitiæ, et sperate in*

*Domino. Multi dicunt: Quis ostendit nobis bona? Signatum est super nos lumen vultus tui, Domine: dedisti lætitiam in corde meo. A fructu frumenti, vini, et olei sui, multiplicati sunt. In pace in idipsum dormiam, et requiescam; quoniam tu, Domine, singulariter in spe constituisti me.*

Um barulho de ódio se esboçou em minha alma, mas a sapiência prevaleceu. Por duas vezes, gritei nos ouvidos dos dois o mesmo recital, até os miolos deles desistirem do confronto. Por uns minutos silenciaram. Estavam começando a notar que eu não era um cacique abandonado que eles podiam incendiar em qualquer calçada. E que toda a racinha deles, pelo menos ao meu alcance, ia começar a se extinguir por ali. E que o ateu mais anarquista da cidade ainda era capaz de um ato sacro.

Apaguei a luz e subi para guiar os solistas. Eu tinha conseguido uma tradução católica tradicional, à qual acrescentei melodia. Uma tradução com algumas falhas, mas suficiente para o desempenho dos cancerosos. Seria demais cobrar dos cancerosos uma pronúncia em latim, quando já não conseguiam emitir monossílabos em português sem demonstrar cansaço. Por isso tive que trabalhá-los intensamente, para o câncer e a Bíblia se comungarem no coração dos gêmeos. Eu não queria mutilá-los apenas no físico, mas sobretudo no espírito, no que restava deles de mínima reflexão. O latim seria o tiro de misericórdia na arrogância deles, mas aqueles imbecis não iriam compreender a mensagem, dado que sua língua nativa já era tão mal aproveitada, sempre entremeada de expressões feitas e nomes feios. Então não tive dúvida: a recitação lenta em português criaria um efeito maior de agonia e humilhação, ainda que o vocabulário deles coubesse na consciência de uma mosca.

Desci com o quarteto, acendi a luz e os dois filhos da puta gritaram. Eu fui preventivo:

— Ignorem as interferências dos sons bruscos, os buracos das balas e concentrem-se em Francesco Durante. Vamos aquecer as vozes. Parece que o tenor está um pouco desequilibrado. Não olhem para o ator que está morrendo, pendurado por um só punho, porque o fingimento dele é muito forte. Não olhem para nenhuma das banheiras, isso, fiquem com os olhos fechados e sigam a escala. Podem abrir os olhos agora. A música barroca é uma das mais refinadas do Ocidente e não há como esconder erro, se houver. O contratenor está fora de tom. Sim, eu compreendo que o câncer vem corrompendo tudo em vocês, mas essa voz sofrida, emitida à força, ainda é sinal de triunfo e felicidade. O amor quer isso de nós, como reproduz Durante em sua bela litania. Isso, vamos melhorar a parte da harmonia. O barítono deve oscilar mais. Soprano, por favor, o mais agudo possível, embora suave, como manifestação de humildade. Vou começar a introduzir uma certa dinâmica, para variar as intensidades e o alcance de cada voz em termos de âmbito. Não liguem para os atores, eles estão no papel deles. Isso, valeu, tá tudo caminhando. Agora vão virando devagarinho e podem olhar para o ator da piscina perfumada. Ele não tem câncer, tem muito dinheiro e foi sequestrado por um músico louco que resolveu fazer justiça sozinho. Essa situação é oposta à fraternidade pregada por Durante, assim como as vozes laceradas de vocês constituem a negação mais notória da fluência musical em termos de coro. As coisas vão combinando. Ignorem os gritos dele. Antes de contemplarmos o outro ator, que faz um truque perfeito para esconder as pernas sob os excrementos, vistam as máscaras. Vou abrir a porta de vidro e talvez vocês não suportem e então verão como é dura a vida de um artista. Venham pra cá e vejam como ele é notável em performance! Como ele consegue esconder uma mão fora da algema? No chão está apenas um dedo da mão. Onde foram parar os outros? Tudo está sendo filmado e o público no mundo inteiro vai ficar chocado e encantado com tanta astúcia estética! Ignorem os gritos e nomes feios, isso, a música é superior. Vamos para o outro lado, vou trancar aqui. A escala deve permanecer em rotação. Já já, durante o recital da Bíblia que vocês vão fazer, vou introduzir os primeiros acordes com o violino. Depois do recital, podem seguir os belos compassos.

Falei bem baixinho para eles, para não atrapalhar a hegemonia dos gritos, que deveriam figurar em primeiro plano na filmagem. O quarteto compreendeu tudo e recitou:

— *Responde ao meu clamor, Deus de justiça! Tu, que no aperto me alargaste o espaço, tem piedade de mim e escuta minha oração! Até quando, ó homens, para opróbrio de minha honra, preferireis a ilusão e recorrereis à mentira? Sabei que o Senhor opera maravilhas em quem é fiel! O Senhor me escuta, quando o invoco. Quando vos indignardes, não pequeis, mas meditai durante o repouso e silenciai. Oferecei os sacrifícios prescritos e confiai no Senhor! Muitos dizem: "Quem nos fará experimentar felicidade? Pois a luz de tua doce face, Senhor, fugiu de nós". Mas tu deste ao meu coração mais alegria do que outros têm na fartura de trigo e vinho. Em paz me deito e logo adormeço, porque só tu, Senhor, me fazes viver em segurança.*

Os primeiros toques no violino foram tão belos, que talvez Durante mesmo não esperasse surgir no mundo tal intérprete. Afinal, eu estava realizando o concerto mais autêntico da minha vida, o que mais envolveu minhas energias, o último perante a lei dos homens. Os doentes foram ainda mais magistrais, com aquela voz esgotada e horrorosa abortada de suas podridões.

— Estão ótimos. Olhem o ator ensanguentado. Ele se confunde com a própria calamidade da banheira. Vocês e os mendigos são coautores desse enredo, sabiam? O pior de vocês está despejado nele. Mas isso é uma mera alegoria: representa uma parte podre da sociedade que se afoga em suas próprias criações. Há quatro dias ele se deságua em si mesmo, como um rio de águas perpétuas.

E fiquei repetindo a litania, em latim eclesiástico, até a peripécia e a revelação da cena final. Os gêmeos não estavam entendendo a letra, mas a música é penetrante e a surpresa final mais ainda. Sucumbidos a uma aparente inércia, pareciam mortos. Esse estado era fundamental para testá-los pela última vez.

Quando Stagioni e Elementi entraram com o caixão, os réus levantaram a cabeça e voltaram a grunhir assombrados. A presença dos quarenta mendigos, ajudando no transporte do féretro, em ritual solene de procissão, talvez tenha piorado tudo na mente dos dois. Mas a deterioração ainda ia se completar e eles seriam mais felizes se poupassem o fôlego.

— Vamos, avancem, o coral não pode parar. Todos, por favor, ignorem os gritos e os palavrões. É tudo parte do enredo e amanhã estará nos olhos do mundo. Ninguém tire a máscara, para não deturpar a peça.

Ordenei a Stagioni que abrisse o caixão. Estavam todos molhados, pela chuva que corria lá fora. A inscrição "Karol Miranda (1988-2005)" apavorou o Tila.

— Acalme-se, jovem, senão não vai poder comer a carne dela.

Entre os sons mais térridos que já ouvi e os cortes dados na defunta exumada, a litania transcorria com placidez. Os mendigos formaram um naipe uníssono de vocalise, enquanto o violino fluía e os quatro solistas exibiam sua arte literalmente degenerada. Tila rejeitou os pedaços íntimos do cadáver, um misto de carne líquida e bloquinhos de vermes, e tal porção foi parar na boca do outro, que também rejeitou. Sem largar o violino, ordenei que aumentassem as fatias e empurrassem na boca do Tila até ele explodir morto.

— Estou apenas concluindo uma obra que vocês começaram. Comer a defunta e a si mesmo é o ato mais coerente de irmandade.

Parei a litania, dispensei todos os presentes e fiquei socando os pedaços dela nos dois. Conforme o prometido, usei uma colher e um alicate na boca deles, não o dedo. Introduzi um cano entre os lábios deles — de uma boca a outra. No meio do cano, uma abertura. Então emborquei nas duas bocas o copo dos meus amigos. Pela posição do cano, eles não tiveram como reverter 44 sabores de esperma.

Voltei para o corpo desterrado com mais entusiasmo. A região entre as pernas, a mais disputada, foi assimilada por completo pelos dois. Virei no caixão os restos da Italiana. Cortei a bunda dela com primor. Deram os últimos gritos quando selecionei o ânus frio e verminoso da ex-princesa. Continuava sendo uma obra-prima da natureza, que os dois jovens capitalistas queriam refutar. Mas tiveram de engolir meio a meio, num ato sórdido de socialismo carnal.

— Querem que eu seja realista, meus jovens, pelo menos uma vez? Aquelas putinhas lindas que vocês arrumaram praquela foto montada... ainda se lembram? Elas vão morrer de chorar no velório de vocês, à tarde. Mas à noite vão dar pros seus melhores amigos, vão experimentar deliciosos espermas e ninguém vai tá nem aí pro corpo murcho de vocês, perfumado de jasmim.

Em poucos minutos, sem mais nenhuma vibração, estavam mortos. Verifiquei tudo com cuidado, para não confundir com arte.

A chuva tinha diminuído um pouco quando dei os devidos conselhos para os solistas e os agentes fugirem. Paguei a eles e dei a escritura da casa de presente aos mendigos. Em menos de uma hora, coloquei todas as imagens na internet e telefonei para a televisão.

Desde então, Meritíssima, espero um encontro com a Senhora. Sem balança, sem espada, sem venda nos olhos. Ainda tenho detalhes a revelar.

# II - AS FOLHAS DISPERSAS

## ÓRION EM MINHA BOCA — I (SI)

MERITÍSSIMA,

Eu sou o justiceiro dos dois predadores que mataram minha noiva. Meu nome é Alpha Sinoiro e o que há de dar sentido a minha vida está apenas começando. Depois dos Gemini, destruirei Eridanus, Taurus, Lepus e Monoceros. Tem noção de quem são eles nesta cidade estúpida? Se tiver, advirta-os, por favor, porque o dia deles já está traçado. Todos eles devem à humanidade alguma recompensa e essa recompensa será a destruição violentíssima de seus corpinhos. Tomei para mim essa missão, sem qualquer transcendência, e a Senhora, Meritíssima, é privilegiada por saber dos meus segredos. Mas cada corpo que eu estraçalhar não terá segredo algum e será mostrado ao mundo na mais exemplar imagem de vileza. Só o divino Trapézio deve ficar.

O que relatei de minha intimidade com a Italiana não cobre um milésimo da nossa saga. Permita-me acrescentar alguns detalhes, para que se tenha ideia de que o amor existe e que os gêmeos não tinham a menor consciência quando o destruíram. Inocentes dessa natureza, como daqueles jovens que queimaram o índio em Quadrilhas, sem dúvida serão perdoados por Deus. A dimensão de Sua sapiência supera qualquer rancor, revitaliza todas as perdas, reconduz os espíritos ao Paraíso. Por intervenção de tal grandeza, um dia o índio conviverá na vida eterna com os jovens incendiários, assim como milhões de crianças judias poderão ser abraçadas por oficiais nazistas. Eu é que não quero me encontrar na eternidade com os gêmeos, porque logo me lembrarei da Italiana sangrando e só conseguirei vê-la assim, ao lado da face estuprada de todas as vítimas. Já renunciei a essa recompensa e, a exemplo de Ivan Karamazov, nunca irei aceitar o corpo trucidado de uma criança restaurado pelos próprios algozes.

Como não cometi nada de errado, seria ridículo eu ser condenado ou perdoado. O que quero é compreensão, porque vidas inteiras se desfizeram e nenhum castigo formal seria expressão de justiça. Se não houver compreensão, continuarei agindo do mesmo jeito, com terror e mais terror, apenas terror. Não há espaço no momento para eu evidenciar o que fiz com o rosto de Vói, com partes inteiras de Vói, compondo pratos especiais para o irmão comer.

Prefiro agora enfatizar detalhes na cama com a Italiana, as colisões de nossos corpos, para a Senhora sentir que o amor é real e possível. Vivíamos eternidades efêmeras em cada encontro, em cada intervalo de trocas de carinho, num efeito de cataclismo das salivas derramadas em nossos corpos.

O flúor jorrado de dentro dela gerava jatos permanentes de perfume. Causava impacto, também, por um enigmático excesso de entrelaces e de desentrelaces. Eram descontinuidades perpétuas que não permitiam um fôlego fortuito. Eram como fluxos de sombras que decidissem, subitamente, tornar-se corpóreas e estrangular todos os meus sentidos. Comparadas às dilatações dos olhos, ao baile da língua no deslize dos lábios, à retração dos bicos dos seios entre meus dentes, as penetrações pouco exprimiam, eram incompetentes para as comoções do momento. Nenhum segredo da natureza poderia modelar-se a perfeição tão cabal e simples. Eu não tinha conhecido, até então, nenhum modelo prévio, nenhum referencial de onde pudesse esboçar um paradigma completo em prazer e estética. Mesmo no campo da música, das rudezas rupestres à sofisticação dodecafônica, nenhuma composição concreta, nenhuma elaboração abstrata, nada me propiciava o fluir e o fruir tão tirânico de um delírio. Subjugando o que eu já havia experimentado e idealizado, restavam-me alguns pobres recursos metafísicos e dogmáticos para compreendê-la. Mas era difícil conceber que um corpo tão lindo derivasse de uma costela de Adão ou de Eva ou do esforço evolutivo de uma alga ou de um primata. Ao engolir minha boca, ela causava uma neblina torrencial de meteoros em minha pele, de Órions aos milhões me caçando para me oferecer a Ártemis, de luzes não-causais e desconexas que se concentravam em meus pelos. Eu me diluía nela, perdia toda a composição reconhecível, como uma partitura disforme que mimetiza uma fuga do inferno e encontra repouso nos portões do Paraíso. Dante não degustou uma molécula de Beatriz; os beijos de Romeu em Julieta são fracassos de turbulências impúberes; Próspero vive uma tempestade puramente intelectiva e mesmo Caliban ainda é um déspota da razão; Salvador Dalí foi o que mais se aproximou de mim ao imaterializar-se nas esferas de Helena Diakonova. Mas nenhum deles, mesmo o que tentou trepar nas escalas do subconsciente, nos escombros efusivos do Nada, não conheceu, como eu conheci, o excesso de desregrar-se, desmascarar-se, desnudar-se, desumanizar-se, convertendo a racionalidade em campo magnético de impulsos desgovernados. O carinho que a Italiana me fazia, ao esfregar-se toda em minha face, só poderia ser assimilado por um retorno simbólico-concreto às indefinições das energias primevas. Depois sugávamos alguns minutos de trégua, porque ainda nos restavam dois corpos.

Partilhei com a Italiana as doces trevas que interrompem o tempo, anulam as progressões e as imprudências da velhice. Nossas tensões extremadas não passavam da fusão de energias impalpáveis cuja única fonte éramos nós mesmos. Nunca cansei de sugar-lhe até as amídalas, gozar-lhe integralmente na garganta, para ser aproveitado como semente germinal. Ela me retribuía abrindo-se toda, como se seu corpo se duplicasse ante meus olhos — todo o rosto sendo acariciado por sua massa. Atingíamos estágios inferno-celestiais não com leituras cabalísticas, não com magia negra, não com drogas ou outros suicídios tácitos, mas com uma fórmula infinitamente mais econômica, reduzida às combinações mais eficazes dos sexos, nada superior nem inferior.

O mais gostoso era sentir, depois de tanto prazer alcançado, uma sensação alegre de incompletude, de não-esgotamento de nada: as fontes nos garantiam que todo o percurso iria ser refeito, como quarenta anos de uma travessia feliz no deserto. Subjugava-nos a tensão insuperável entre gozo pleno e pleníssima carência, que exigia novas investidas a qualquer instante, sem perda do entusiasmo original. A Italiana me era sempre outra, mesmo nas posições em que eu já conhecia, nua aos olhos de todos os anjos risonhos, ou encoberta por uma calcinha que eu tinha a obrigação de triturar com os lábios. Incomparável era a certeza de não ter fruído nada, de estar apenas na pré-história da exploração da libido, e projetar para o dia seguinte as mais precisas e as mais imprecisas performances. Por onde a Italiana começaria a esfregar-se em mim? De que poro ela iria extrair intensas vibrações? Que partes de meu corpo ficariam voláteis, flutuando ante minha incompreensão, enquanto outras partes, escravizadas na cama, não conseguiam emancipar-se da carne animal? Qual das duas sensações era mais drástica para quem ainda insistia em comparar, avaliar, especular, mensurar? Mas ela conseguia estacar os avanços das ponderações e me fazer mergulhar, como um feto débil e amorfo, no âmago mais obscuro de mim mesmo. Então penetravam-me hiatos, síncopes, pausas, estacatos, rupturas, estilhaços atávicos de uma espécie perdida, ruínas de uma história de recalques, fossos e buracos negros inertes, lacunas de partículas, desejos corroídos, memórias esfaceladas, rascunhos de utopias metralhadas — e tudo convergia para a mais nobre sensação de alívio e superação.

Tudo isso acabou na noite de 2 de abril de 2005, Meritíssima.

Se me permitir, passar-lhe-ei outro e-mail. Nele, mostrarei detalhes do que fiz com os gêmeos que mataram a Italiana. O que a Senhora viu nas gravações, o que o mundo viu na internet, foi apenas a entrada do Limbo.


## MÚLTIPLOS CORTES — I


MERITÍSSIMA,

o relato essencial está concentrado na primeira parte mas o relato essencial não existe porque toda migalha de lembrança é essencial toda filigrana de paupéria é essencial todo ponto toda metade de ponto é essencial e o que vi no corpo da Italiana dentro do carro semicarbonizado é mais que essencial talvez eu tenha feito algum esforço obscuro para selecionar algumas lembranças deletar alguns detalhes mas aos poucos eles emergem de sua carcaça e furam meus olhos como arames penetrando em pupilas de pássaros ah como me pronunciar desta vez o tempo não é nunca o mesmo e é sempre o mesmo os seios estavam pretos aqueles peitos tão louros tão lindos estavam agora pretos não pela ação do fogo mas por violência humana pelas mãos dos gêmeos e outros facínoras eu vou arrombar todos a Senhora que grave e me espere a vida eterna Meritíssima a vida eterna é a promessa suprema para nós precários protozoários proletários que emergimos algum dia de podres ovários em busca de um milésimo de fôlego que nos leve às orquídeas secretas de Deus sim o tempo é rigorosamente o mesmo os harmagedons são antecipados e estão bem distantes o tempo jamais é o mesmo senão eu teria minha linda loura de volta mas ai os segundos são irreversíveis atolam seu rosto na lama do indizível e do invisível e eu me senti enforcado como as amas de Ulisses fiquei sozinho ou não percebi mais ninguém sozinho diante do carro sim havia uns policiais para reconhecimento havia outros burocratas mas todos com a mesma máscara de indiferença com o rosto de flandres inabalável enquanto apenas eu chorava agarrado com um amontoado de peles enegrecidas com um ex-corpo e chorava um choro mais denso que as neblinas da vida eterna sim lembro da infância uma revista religiosa com essas neblinas mas neblinas de luz um sol inofensivo sobre crianças uma planície muito vasta com algumas famílias em absoluto descanso a vida eterna mas o tempo não é o mesmo agora não sei se o poeta Obscuro já me conhecia ou se eu já o tinha visitado antes no Manicômio essa ordem não me interessa a ordem é a prerrogativa máxima do senso comum o mesmo senso de escravidão que destruiu minha Italiana mas recebi lá mesmo dois envelopes um da polícia para eu depor qualquer coisa achar se tinha suspeitos outro de um desconhecido não sei bem se essa linha reta é fiel aos fatos outro com quatro sonetos que ai como dizer a vida eterna é a meta máxima e já antes Meritíssima fui muito cruel com Deus em minhas rezas em minhas antirrezas em uma litania satânica que havia musicado mas Deus está acima dessas empáfias terrível é Ele estar acima de qualquer perda e não se importar com a dor de ninguém com as dores particulares que são meras contingências diante da grande salvação diante da grande batalha final que há de redimir todos os anônimos sinceramente eu não queria estar entre os anônimos preferiria mil vezes uma vida mortal e medíocre mas com os dois nomes bem claros Próspero e Karol e isso nos foi negado há lacunas da dor no relato essencial Meritíssima mesmo porque ah não pense que é fingimento não sou poeta sou apenas um músico se é que ainda sou e apenas praticava a arte em toda a sua extensão simbólica nada que incidisse sobre a vida prática em forma de catástrofe estava esperando a Italiana para integrar o vocalise era ela no contralto que puxava as outras vozes fiz um misto das claves de sol e fá nas alternâncias de sua melodia para destacar a voz era um dos raros vocalises polifônicos que se usam em ensaio o destaque já começava daí meu entusiasmo me apagava toda a visão crítica do mundo sim era um prêmio especial que eu lhe reservava no último ensaio mas ela não compareceu e o ódio me subiu à mente porque eu tinha que cortá-la do quarteto mas infelizmente ela sofreu outros cortes ela foi cortada por uns filhinhos de papai que fazem o que querem na cidade alguém lembra do que ocorreu no Bach Chopin-Brahms foram eles ou parecidos com eles tudo da mesma corja que acabaram aquele lindo bar meteram bala pra cima e depois fogo e o dono nunca se recuperou meteram fogo agora nas carnes da minha Italiana as carnes mais macias do planeta e sempre apostaram que eu também nunca fosse me recuperar sim em parte acertaram mas também tem o outro lado a vida eterna da dor a vida0 eterna da angústia a vida eterna da vingança a promessa suprema de mim para mim de quem se sente justo para quem de fato é justo e o tal do Obscuro acho que foi ele que deixou os envelopes com os sonetos quem mais teria sido eu mesmo nunca compus sonetos e ele tinha leituras muito complexas como os desafios de Ivan Karamazov a Deus eu sou ateu acredito em Deus só não O admito sim tem aquela cena em que um menininho é jogado indefeso em uma fazenda para ser estraçalhado por cachorros mas não entendi bem ali no momento tanta miséria de uma só vez tantos séculos estupendos encerrados em um segundo e no entanto o esplendor da vida eterna sim nunca tive preconceitos contra música religiosa ao contrário algumas árias de Bach como da *Johannespassion* só eram cabíveis na voz da Italiana *Es ist vollbracht* que vitória santo Deus sobre a banalidade *Zerfliesse mein Herze in Fluten der Zähren* e agora os olhos dela coalhados de espermas múltiplos e promíscuos a cidade ainda iria ver o belo trabalho que eu estava fazendo com a voz dela mas ela ia ser cortada se faltasse e realmente faltou e foi cortada foi esfaqueada foi aberta como uma porca morta de improviso foi dissipada como uma galinha em mãos turvas e incompetentes foi esfacelada como aqueles cavalos exterminados pelo inimigo de Riobaldo uma ousadia tão grande que não enterraram o corpo não deram fim ao carro tudo ficou exposto como um banquete platônico para os abutres ah vida eterna que dizer de tua competência em horas de extrema consternação oh que dizer

VIDA ETERNA ·

Quando viajei com Dante ao Paraíso,
Confirmei minhas prédicas exatas:
A dor é inexorável, qual cascatas,
Não se elide com prece nem sorriso.
Eu, surpreso, sangrando a cada giro,
Vi o tom histriônico de Diógenes,
Vi os cavalos mortos por Hermógenes,
Crateras aos milhões de faca e tiro.
Vi infâncias em fornos crematórios,
Vi mãos e pés rasgados de Huguenotes,
Vi ossos empilhados em pacotes,
Vi mães esfaqueadas em velórios.
  Infinita, hegemônica, suprema,
  Em águas impotentes a dor rema.

de quem me vinham aqueles poemas se não vi mais quem me entregou talvez o Obscuro do Manicômio mas tudo se dilui no talvez no não sei no parece porque a memória tem medo de assumir e revelar todos os detalhes contudo por que não ah contudo eu insisto em registrar alguns Meritíssima para a Senhora ver que minha ação não foi em vão embora isso pareça tão infantil próprio dos rancores impúberes que deformam nossa maturidade para sempre o corpo o ex-corpo o pasto que eu abraçava e saíram fotos minhas abraçando a Italiana e as suas antiformas a ex-Italiana condenada ao avesso de uma harmonia digna foi o que restou para a terra foi o que foi sulcado pela parte

mais inferior dos arbustos mais uma mensagem dos filhinhos de
papai para os olhos cheios de lepra da cidade o que diria Ivan
diante daquele insulto tão infernal que mais parecia celestial o
que diria ah já não contem comigo para nada não quero habitar
numa vida eterna em que as corças perdoam os leões toda re-
compensa é mentirosa e o inferno tem que ser eterno por quatro
dias

IVAN KARAMAZOV

Só com pontas de adagas tu me afagas.
Pelos poros me deixas corroído.
Esfarelas meus ossos e eu, moído,
Rastejo no porão em que me estragas.

Meus olhos sangram pus de tantas pragas,
Feridas ejaculam em meu tecido
E então abraço o Lázaro aturdido
Com as moscas vis que lhe rodeiam as chagas.

A dor não cessará na vida eterna.
O menino que eu vi estraçalhado
Permanece entre os dentes dos cachorros.

O Grande Inquisidor, lá da caverna,
Tem prazer com meu corpo retalhado
Abortando-me as vísceras em jorros.

meu Deus tantas vezes tentei chocar nos palcos nos festivais de
coros tantas vezes usei Teu nome para esse egoísmo infantil e
sinceramente não sabia o que era chocar os gêmeos enfim me
ensinaram minha briga era com a mentalidade pobre da cidade
mas eu não sabia o que era a reverberação de um choque de-
clarei-me várias vezes ateu anárquico e tocava com todo amor
na Basílica organizei corais religiosos de crianças fui o único na
província a compor quatro naipes de crianças para o introito
de *Johannespassion* dei apoio a uma menininha que adorava os
*Norturnos* de Chopin e um dia me perguntou inocentemente
se não podiam ser apresentados com letra essa menininha tinha
quatorze anos era praticamente de rua da tristeza dos orfanatos
eu adotei essa menininha e ela ficou linda uma beleza de desper-

tar ira naquela jovem que transforma os cabelos da Medusa em serpente mas essa menininha estava agora em meus braços antes fosse um ninho de serpentes mas era um ninho de retalhos um ninho de espancamentos um ninho de hematomas e os *Noturnos* de Chopin iam ser vocalizados pela garganta dos vermes ah tudo enfim e o Obscuro talvez tenha sido ele a memória falha para não piorar o desastre sim foi ele que tinha eu a ver com o terrível Ivan e suas afrontas a Deus ah é um direito tirânico dos artistas confundir a mente dos outros fiz milhões de vezes isso com a música e nunca esperei que um choque mais brutal que os das artes caísse sobre mim é de surpresas assim Meritíssima que a gente se apaga de vez ou abre o espírito para ninhos de casulos que começam monstruosamente a deixar um legado para a humanidade.............................................................................
................................................. e apenas pontos difusos prevalecem ..........................................................................
.............................................................................................
.............................................................................................
.............................................................................................
............e se infiltram e um dia explodem no âmbito dos âmbitos............................................................... e a salvação é uma calúnia........

IVAN KARAMAZOV II

Recuso a vida em transcendentes polos,
A farsa reservada para os filhos.
Infernos seguem lá os mesmos trilhos
Que escravizam aqui os nossos solos.

Além de anjos enfermos, maltrapilhos,
Vi uns cães triturando implumes colos,
Vi coturnos tingidos de miolos,
Pupilas desmanchadas por gatilhos.

Quem se ilude com a elevação humana?
Por onde uma só vez a dor transmigra
A cratera rejeita cicatriz.

O Harmagedom é invenção insana
E Dante nos poupou, por onde migra,
A alma esquartejada de Beatriz.

tenho a impressão de não poder exprimir nada nítido de sucumbir ao miolo dos Hades que nunca queremos ver a cidade sempre fez vista grossa para os filhinhos mas ali descobri que eu poderia ser uma exceção Deus não é indiferente Deus não é omisso Ele é apenas incapaz diante do pacto que os homens firmaram entre si a morte feiíssima da Italiana vibrava em mim pedindo que eu fosse exceção tinha que romper o pacto e firmar outro pacto e o inferno teria que ser perpétuo em quatro dias em homenagem ao dia da morte dela somada à do Papa um inferno absoluto por quatro dias

CALITÂNATO

Não preciso de Heitor ou Diadorim
Pra rabiscar de lâminas a pele.
Por mais que toda hora por mim zele,
Todo dia é um óbito sem fim.

Que indivíduo nenhum minh'alma vele,
Muito menos meus ossos, coisa afim...
As agulhas das Parcas sobre mim
Só a ilusão volátil é que repele.

Nossos dias, quiméricas migalhas,
Explodem em nós as mais sutis batalhas
— Máscaras mortuárias invisíveis!

O precário é o mais sólido que temos:
Nunca vemos o horror e sempre vemos
Outras máscaras tênues e incabíveis.

tenho a certeza de não poder exprimir mais nada nítido e temi que aquela impotência passasse para a minha ação eu seria subserviente da covardia da mesma omissão que eu criticava imprudentemente em Deus até que pontos esparsos aparentemente lineares começaram a prevalecer ......................
.......................................... e foram se impondo a meu espírito

cortando-o em múltiplos cortes ..................................... e
comecei a ser esquartejado por mim mesmo uma espécie de ......
......................................... que talvez eu nunca expresse em sua
totalidade ..................................................................................
...................................................................................................
...................................................... a última lembrança que
tive se é que eu sou competente a esta altura para lembrar uma
última lembrança foi da cena antológica da Italiana cantando
"Palavra de mulher" de Chico Buarque ................. mas por que
lembrança tão abstrusa se havia .............................................
.. talvez como cobrança fatídica e letal ...................................
............................................................ para eu mergulhar ....
............................................... no inferno do crime ...............
então desci a escada ............................................................
...................................... escada........................................
escada ..................................................................................
.............................................................................. escada
...................................................... e polícia nenhuma me
matará uma segunda vez

## ENCONTRO ACELERADO — I

MERITÍSSIMA,

A Italiana, em algumas ocasiões, estava menstruada. Isso me
provocava mais desejos, a língua era castigada de tremores.
Mas ela não queria que eu a penetrasse ou lhe fizesse qualquer
toque, mesmo com prazeres cósmicos. Eu procurava alegar que
era um processo natural: estava preparado para todos os acasos
insólitos. A exemplo do jovem Bach, que andara quatrocentos
quilômetros para ouvir um mestre, eu faria o mesmo sacrifício,
ainda que ela estivesse sangrando no meio de um deserto ou de
uma extensa planície de gelo. A exemplo da Górgona-Húmus,
que lapidara de baratas o rosto de uma de suas vítimas, eu estava
me predispondo a todas as formas do escatológico, em seus

múltiplos sentidos. A exemplo de GH, que dissolvera o próprio espírito no espírito de uma barata, eu estava em busca de uma iluminação profana, uma sacralidade carnal que fosse além das que eu já conhecia. A exemplo de Gautama, eu queria perder todos os preconceitos, desfazer-me de minhas próprias noções e enfrentar o desafio de um corpo nirvânico, pingando miolinhos de sangue em minha língua. Mas a Italiana não aceitava meus argumentos e eu sempre a respeitei.

Não gostaria, entretanto, de falar-lhe neste momento de nossas infindas investidas na cama, na banheira, no chão, dentro da praia, dentro do carro, no meio do mato, sob a chuva. Se a Senhora permitir, gostaria de relatar-lhe um encontro especial que tive no Manicômio, logo após o fatídico 2 de abril.

Entre fingimentos que fiz, o do Manicômio foi um dos mais marcantes. Muitos viram como saí do julgamento dos gêmeos: chorando como um menino sem amparo. A cidade toda logo teve a impressão de meu gradativo enlouquecimento, o que me foi muito útil. Por alguns dias, pedi ajuda ao Manicômio e não havia como me recusar. Minha situação era execrável, dos trapos da roupa às frases inarticuladas, e os agentes de lá foram sensíveis ao pré-defunto. Tudo era parte de uma rígida programação que culminou no sequestro dos gêmeos, elaborado de uma forma extremamente lúcida. Enganei a todos pela mania que todos têm de julgar tudo pelo imediato e pela aparência. Mas houve algumas situações lá dentro que destroçaram minha máscara de canastrão.

A primeira delas foi conhecer um jovem que nunca se recuperara da morte trágica de suas irmãs gêmeas. A família pagava a um jovem estudante para cuidar das menininhas, enquanto os pais estavam fora. Ninguém sabia que o estudante era um maconheiro de primeira linha, pois pertencia a uma família amiga, vizinha, insuspeita. Eles demonstravam tanta confiança no rapaz, que chegaram a permitir que ele desse banho nas menininhas, mesmo porque o estudante tinha um jeitinho feminino, muito delicado, e parecia amar as crianças — de dois anos — e fazer com toda dedicação o serviço doméstico. Certo dia, o irmão vinha da escola primária, louco para chegar em casa e brincar com as meninas, e viu aquela multidão de gente em frente a sua casa. Ele tentou entrar, mas foi impedido por policiais. Ele se identificou como parte da família, mas mesmo assim os policiais o mantiveram fora de casa. Ele começou a chorar, querendo entender o que estava passando, mas os boatos eram muito caóticos e seus pais não haviam chegado do trabalho. Eis que de repente seus pais chegam, a polícia deixa todos entrar, exceto ele. Os pais ainda tentam puxar-lhe o braço, com mil alegações, mas a polícia não permite a entrada do irmão nem de nenhuma criança que cercava a área. Aos poucos, foram retirando todas as crianças e mesmo as pessoas adultas que entupiam o jardim e o terraço da casa. Os cachorros da família — quatro filas especiais — estavam mortos na cama do casal, sangrando ao lado das meninas. Havia muito choro, muito ruído, e o aglomerado de falas só fazia piorar a compreensão. Por muito tempo esconderam os fatos do menino, que foi ficando desequilibrado apenas com a ausência das irmãzinhas. A mãe perdera tanto o sentido da vida, que emagrecera monstruosamente, sem levantar da cama, abraçando as menininhas, ilusoriamente, a cada madrugada. O pai ainda tivera sorte e conseguira se casar com outra, após a morte da esposa. Mas o fenômeno letal para o meu amigo, Meritíssima, foi o que esconderam dele por alguns anos. Sempre diziam que ele nunca iria compreender. Tinham medo que ele crescesse com ódio e matasse o maconheiro que havia dado as crianças para os cachorros, antes de matá-los. Levados para um esdrúxulo exame médico legal, os cachorros revelaram pedaços das menininhas em suas entranhas, com algumas piolas de bagulhos. Houve revolta por todo bairro, mas o maconheiro saiu ileso do julgamento, porque não havia prova material contra ele. Quando João de Patmos, professor de literatura, vingou a morte de seus gêmeos — usou duas menininhas recém-nascidas como martelos, para desentortar dois ferros em uma esquina —, o narrador quis fazer o mesmo com o maconheiro, que já estava casado e era um feliz pai de família. Mas ele se sentiu impotente, sem a coragem do professor, e essa covardia pesou consideravelmente em sua demência. Ele já não lembrava o nome da mãe, esquecera completamente o rosto do pai — e seu coração só recordava das menininhas, com as quais tinha pesadelos quase todas as noites. São crueldades assim, Meritíssima, que geram um Hannibal Lecter, uma Górgona-Húmus, e muitas vezes não sabemos por quê. Não quero aqui usar esse caso para justificar o que fiz com os gêmeos — mesmo porque o que fiz com eles é injustificável e, portanto, mais justo ainda.

Uma segunda figura que conheci no Manicômio foi um escritor chamado AG. Ele mesmo se intitulava "O Obscuro". Contou-me parte importante de sua vida. A primeira grande angústia que tivera foi com a morte do Papa Leão XIV, que lhe custou o fim de um encontro de amor, dor que ele tentou sublimar em um relato muito triste. Outras angústias marcaram sua vida, até ele perder qualquer noção de ética e entregar-se a qualquer força obscura. Confessou-me que trabalhara para o criminoso Mr. Methal, não como agente de crimes, mas na elaboração de textos extremamente negativos e espalhafatosos, durante as orgias da mansão do assassino, em São Paulo. Em um dos banquetes, ele foi obrigado a ridicularizar todas as vanguardas e criar uma série de sonetos chamada "É criancice ser um vanguardista". Mas, encomendas à parte, tinha outros poemas mais solenes, em torno do tema da fragilidade. Foi ele que me passou o livro de Górgona-Húmus, que li carinhosamente no Manicômio, mas sem muito interesse. O que me chamou a atenção no escritor foi um livro de textos poéticos chamado *Sem sonetos de amor*. Ele não tinha a menor esperança de ser reconhecido, por isso não ia mais a nenhuma editora, como já o fizera no passado. Leu uma série de poéticas para mim, das quais destaquei quatro:

### PÓS-MACARRÔNICO

Um Mestre me falou, em tom pirrônico,
Para eu ser mais conciso nos poemas
E que eu cortasse (já cortei) os temas
Que eu fosse (aqui cortei) mais polifônico

Mais lacônico, menos macarrônico,
(aqui cortei) e em busca de sistemas
Decidi (já cortei), pois os dilemas

(nota: cortar o "pois", que ele é canônico)

E ser antipetrônico-camônico,
Procurar (já cortei) (cortei) o menos,
Ter um tom vanguardístico, outro norte...

Pegue, Mestre, o bicudo supersônico
— Não use (mais um corte) nem de Vênus —
E soque (mais um corte) (mais um corte)


MÁXIMA POÉTICA

Neolíticos, mórbidos, sacrálicos,
Fenolíticos, sórdidos, vocálicos,
Dilemáticos, rígidos, arcádicos,
Neoclássicos, ultravanguardísticos,
Indômitos, puríssimos, premísticos,
Epigráficos, lúdicos, triádicos,
Hipopótamos, Hércules, abádicos,
Ultrapoéticos, pós-metalinguísticos,
Drosófilos, oníricos, predísticos,
Miriápodes, pústulas, enfádicos,
Estáticos, extáticos, estéticos,
Inesgotabilíssimos, fonéticos...
Detesto-vos, monótonos oxítonos:
Meu fascínio são os proparoxítonos!


RADICAL MANIFESTO SONETISTA

Irredutível decassilabófilo,
Panpatológico, de causas tétricas,
Sou amante fanático das métricas
Como o mais instintivo bibliófilo.

Quem quiser se tornar um sonetófilo,
Libertar-se das formas assimétricas,
Gere rimas com taras geométricas
Para tornar-se um radical rimófilo.

A semântica, quanto mais satânica,
Quanto mais demoníaca e angélica,
Mais sobre os imbecis será tirânica.

Ou a poesia é genocido-bélica,
Ou larva da palavra ultravulcânica,
Ou, para os moderados, psicodélica.

MELANCOLIA DA FORMA

Pressentimentos ultrapocalípticos,
Desagradabilíssimos estímulos
Me perfuram as fraturas, como vimo-los,
Em cursos ora retos, ora elípticos.
Paralelismos inconceituáveis,
Preconfigurações inexprimíveis,
Rasgam-me monossílabos sensíveis
Que abortam as dores incomensuráveis.
Urros, gemidos, meganimalescos,
Anulam os mais primários dos vocábulos
E me fazem de escravo dos estábulos
Com os quais pareço ter mil parentescos.

A forma despedaça-se e a antiforma
Forma um soneto, enfim, dentro da norma.

Esses sonetos, a princípio, não me despertaram nenhuma magia especial. Mas, ao falar de Salvador Dalí, as coisas mudaram. Não pelo pintor em si, mas pela alusão que ele fez ao quadro que mais adorava do pintor. Essa alusão eu não esperava nunca de um obscuro, de um desconhecido e isolado, porque coincidia exatamente com o meu gosto. O quadro que ele mais apreciava era o mesmo que eu estava usando para compor uma peça musical para simbolizar meu casamento com a Italiana. A linda voz de contralto dela já estava solando as oitavas cujo âmbito, cujo alcance mostrava os nossos extremos. Havíamos combinado culminar a apresentação com longos beijos, demoradíssimos beijos, em uma devoração mútua que precederia a surpresa final: íamos ficar inteiramente nus no palco, sob os aplausos e as vaias da humanidade.

Quando o escritor me mostrou uma réplica do quadro, não pude mais segurar minha máscara de pretenso demente. Comecei a chorar e meu choro era real, sincero, impassível de fingimento, como o do menininho que perdera as irmãs gêmeas e só anos depois encontrara seus restos não na memória, mas em tripas caninas. O Obscuro deve ter-se tocado com minha reação, pois logo se retirou para me deixar em paz. Mas naqueles dias, Meritíssima, foi nele, e apenas nele, que encontrei um certo amparo espiritual. Depois soube que ele tinha uma literatura muito violenta, que não admite borboletas nem passarinhos, a não ser para o estrangulamento. Mas só com ele pude ter uma interlocução espiritual, ainda que aberratória. Ele me deixou alguns sonetos para ler como possibilidade de conforto e terapia catártica. É dele este de baixo:

AVIDA DOLLARS

Dentre as pútridas formas puras, dentre
As possibilidades das estéticas,
Miméticas, sintéticas, dialéticas,
Entre, ó Musa, no meu inferno, entre.

Vou vomitar, quiçá, meu próprio ventre
Nas vísceras das lógicas patéticas!
Menstruar com milhões de porcas céticas
Para que um moscaréu em mim se adentre.

Meu rosto é sustentado por forquilhas.
Mas com Pança, governador das ilhas,
Contratarei Rembrandt, o anatomista.

De cara nova vou ficar depois
E rasgar tal soneto horrível, pois
É criancice ser um vanguardista!

E este também, talvez mais ameno:

RÉQUIEM VERMELHO

Desde que peguei lepra em Chernobyl,
Defeco ao dia uns dez torpedos brancos.
Vejo neles o Stálin, com olhos francos,
Lênin e Trotsky e as entranhas que os pariu.
Minhas coxas menstruam escorpiões,
Vomito glandes de animais esquálidos,
Meus versos cada vez mais ficam inválidos

Devido à KGB e aos espiões.
Tapurus de dois buchos nos meus dentes,
Morcegos de três asas no meu ânus,
Dos meus cérebros dois já estão insanos
E os neurônios restantes tão dementes.

É triste fascinar tanto a história
E se enterrar como a pior escória.

Sinceramente, Meritíssima, não gostei dos poemas e jamais eu seria inspirado a colocar-lhe uma música. Contudo, quando folheei os sonetos mais sérios, achei muito especial o que toma uma lição dos Salmos como advertência para os nossos riscos e limites. Vói e Tila leram algum dia ao menos um salmo? Se eles tivessem lido o que inspirou o poeta, talvez tivessem assimilado alguma lição. Sou de uma família paupérrima, porém digna, de uns pais que sempre me ensinaram o fundamental da existência: nunca humilhe ninguém; nunca faça mal a ninguém. Sempre assimilei esse mandamento. E a resposta que tive do mundo foi o inverso: dois filhinhos da puta, na verdade dois criminosos amparados nas cédulas de Benjamin Franklin, achando que podiam agir como bem entendessem. O pai deles, que eu batizei de Guilherme Tell de Abraão Eli, foi quem mais os colocou na perdição, e de uma forma gratuita, sem uma causa. A Senhora acha que eu poderia ficar indiferente a essas deliberações destrutivas? O poeta Obscuro, recolhido ao Manicômio, nem sabe que me deu mais energias para agir por ele, para acabar com toda a racinha dos arruaceiros juvenis que a Meritíssima não toca. Sou tão frágil quanto o que o soneto aborda, mas enquanto me restar meia fibra colocarei meu plano em curso. Enquanto não me prendem e a Senhora não me condena, faça o favor de ler as linhas abaixo, que felizmente não dizem respeito só a mim:

SALMO 39

Do caos informe da matéria santa
Aos fluxos de éter que mantêm-me erguido,
Não sou mais do que um sopro diluído
Entre as peles que tecem minha manta.

Tal como Prometeu, que Ésquilo canta,
As nossas contorções buscam sentido
Para o célebre abutre destemido
Que um dia vem roer nossa garganta.

Cada dia é uma lápide inconclusa,
A alegria é uma concessão difusa
De intervalos que adiam nossa esfola.

E assim, entre intervalo e intervalo,
A vida vai fluindo, estalo a estalo,
Enquanto o negro pássaro decola.

Como eu ou qualquer outro, a Senhora está pendurada no bico desse pássaro. Fique atenta, porque minha fúria não é patológica, mas rigorosamente racional. Como já me passei por indigente e enfermo, não é difícil adotar outros *dramatis personae* para chegar aos meus belos alvos e liquidá-los. Às vezes tenho a leve impressão de que Senhora está na lista.

Não creio mais em nada, a não ser no destino certeiro dessa lista. Os gêmeos foram apenas os primeiros. Mas em torno das estrelas mais brilhantes de Órion há outras secundárias, mesmo obscuras, que podem aparecer esquartejadas em seu próprio meridiano. Acha a Senhora que estou falando por código? Não! Eu vou matar todos! Não tenho medo de filho da puta nenhum, de bala nenhuma, porque a corja de vocês já me matou há tempo. Apenas a minha múmia ainda treme e ela não quer ir sozinha para um passeio com Caronte. Vocês me converteram no que eu hoje sou. Quando li o soneto abaixo, senti com toda precisão a extensão da nossa vulnerabilidade, acelerada em mim pela ação escrota dos gêmeos, de Benjamim Franklin e das autoridades:

OTELO E ÁJAX

Frágeis, voláteis, tênues como talos,
Somos débeis qual peças de um oleiro.
O mais polido em nós é carniceiro —
E os impulsos, por que não controlá-los?

Otelo, com Desdêmona entre falos,
Não seguiu o intuito verdadeiro

E entregou-se aos grunhidos do guerreiro
Que sangrou cegamente mil cavalos.

Somos algas rasgadas pelos ventos,
Das águas somos dorsos infundados,
Fios de éter buscando alguma rocha...

Deus fracassou em Seus tão bons intentos?
A razão arruinou-se em seus cuidados,
Prometeu delirou nos dando a tocha.

Não aprovo as ações da Górgona-Húmus, mas talvez seu sofrimento tenha a mesma origem: a hostilidade. Pelo que confessa, ela tinha doutorado em Bach e Clarice Lispector — uma pessoa tão elevada não pratica crimes à-toa, mas por não suportar mais um mundo dominado pela impunidade. Torno a dizer: reprovo inteiramente as *vinganças* dela. Mas exatamente por isso é que os gêmeos não eram passíveis de qualquer misericórdia. A Senhora acha que eles leram Clarice alguma vez? Ouviram ao menos um allegro ou uma suíte do gênio alemão? Pararam alguma vez para apreciar as Três Marias no céu? Será que tinham formação humana para entender o soneto abaixo?

BWV: ABSOLUTO

Seja qual for a minha *causa mortis*,
Retornarei ao caos ouvindo Bach —
Posso ser metralhado em pleno lar,
Posso sofrer massacres de outros portes.

Não terei mais ouvido secular
Para alar-me entre fúlgidos transportes:
Minhas cinzas terão milhões de nortes
Dissolvidas no chão transmilenar.

Nas delícias letais dos contrapontos,
Cujo êxtase deixa os anjos tontos,
O âmago espaço-tempo embriagado,

Hei de aderir, entre crateras líricas,
Ao mais privado som de harpas oníricas
E ao lapso colossal do Incriado.

Que a terra lhes seja mais pesada que concreto de catedrais. Não adianta o Senhor Guilherme Tell de Abraão Eli ter feito toda aquela cerimônia de um "enterro digno", que comoveu milhares de imbecis. O túmulo deles é o Inferno.

## O PODER DA LITANIA — I

MERITÍSSIMA,

Permita-me relatar os momentos obtusos da visita de Avida Dollars aos gêmeos. Nunca tinha assistido a uma aula tão espetacular de arte. Aqueles ensinamentos me fizeram rever minha conduta e intensificar o terror sobre os jovens. Não pretendo alongar-me sobre minhas próprias reflexões a respeito do fato, porque poderiam empobrecer e tirar a consistência da cena. As palavras do artista são insubstituíveis. Se a Senhora tiver um pouco mais de paciência, verá que a paciência de fato é uma virtude e que podemos alcançar conquistas divinas com ela.

Com o célebre jaleco preto, ele entrou no Semitártaro, contemplou por uns minutos os semimortos. Ergueu a bengala, depois baixou-a com calma e continuou a aconselhá-los sobre o poder e os perigos da mente:

PINTOR — Se vocês dois forem sensatos, sairão desse tormento em um segundo. É tudo imaginação que envolve vocês. Alguém amaldiçoou vocês com essa prisão. Mas é uma prisão ilusória, basta mudar o ponto de vista.

TILA — Que ponto de vista, carai, chama a polícia, porra!

PINTOR — Se querem continuar o diálogo, por favor sejam elegantes. A anomalia da mente de vocês — achar que estão aqui — já está afetando a linguagem. Mas há uma solução, e bastante simples: a meditação. Tentem convencer a vocês mesmos que não estão aqui, e sim numa lancha, numa praia deliciosa, ou num museu de Paris observando minhas telas.

TILA — Que porra de museu, porra! Não vê que a gente tá fudido sem merecer? Vói, porra, morre não, carai, cadê tu?

PINTOR — O seu irmão está na outra banheira, com o rosto todo esburacado, parcialmente queimado de éter, em infinitos pontinhos de sangue e de fogo. Não se sabe mais quais dos buracos dele são originais. Mas torno a dizer: cada pontinho daquele é ilusório. Aparentemente, eles foram abertos por agulhas, depois embebidos de éter, depois queimados dentro de um círculo diminuto. No final, a película queimada cai e o rosto vai sendo todo cavado por buracos carbonizados. Mas nada disso aconteceu. Tudo não passa da projeção diabólica que distorceu a mente de vocês, para acreditarem que estão passando por isso. A rigor, Tila, aquele outro não é seu irmão, mas você mesmo, que sua mente produziu lá. Pode ver que aqui você não tem um arranhão, porque sua mente ainda não o destruiu em todas as partes. O que seu inconsciente quer, no momento, é um suposto corpo externo para descarregar todas as ondas negativas. Mas, se esse fluxo não for contido, atingirá também sua banheira, Tila. De fato, para manter você intacto, a força negativa de seus pensamentos está se deslocando para a outra banheira, a fim de prejudicar o suposto corpo que está ali pendurado.

TILA — Putaquipariu, carai, quem é tu? Não tá sentindo o cheiro de merda?

PINTOR — Eu sou igual a vocês *dois*. A diferença é que minha mente me projeta em outras imagens. Quando eu era criança, não tinha ainda cinco anos, eu era uma menina. Isso ocorreu bem antes de eu ser a reencarnação de um irmão mais velho, que teve morte precoce. Na verdade, o nascimento dele foi um ensaio prematuro da minha vinda ao mundo. Eu nasci a primeira vez incompleto, depois me ajustei. Só a partir dos vinte anos é que comecei a ter lembranças intrauterinas da minha gestação. Mas a menina... Eu fui para a beira de uma praia e puxei o tapete das águas. Embaixo do mar dormia um cachorro. Eu estava nua e, se não me falha a memória, o cachorro me percebeu no cio e quis me atacar. Mas a mente dele estava acomodada no conforto da areia sob o mar e ele não saiu do lugar, assim como vocês estão sentindo prazer em se imaginarem presos e humilhados.

TILA — Que prazer, porra, chama meu pai aí. Vói, cadê tu, porra?

PINTOR — Se você quer que eu seja irreal, infiel aos fatos, devo dizer-lhe que o seu suposto irmão já não tem mais rosto. Os olhos estão mais depredados que vísceras moídas. A boca é um rasgão só, ligado às orelhas e com as gengivas estouradas. Mas essas imagens poéticas não devem substituir a realidade. O método paranoico-crítico ensina isso com precisão. O segredo está na sua vontade, jovem Tila. Vamos, se esforce! Esqueça que está do outro lado e potencialize apenas a parte positiva de sua mente, na qual você está apenas algemado e acorrentado em uma banheira limpíssima. Aos poucos, mas com muita energia, vá direcionando sua vontade para fora deste antro. A liberdade está ao seu alcance. A não ser que você queira permanecer sentindo prazer em se trucidar.

TILA — Que prazer porra nenhuma, caraí!

PINTOR — Desde que cheguei nesses arredores, fugido de Franco, não vi ninguém entrar aqui para fazer mal a você. Tudo isso que está supostamente acontecendo é apenas uma deliberação do Inconsciente, que Narciso nenhum contempla com exatidão. Você, Tila, é fruto de seus próprios desejos, assim como pode explodir essas algemas pela razão. O método paranoico-crítico, que apresentei a Breton, é o mais racional da história. Dos registros de Altamira às pinturas do século vinte e um, ninguém criou um caminho mais feliz para a humanidade. Eu e Helena Diakonova desfrutamos disso com toda intensidade. E nunca escondemos de ninguém esse método. Mostramos ao mundo que o Inconsciente pode ser controlado pela racionalidade crítica da paranoia. Você não faz o mesmo se não quiser, Tila. A salvação está nas suas mãos, não importa se elas estejam acorrentadas.

TILA — Vai te lascar, seu puto, tira a gente daqui! Esse maestro vai se lascar com meu pai!

PINTOR — Que maestro, Tila, que maestro? Por essas projeções, temo que você esburaque o rosto e fique pior que seu suposto irmão. Eu já me projetei um dia num cavalo arruinado, com um telefone quebrado na boca, mas não me confundi com ele. Já me projetei numa caveira que tinha boca e olhos cheios de caveiras, que tinham boca e olhos cheios de caveiras, que tinham boca e olhos cheios de caveiras, mas sobrevivi a todas. Projeções reais, como as que você está fazendo, são muito mais letais. A arte é ínfima diante da crueldade humana. Você está usando de toda a sua baixeza, Tila, para comprometer e contaminar o seu irmão, como se ele fosse um segundo ser, uma espécie de receptáculo passivo para suas desgraças. Eu não sou moralista, mas sua atitude é terrivelmente grosseira. Aliás, como Vói está ali calado, tenho a impressão de que ele está meditando sobre possibilidades de sair daquela banheira, libertar-se da imagem que você está fazendo de si mesmo nele. Se ele conseguir, e eu torço por isso, ele poderá ficar numa situação melhor que a sua e recuperar o rosto e a dignidade. Ele só não pode interferir em você, Tila, assim como eu não tenho o menor poder para tirar você daí. Já fui eleito o maior pintor do século vinte, talvez o maior ou mais excêntrico da história, mas sua imagem, Tila, me é inacessível. Eu não posso deformar uma realidade brutal que provém de sua mente.

TILA — Que mente, caceta, vai te lascar! Vói, ô Vói, cadê tu, porra? Não morre não, porra! Esse babaca quer confundir a gente!

PINTOR — Tila, veja bem. Eu tentei libertar Santo Antônio da abstinência sexual e da solidão. Coloquei uma linda mulher nua em cima de um elefante e, para atravessar o deserto, tive que proteger os pés dos animais. Assim, acrescentei aos paquidermes longos pés de galinha, finíssimos, para eles segurarem, com equilíbrio, a cabine em que a loura estava sendo transportada. Ora, depois de anos de dolorosa travessia, de um calor implacável numa terra sem fim, minha missão foi um fracasso. Santo Antônio estava nu na entrada de sua tenda, mas não para se deliciar com a loura. Ele estava nu por renegação absoluta dos prazeres e das riquezas, até mesmo de uma roupa mínima. E recebeu a nós todos com uma cruz, como se fôssemos uma tentação às promessas que ele tinha feito às alturas! Sabe o que é isso, Tila? A mente!

TILA — Que porra de mente, caceta, olha o que o maestro tá fazendo com a gente, carai!

PINTOR — Que maestro, Tila? Acredite se quiser, mas... como dizer? A mente é a litania mais satânica e mais angelical dos homens. Acabei de fugir de uma guerra civil, causada por forças oníricas mesquinhas. Vai morrer um milhão de pessoas nessa saga e você acha que alguém vai se preocupar com sua morte aqui dentro? Seu inconsciente tem desejos míseros, Tila, e não consegue ir além do imediato. Olhe ali seu irmão, seu suposto irmão: a concentração dele não é gratuita. Se ele continuar nesse ritmo, vai se emancipar daquela banheira imaginária e não pense que ele vai soltar você daí. O mais lógico é ele se afastar o máximo de você, para não ser influenciado pelo suposto irmão dele e ter que retornar à banheira imunda. Na verdade, Tila, estou começando a compreender melhor os fatos. Não é Vói que é imagem degradada sua, mas você é a imagem limpa e intacta dele. Vói já está conseguindo sair da degradação e você é o reflexo dele aqui — uma verdade que seu inconsciente esconde e, por isso, você ainda não sabe. Falta pouco para ele se desfazer das correntes e das algemas e você é que vai ficar, Tila, na outra banheira. Veja até onde a mente humana pode chegar. O plano do seu irmão é incorporar você, em sua pele intocada, e fugir daqui. Mas ele não quer que você saiba do plano, pois suas energias negativas poderão embargar as dele. Não se trata de uma luta de dois, mas de um só: o seu reflexo, que está ali na outra banheira, quer ressuscitar das fezes em você. Na verdade, você está correndo o risco de tornar-se reflexo do seu reflexo e ser incorporado por uma imagem que você criou. Se isso ocorrer, tudo está perdido. Por isso, enquanto você se desespera e emite palavrões prejudiciais à saúde da alma, seu reflexo, na surdina, está conseguindo sair de você em você mesmo.

TILA — Deixa de falar merda, porra, chama a polícia, viado!

PINTOR — Quanto mais você se aborrecer, menos terá chance de pensar em como sair daí. É incrível como seu irmão é real e o inconsciente dele quer ser você, sem nenhum corte, e está conseguindo. Mas ele está alcançando essa graça por meio de meditações construtivas, com postura humilde, o rosto voltado para as fezes alheias. Trata-se de um sacrifício que nem os monges mais pobres, mais privados de tudo, ousam fazer. E seu irmão é filho de um milionário, diferente de você, que a partir de agora está se tornando apenas uma projeção dele. Até agora ele não disse uma palavra e esse silêncio é muito precioso para quem planeja um futuro melhor. Estou vendo a hora, Tila, você sair daí das correntes e fugir daqui pensando que é você. Na verdade, quando essas algemas se partirem, seu irmão é que estará em sua pele, enquanto o seu inconsciente mesquinho, Tila, o manterá atolado na banheira de urina e fezes. O seu irmão, ao fugir em você, gritará de felicidade lá fora, enquanto você, aqui, ficará na carcaça dele, absolutamente desgraçado, porque este é seu desejo mais íntimo.

TILA — Vai te lascar, corno! Ô Vói, porra, morre não!

PINTOR — Tila, querido, veja bem. Eu tenho muita paciência e vim a este mundo para colocar todas as coisas em sua devida ordem. Meus quadros são o exemplo mais completo desse desejo de simetria e proporção. Por isso eu não me impressiono com seus palavrões, coisa de quem é bem jovem, como as ruínas do Ângelus de Millet. Aquele casal petrificado, um rosto tão próximo um do outro, esforça-se há milênios, provavelmente desde o primeiro despontar do sol, para alcançar um abraço, uma afetividade, ao menos uma carícia de leve. Mas por que os dois não conseguem esse encontro? Porque são jovens e precipitados como você. Eles são sarcófagos de si mesmos, blocos de pedra que guardam certa feição humana, mas de uma fisionomia muito pré-histórica e imatura, ainda sem idade para domesticar os impulsos do inconsciente. Entre você e seu irmão está ocorrendo o mesmo. Por isso, eu queria lhe relatar uma outra lição de vida. Posso?

TILA — Vai se foder! Ô Vói, porra, faz alguma coisa.

PINTOR — Eu tenho um amigo alemão, fugido da ira patológica de Hitler, que fez algo interessante. Ele pintou um bode tocando violino, assim como o povo alemão pintou um monstro eloquente do qual não conseguiu se desfazer. Isso é o triunfo da vontade, meu caro Tila. Como disse Ana Scott num subúrbio de Londres, a felicidade é inconcebível sem um bode violinista. Da mesma forma, a história é impensável sem esses monstros cíclicos que brotam do inconsciente e do coração dos povos. São imagens que têm certa duração, mas um dia se apagam. E isso gera quadros, gera música, gera poesia, conhecimento, filmes, estudos, enriquece o ser humano com lampejos de lucidez. Você não acha, Tila, que sua situação, na qual ninguém pode intervir, não poderá um dia gerar um grande romance, um filme, uma peça teatral? É possível que um grande artista se interesse um dia pelos seus sonhos, Tila, e descubra você aqui sozinho, na pele de seu irmão, já todo deteriorado pelo inconsciente. Tal degeneração pode gerar mais curiosidade do que a libertação de seu irmão, que vai sair com o seu corpo por aí, mas com a mente dele. Ele não despertará interesse, porque o que é harmônico não tem lugar na literatura. A arte é a mais mesquinha das atividades humanas, pois se calca apenas no negativo, no mais-negativo, a mais-valia das estéticas mais radicais. Por isso, Tila, é extremamente positivo que você se projete naquela outra banheira, com o rosto carcomido de rasgões, o corpo quase todo submerso em excrementos. Isso será sua glória, sua bela morte, enquanto seu irmão, saindo intacto em você, morrerá um dia sem fama, como um medíocre. Nem o Cristo de Mel Gibson teve tanta mutilação quanto as que você está projetando em seu suposto irmão, para si mesmo. Você quer superar todos os sofrimentos por um martírio mais pungente — e seu inconsciente já sabia disso antes de você despertar para essa alegria. A felicidade, Tila, que eu procuro exprimir em meus quadros, é uma prerrogativa de Deus que de milênio em milênio é concedida aleatoriamente a um homem. Seu inconsciente quer que você seja o escolhido da vez, assim como as vítimas de Franco e de Hitler morreram felizes na busca dessa superação.

TILA — Que superação, carai, vai te lascar! Meu irmão já deve ter se fudido, porra! E tu aí falando merda!

PINTOR — Já notou que o seu vocabulário não chega a dez palavras? Essa miséria mental está expressa na outra banheira, o que indica sua plena satisfação de coligar-se a seu irmão, alma a alma, para sentir a doçura das mutilações injustas. Se é verdade que vocês não estupraram nem mataram a menina, isso é mais artístico ainda e tem um tom trágico e deliciosamente religioso: vocês estão sofrendo por outros e isso é uma abnegação muito bela do espírito. Nesse caso, peço desculpas por ter chamado você de mísero. Estou começando a perceber o sentido do mau uso que seu inconsciente fez de você: ele está agindo a serviço de uma causa nobre. Entretanto, por trás de toda essa renúncia há um egoísmo, uma filantropia falsa: a sua mente, Tila, ao contrário de milhões, não cairá no esquecimento — esta é sua maior ambição. Dos milhões de judeus chacinados na guerra, quem lembra do nome deles, de alguma criança, de algum débil mental, de algum aleijado ou cego? Só lembramos genericamente os números, tudo sucumbe ao anonimato, às cinzas que se esparzem no Vístula e no tempo. Lembramos de Anne Frank e Primo Levi porque eles escreveram, registraram, criaram uma memória singular. Mas quer coisa mais ineficaz que a chamada memória coletiva? Assim, Tila, você vai precisar um dia de um escritor ou um pintor que materialize seu sofrimento, para que finalmente ele se torne real. É o que eu faço com as figuras dos meus quadros, que são rigorosamente reais.

Notando o esgotamento do jovem, Avida Dollars fez sinal de deixar o banheiro. Mas resistiu à desistência e tentou ser profícuo, ao menos mais uma vez, para o jovem, ainda tão belo e tão promissor. Ergueu a bengala e falou com contundência:

PINTOR — A persistência da memória e a metamorfose de Narciso devem caminhar juntas. O mais astuto herói grego não foi orientado no Hades por um cego? Por que eu não posso ser orientado criticamente pela paranoia, para vencer os porcos de Circe e a sedução das Sereias? O sono frágil, sustentado por forquilhas, é muito perigoso. Vocês não estão aqui, Tila e Vói, eu lhes dou toda garantia disso. Mas vocês podem sonhar que estão aqui e de repente acordar nessas banheiras e jamais despertar desse pesadelo dogmático. Isso pode ser tão real, que pode até desdobrar-se em ficção.

TILA — Que ficção, porra, vai te lascar, nojento! Vói, porra, morre não. Painho vai tirar a gente daqui e aquele maestro vai se lascar todinho.

PINTOR — Tila, querido... Eu não acredito que você esteja ainda com esse maestro em mente, se bem que isso comprova minha teoria. Enquanto ele estiver rondando em sua alma, sua mente é um Castelo de Elsenor em que só haverá atrocidades. Mas eu persisto em acreditar que apenas as imagens tênues de vocês estão aqui e que na verdade vocês dois são um só. O primeiro que conseguir sair dessa deixará o outro na tormenta. Já vejo, Tila, por que é que você quer permanecer na miséria: se você fizer um esforço espiritual e ficar no lugar de seu irmão, submerso em fezes porém intacto, isso poderá trazer um certo conforto para Vói. E aí ele poderá se acomodar em você e não lutar mais pela libertação final. Seu inconsciente, nesse caso, não quer prejudicar seu irmão. E sabemos que os irmãos, desde a Bíblia, se odeiam mais que inimigos de tribos diferentes. O que você mais deseja, Tila, não é chamar a polícia nem ser resgatado, mas ocupar a suposta penúria do seu irmão. Mas eu não acredito que o inconsciente dele vai consentir essa filantropia. Tal substituição seria catastrófica para o seu irmão, que a essa altura não fala mais, não reage, e deve ter passado do sonho para a imaterialidade. O que vemos do corpo dele é apenas um aglomerado de destroços que correspondem a tudo o que eu disse antes: as investidas ilusórias da mente.

TILA — Deixa de merda, porra, a gente tá tudo lascado! Porra, Vói, morre não. A gente não fez mal nenhum a ela, não foi, Vói? Nem tocou nela.

PINTOR — É provável que a menina, mesmo estuprada e assassinada, ainda esteja viva. Alguém se precipitou para se vingar de vocês — isso é o que diz o que há de mais aberratório na humanidade: o senso comum. Quem está punindo vocês é o mau uso do Inconsciente, porque a culpa é consciente e nem a consciência de vocês sabe que vocês estão sofrendo. Tudo isso é um processo cavernoso, que apenas eu consigo ver por causa do que aprendi com o método paranoico-crítico. Mas quem tiver acesso a este antro jamais vai ver vocês. Tila, me ouça bem: você não está aqui. Eu estive hoje de manhã no velório da menina, mas era pura ilusão o corpo dela lá, coberto de flores sangradas. Um músico cantou o mais belo largo de Bach, mas poucos ouviram. E por que tudo isso, Tila? Eu sou um pintor e tenho sensibilidade para ouvir Bach. A menina estava no caixão porque ela é pura expressão dos desejos do suposto maestro, para punir-se pelo que fez com ela. Só que a autopunição dele está deslocada. E está deslocada porque você, Tila, em sua fraqueza mental, permitiu, ao ponto de também afetar seu irmão. Mas eu tenho provas de que vocês estão em alguma praia da Itália, país que reúne as mulheres mais belas do mundo. Eu sou casado com uma russa, ela era belíssima e morreu em 82, eu morri em 89, mas o nosso casamento, com total fidelidade, tem dado certo por força da nossa vontade. Infelizmente, Tila, você não está atingindo o estado necessário para a transcendência. Seu dito irmão, que eu vejo daqui encharcado em fezes, pode estar num estado muito melhor, mais espiritual, porque o silêncio não é natural na espécie mais infeliz do planeta, mas uma construção da inteligência. Você está tão precipitado, Tila, quanto as supostas forças que estão trucidando você, embora você não tenha uma única marca de agressão. Qual o segredo para tamanha desigualdade entre você e sua sombra ali na outra banheira? Você quer ser uma criança geopolítica assistindo ao nascimento do Novo Homem? Quer acordar um segundo antes de ser devorado por tigres vomitados por peixes? Quer ser um rinoceronte vestido de rendas? Quer participar da Última Ceia? Claro que ainda dá tempo! O que ninguém pode fazer por você, caro Tila, é dirigir a sua mente. Nem mesmo o suposto torturador pode prender você aí. Se há um ateu subversivo que acredita no livre-arbítrio, sou eu. E cada vez que olho você, Tila, inteiramente ileso, apenas acorrentado pela própria vontade, eu me convenço de que meu método está certo. O miolo racional do Inconsciente pode ser controlado e gerar os melhores agrados para a espécie humana. Mas essa espécie prefere os impulsos animalescos, o que é mais fácil e imediato, como as multidões que há milênios não se governam e se vendem, como Fausto, a qualquer monstro promissor.

TILA — Porra, Vói, morre não! Se a gente morrer, Vói, foi desmerecido, não foi? A gente nem tocou nela, tocou? Não, Vói, morre não, porra.

PINTOR — Tila, a convicção de que você não matou a menina é mais arrasadora para sua condição. Você está querendo se libertar do que não fez e isso que você não fez fica presente em sua mente. O caminho não é esse. O caminho é o esquecimento. Como a humanidade tem conseguido libertar-se do que é mais constante nela, o extermínio? Só com o esquecimento. Aquilo que a gente esquece não existe, como a chacina de quarenta mil africanos por Hissène Habré. Quem se lembra disso, a não ser umas supostas vítimas ou parentes que afirmam que isso ocorreu? Com o Holocausto vai ser a mesma coisa, apesar dos esforços para manter-lhe a vivacidade. É o que você tem que fazer, caro Tila. Medite, como seu suposto irmão está fazendo, e desligue-se dessas correntes pela energia mental. Com isso, você afastará todos os fantasmas negativos, como Buda conseguiu sob a figueira Bo.

TILA — Vói, porra, fala aí, faz alguma coisa. A gente não é ruim não, Vói, mataram a menina no carro da gente. Tão matando a gente por engano e maldade.

PINTOR — Você começou a ampliar seu vocabulário, Tila, isso é um sinal maravilhoso. Mas pode ser que essa conquista seja de seu suposto irmão, projetado em você em uma etapa superior, na forma como você acaba de expressar o pensamento dele. Com mais um pouco de esforço, ele sairá de onde você está.

TILA — Foi a gente não, porra, diz isso pro mundo.

PINTOR — Sem a persistência da memória, Tila, a humanidade é uma natureza quase morta. Os objetos flutuam e tendem a se evaporar, sem deixar rastro. Isso anula todos os tempos e abole o próprio futuro. Seis crânios de Lênin sobre um piano são incompetentes para reverter esse quadro. Nem uma rosa meditativa, nem Gala contemplando o mar podem compensar essa miséria. Eu achei que poderia dar alguma luz a você, Tila, mas me sinto vencido pela força de seu desejo. Sua obscuridade é muita densa, Tila. Nem girafas em chamas iluminariam seus abismos. Assim, declaro que minha criatividade chegou ao fim. Ao mesmo tempo, vou voltar para a Catalúnia com a maior comprovação empírica do meu método. É uma alegria tão grande, que nem um toureiro alucinógeno nem um grande masturbador poderão ter a mesma apoteose.

TILA — Foi a gente não. Foi, Vói?

PINTOR — Enquanto você ficar remoendo isso, não será largado pelas correntes que você mesmo fabricou. A mais poderosa das negatividades é aquilo que nos parece mais fixo e afirmativo.

Passou a mão no jaleco, amaciou os fios do bigode e retirou-se.

## ÓRION EM MINHA BOCA — II

MERITÍSSIMA,

A primeira vantagem da Italiana eram os beijos longuíssimos, inacabáveis, prolongados língua a língua, um castigo de Sísifo num Hades paradisíaco. Nossos corpos flutuavam em oceanos infindos, águas intermináveis, horizontes perdidos em que nossas órbitas amorteciam e uma leveza quase absoluta conduzia nossas carnes. Virávamos sombras de sombras, simulacros de sombras, esboços tênues de sombras, de traços imponderáveis que culminavam na anulação de qualquer peso. Por um momento, certa noite, ela ficou de pé e eu suguei o corpo dela mastigando até a alma. O objetivo era comer parte a parte nossa, miolo a miolo, pele a pele, líquido a líquido, deixando tudo intacto. O ponto final, se existia, era conquistar as crateras do Universo onde se esconde o dedo criador. E usurpar nebulosas e bolhas galáxicas, e parir pássaros e abortar pérolas, e vomitar orquídeas e cuspir vagalumes. Em prazeres delirantes, próprios dos anormais, deslizávamos em confluências e vínculos indescritíveis, amálgamas e consonâncias de beijos sem trégua. Certa madrugada, em praia deserta, nos amamos sob chuva intensa, quase vulcânica, na beira de uma maré baixa e mansa. Não caiu um pingo da chuva em meu sexo. Fiz o mesmo esforço para que o corpo dela não fosse pontilhada por um grão de água.

Ah, Meritíssima, como relatar tais grandezas? Vói e Tila poderiam estar com menininhas lindas por aí, não poderiam? Tinham muito mais condições do que as que eu tive na juventude — um rapaz pobre estudando música e sendo escanteado por quase todo mundo. Para que música? Como Próspero quer vencer na vida com música, ainda mais do tipo que ele idealiza? Nunca tive um papai para me dar um carro e eu sair por aí à vontade. Mas seduzi muitos corpos, Meritíssima, centenas de corpos, e as minhas armas eram o charme e a inteligência. Eu admiraria Vói e Tila se eles usassem o dinheiro deles para devorar meninas em fila. Nunca tive inveja de ninguém agindo dessa forma. Minha filosofia era vencer pela competência, mesmo porque eu não tinha qualquer outro recurso. Mas aqueles filhos da puta preferiram a escravidão da arrogância e da brutalidade. Amparados pelas cédulas do pai, achavam que nunca encontrariam em seu trajeto alguém corajoso. Em outro momento, se a Senhora permitir, farei o relato completo de como deformei o rosto de Vói, até ele perder a feição humana. Nem Nosferato teve um rosto tão trucidado e eu sentirei enorme prazer em contar detalhe por detalhe. No momento, quero apenas lembrar que o que arranquei daquele filho da puta não foi para mim, mas uma dádiva para o irmão, para que o ciclo de canibalismo se completasse. Peço perdão por interromper uma descrição tão sublime de amor para me referir àqueles vermes gêmeos.

Na madrugada em que eu e a Italiana, feito bobões, contamos as estrelas, tive um pequeno surto de loucura, durante o qual o corpo dela, puxando minha língua, queria tragar-me para dentro do mar. Seu corpo me contemplava de uma forma oblíqua, dissimulada, e também se deixou fitar e examinar. Tive a impressão de pontuar no céu trinta e duas estrelinhas, talvez cento e vinte e três, mas logo me fixei no corpo dela. A demora da contemplação deve ter-lhe dado outra ideia do meu intento. Insinuou que eu a olhasse mais de perto, como se todo o meu rosto, depois o corpo inteiro, tivesse que mergulhar em sua polpa. Minha língua longa, constante, enfiada nela, queria entrar mais ainda e crescer, como se a ereção não pertencesse mais apenas ao corpo, mas ao espírito inteiro. Retórica dos tolos, dá-me uma comparação exata e poética para definir o que era aquele corpo da Italiana. Eu já tinha me repetido um milhão de vezes, tinha gasto todo o raciocínio em uma frase simples: "Estou com o corpo mais linda de todos os tempos". Mas a cada repetição tudo ficava mais insuficiente. Não havia imagem capaz de dizer, sem quebra da dignidade do estilo, em que extensão aquele corpo era tão formoso e tão atraente. Eu passava o dedo nela, sem um milímetro a menos, por último a língua, para vê-la face a face, como quem cultiva todo o entusiasmo da vida para um dia contemplar o Paraíso. A dignidade do estilo residia em dizer sempre ai!, sem arrodeios metafóricos, sem alegoria, sem adjetivos tolos e infiéis ao objeto. O corpo da Italiana era uma substância primária, talvez anterior a qualquer outra criação, quando ainda não havia nenhuma possibilidade de qualificação das formas adormecidas. A exemplo do que dissera um dia um poeta sobre Bach — "o lapso colossal do Incriado" —, eu tinha a mesma e exata sensação quando beijava o corpo da Italiana. Mas dizer que era um lapso da natureza é admitir um erro, uma imperfeição momentânea, que pode ser eterna para quem não se insere nas belezas cósmicas. Dizer que o corpo dela era um lapso da natureza é também admitir que era a única perfeição que escapou à Terra ao longo da saga cega dos homens. Mas tais reflexões acabavam criando imagens — e jamais eu admitiria substituir o corpo da Italiana por imagens. Ardis dessa natureza são indigências camufladas, uma linguagem cigana e dissimulada que trai os seus próprios propósitos.

Em meio a tais conturbações, afastei-me um pouco dela, em plena chuva, e convidei-a para nadar na maré seca. Entramos nus, como meninos inexpertos, que podiam se afogar ou se perder. Nos amamos mais uma vez dentro da água — e a água parecia dar todo o aval para o encontro das nossas formas. Voltamos para a areia, em parte deformada pela chuva, em parte acumulada como uma cama a nossa espera, e tentei meditar um pouco. Mas o corpo dela tinha um fluido misterioso e enérgico, uma força que me arrastava para dentro, como as ondas que haviam recuado. Pensei em deixar-me arrastar por todas as partes, orelhas, braços, cabelos, pupilas, e senti que a onda que saía dela vinha crescendo, avermelhada e escura, cava e cavernosa, ameaçando envolver-me de forma irreversível. Quantas vezes ela gritou ali no escuro palavras impronunciáveis? Quantos milênios gastamos naquele jogo de incontáveis buscas? Nem os relógios do céu, nem mesmo os ponteiros do inferno, mais ousados e precisos para os pecados, terão tido competência para mensurar aqueles segundos tão efêmeros e tão eternos. Felicidades e suplícios dessa ordem não estão previstos em qualquer medida. Conhecer a soma dos tormentos, a multiplicação das alegrias, sob uma chuva que não tocava em nossos sexos, é o gozo antecipado que os salvos esperam da intervenção final do Bem. Os condenados ao Inferno, como os gêmeos que trucidei nas banheiras, jamais conhecerão prazer autêntico, serão sempre desafetos subumanos, e suas dores não precisam ser dobradas por punições que Dante não viu.

## MÚLTIPLOS CORTES — II (LÁ)

MERITÍSSIMA,

sempre fui devoto das polêmicas literárias fiz arranjos de algumas para escandalizar os retrógrados uma convicção que sempre me impressionou é a recusa de Ivan Karamazov de ser agraciado pela vida eterna por que Deus não cicatriza as fissuras do espírito aqui mesmo e só no infinito as carnes sobrevivem intactas e as coisas se conciliam isso é perturbador não que eu tenha aderido a Ivan a respeito da indiferença do Supremo isso

não me diz respeito mas a morte da Italiana me fez desabar do símbolo para a prática de pior qualidade e por muitos dias fui aturdido pelo espectro de Ivan de revelações bem mais trágicas que o de Elsenor e rodei pateticamente pela cidade conversando sozinho gritando sozinho difundindo nomes feios pelas ruas Deus não era a questão central mas meus próprios limites até onde a indiferença fomenta a barbárie isso me doeu e me senti

terrivelmente culpado pela morte da Italiana enquanto não agisse e as reflexões sobre o perdão ah só índices negativos mas ousei julgar a Deus e O absolvi de toda culpa Ivan faz a constatação certa da penúria humana mas Ivan erra na consideração da origem aí estão nossos desencontros nossos pontos de corte sim o perdão é a mais rica expressão de miséria da alma os homens têm que se resolver as corças perdoam os leões e dormem

deitadas neles como se eles não tivessem marcas das carnes delas entre os dentes isso é falso isso dói pela carga de cinismo pelo insulto à mais elementar das compreensões as feridas não podem ser fechadas por artifícios os hutus vão continuar com crânios de tutsis nas pontas de seus facões Auschwitz ainda guarda gritos das crianças sob os chuveiros gritos misturados com filetes de chocolate esqueletos precoces de Hiroxima

ainda vagueiam diluídos em penumbras mas vagueiam todos requerem seu mínimo direito à história ah crianças de Hiroxima o que elas tinham a ver com as iras superiores não definitivamente perdoar é uma falácia sempre odiei essas diplomacias essas casquinhas de verniz que não ai já estou com baba demoníaca descendo da boca de tanto ódio a essas imundícies diplomáticas a esses acordos celestiais que o Inferno

felizmente não permite um dia baterei na porta de sua casa Meritíssima e seu jardim já estará transformado em uma bolha gigantesca de sangue por favor não entenda isso como ameaça mas como verdade pura os demais que me aguardem ninguém aqui suspeita da totalidade de terror que eu usei contra os gêmeos o que eu contei é tão pouco que acaba abrandando o que eles sofreram e o que eles sofreram foi por decisão minha baseado na mais legítima escolha deles os outros eu ainda vou pegar nas caladas das noites quer advertência mais exata que aquela feita à congregação de Sardes os gêmeos mangaram de mim por um ano fizeram outras misérias por mais um ano porque não conheciam a mensagem enviada a Sardes a Senhora parece ser mais protegida Meritíssima mas não adianta o que mais sustenta um indivíduo perdido é o entusiasmo

da vingança quem trabalha só com caneta dando vistos abstratos em linhas mentirosas não conhece a dimensão de sentir um corpo todo esfaqueado lambuzado de múltiplos espermas respingado de promiscuidades mas os gêmeos enfim conheceram a resposta os outros continuam desprezando meus alarmes e a Meritíssima sabe o que é abraçar um corpo um lindo corpo todo corroído de abusos não sabe definitivamente não sabe a

caneta é o seu limite mas a dor se expande como jatos de gás de um buraco negro e se impõe na mente com uma força gigantesca para atrair e agregar todas as partículas do Mal pensa a Senhora que é apenas retórica peça a exumação dos corpos dos miseráveis ou veja com mais atenção com tela ampliada o que eu espalhei pela internet o mundo tinha que tomar consciência do meu trabalho e ainda derramarei mais veneno com o

passar dos dias eu abracei a linda Italiana ainda que banhada de podres plasmas eu passei por esse desafio para que a junção de pele com pele firmasse o magnífico pacto com o Mal o vos omnes qui transitis per viam ah a Senhora não conhece a dupla perda de uma filha e de um amor absoluto ah não sabe a ponta de sua caneta a mantém suspensa na abstração não sabe o que é abrir-se para mensurar dores

imponderáveis ah não sabe attendite et videte as corças vão continuar depredadas na vida eterna minha linda Italiana meu Deus como conviver com isso como superar um desastre tão magnânimo perpetrado por tiranos de ficha limpa a Senhora desconhece si est dolor similis sicut dolor meus os seios dela alvejados por gumes predatórios as pernas desbotadas de hematomas a linda parte da coxa que tinha metade de Órion ainda

tentei averiguar mas o policial me reteve vários homens me seguraram porque minha fúria já começava ali mas com o tempo Meritíssima fui sendo aconselhado a seguir os protocolos da civilização e procurar superar a dor oh vós todos que passais pelas ruas o corpo foi simplesmente colocado em um saco industrial como se fosse um lixo poluidor dos sentidos apenas um amontoado de restos para depositar nas ondas do Aqueronte

sem falar no rio do esquecimento sem falar que o corre-corre das pessoas destrói e soterra qualquer memória e o sol nasce do mesmo jeito as estações se sucedem na indiferença os outonos são espetáculos de folhas caídas como se nada ferisse a integridade da natureza isso é falso e porque isso é falso é que eu resolvi dar a resposta dois canibais pendurados em correntes os outros estão sorrindo porque não ouviram a

voz dirigida a Sardes esse desprezo é excelente para meus planos o que eles não sabem é que a fórmula do Ap33 é infalível vão cometer o mesmo erro trágico e simplório dos gêmeos não há como fugir das mãos do Ap33 por enquanto eles dormem o sono dos injustos dos que têm segurança plena dos que não imaginam os passos de Tânatos a sua procura eu vi o corpo dela invalidado atravessado de perfurações e continuei a amá-la eu a abracei eu a afaguei pela última vez e pela última vez chamei a mim mesmo de débil e covarde o rosto dela em parte removido eu quis entender Meritíssima mas os rombos falavam por si próprios sem apelo à razão de ninguém ah exatamente a parte direita talvez a mais beijada a que eu mais acariciava por causa da outra metade de Órion e Órion por inteiro foi canibalizado como se demiurgos infelizes resolvessem

exterminar do céu uma beleza inquietante ah a dor da subtração injusta não se desfaz em julgamentos apressados em leituras alienadas de parágrafos e incisos e artigos e acórdãos não isso é parte da própria falsidade que se mascara de bem comum os fios dos cabelos dela foram rasgados como que precedidos de mordidas todas as cordas delas foram desatadas e os escravos que procederam assim vão morrer todos não custa

lembrar que já iniciei a chacina lenta uma promessa que fiz a mim mesmo em papel timbrado do sétimo círculo do Inferno não precisei de Mefisto para me seduzir não precisei me expor a nenhum frio gélido nenhuma tentação tudo provém de minhas próprias entranhas agora destinadas a vomitar-me a mim mesmo e erguer um novo Próspero os outros que se anestesiem porque minhas escalas serão sempre crescentes

não há bemol não há pianinho mas uma sonoridade cega e indescritível em ataques ultradisssonantes que se esparramam em pentagramas de sangue enquanto eu dispuser de mim mesmo não tenho mais como ser atingido porque minha velha casca já apodreceu não tenho mais como ser dissuadido porque minhas decisões estão lapidadas em pedras não que o Mal seja um mentor não que ele tenha me convencido isso

seria renunciar à maturidade e outorgar minhas forças a um interlocutor fictício não é uma questão de honra não é comércio esse chavão do senso comum é uma busca de equilíbrio último ponto de referência para que eu creia em mim mesmo e não pire de vez esse belo pacto de mim para mim me sustenta Adrian Leverkürn saiu de órbita porque entregou-se a uma natureza letal a uma esmeralda-hetaira da pior caixinha de

trevas e não freiou a ampulheta minhas trevas brotadas de mim mesmo são raios extensos de luz filigranas de pirilampos que se convertem em amor e em fogo destruidor e isso me apraz é tal certeza Meritíssima em meio a milhões de impossibilidades que ainda sacode meus restos mortais eles ressuscitam ao som da mais bela lamentação dos tempos

*Herzliebster Jesu, was hast du verbrochen,*
*Dass man ein solch Hart Urteil hat gesprochen?*
*Was ist die Schuld, in was für Missetaten*
*Bist du geraten?*

ante a qual o tempo mesmo se anula e se curva e sua espada Senhora se torna sedentária e sua venda de uma cegueira vil sua balança criminosa sim sei que não vou restaurar o lindo corpo da Italiana o corpo dela vai triunfar estraçalhada no final dos tempos a sua também está na sequência Meritíssima e o único consolo é antecipar ridiculamente o lamento

## Encontro acelerado — II

MERITÍSSIMA,

Cansei de dar lição de moral aos Efebos, dizer que eles não eram escravos de Jó, mas de Franklin, ah! isso me saturou. Gostaria de mudar de assunto para falar de outro encontro especial que tive.

Uma de minhas façanhas, após a morte da Italiana e a desagregação dos meus valores, foi criar coragem para visitar a Górgona-Húmus. Fascinava-me tentar entender por que ela tinha dilacerado tantas jovens, todas de mesma profissão, que sucumbiram ao silêncio degradante depois dos seus interrogatórios. Baseado em seus próprios depoimentos, fiquei pensando em como aprender com ela a conservar os impulsos de uma ira, para que nunca eles se dispersassem. Nunca concordei com os alvos dela, com as alegações dela para deformar moças tão lindas, mesmo porque minha Italiana poderia cair em sua isca. Mas senti que tinha algo a aprender com ela, especialmente sobre o método de terror que se plasma na memória de bronze de qualquer vítima.

Dirigi-me, certa tarde, à horrenda Penitenciária Feminina, bem no fundo do Paço dos Abutres, onde policiais corruptos costumam fazer suas desovas. É um local absolutamente subumano, mas com um toque encantador que me atraía, não sabia ainda por quê. Ao entrar em sua cela especial — eu mesmo me dei o luxo desse risco —, fui recebido por uma das pessoas mais polidas e cultas que já conheci. Não precisei perguntar nada, porque seus olhos brilhantes, com marcas de sangue nas pupilas, me diziam tudo. Extremamente gorda, desnivelada, as carnes caindo como se tivessem vontade própria, tive uma certa repulsa dela no início. Mas logo ela superou esse efeito negativo ao me falar não de seu método — nunca matar, apenas deformar rostos —, e sim de um livro que lia continuamente. Era um romance de Clarice Lispector que ela estava procurando musicalizar, em alguns trechos, aproveitando suítes instrumentais de Bach. Meu Deus — me indaguei por uns minutos —, como uma criatura com essa formação, com uma capacidade criativa e analítica que eu não tinha, se torna uma criminosa das mais horrendas? Que razões tem a irracionalidade para proceder de forma tão cativante e letal?

Ela me mostrou várias partituras de Bach com frases do romance, vários arranjos para quatro vozes. Talvez sua fúria contra o mundo partisse daí. Eu já sabia pelas suas confissões que ela nunca tivera um namorado, fora abusada na infância pelo pai, abandonada depois pelo pai, que era um músico, e crescera com essa dupla e contraditória herança do pai: o talento musical e o complexo de inferioridade gerado pelo estupro e pela eterna solidão. Nunca recebera um beijo amoroso, uma carícia — o livro era bem enfático nessas lacunas. Mas ter aquela pessoa cara a cara era uma confirmação mais repugnante do que qualquer palavra. Eu não largava os olhos dela, ao mesmo tempo assustado e atraído por uma pessoa tão corajosa. Finalmente ela abriu o romance e leu:

— "O neutro. Estou falando do elemento vital que liga as coisas. Oh, não receio que não compreendas, mas que eu me compreenda mal. Se eu não me compreender, morrerei daquilo de que no entanto vivo. Deixa agora eu te dizer o mais assustador: Eu estava sendo levada pelo demoníaco. Pois o inexpressivo é diabólico".

Era uma passagem tão relevante em sua vida, que já estava dividida em compassos nos quais estava aplicando duas árias das *Variações Goldberg*, convertidas para solistas em um conjunto maior, com o coro ao fundo, em vocalise uníssono, de baixa intensidade. Esse uníssono, disse ela, era para remeter ao fundamento de todas as coisas, conforme a personagem do romance. Mostrou-me outros trechos preenchendo algumas suítes francesas com alternância de cravo e violoncelo, introduzindo o coro em violento ataque contrapontístico à brandura da melodia principal. Me senti humilhado diante da proeza dela, mas não entendia por que ela questionava as adolescentes com matéria tão difícil.

— Sua pergunta já responde em parte o cerne do problema. Não há mistério. Temos uma juventude que só conhece música rasteira, de entretenimento fugaz. Qualquer banalidade, hoje em

dia, é santificada. Sinceramente, nunca concordei com essa roda-
-viva, essa sereia imunda que não para de iludir as pessoas. Mas as
pessoas, a meu ver, são culpadas. Prostituem-se com o mínimo.
As meninas que eu abordei fazem parte de milhões de hetairas
que se subjugam por migalhas. Podiam fazer como Ulisses e se
prender a algum mastro, para não serem arrastadas. Mas a força é
tão grande, que essas meninas ganham dinheiro só com a beleza.
Me diga uma coisa: qual a inteligência da beleza? Beleza é um
acaso, uma sorte, não um esforço. Algumas até se esforçam para
não engordar, comer só uma folhinha de alface com um quarto
de uma maçã... E isso, de um tempo pra cá, começou a me
aborrecer. Ora, eu estudei alemão, tenho doutorado em Berlim,
comparei um gênio musical a uma escritora fabulosa, e nenhum
homem nunca parou para me apreciar. Viviam era mangando de
mim, como eu já vinha suportando desde a infância. Cheguei
a acumular vinte e dois apelidos, vinte e duas depreciações, até
romper com isso e adotar nomes de guerra. O primeiro que
eu usei, para questionar a primeira vítima, foi *Demódoca*. Aí
comecei as perguntas. A nojenta, de dezessete anos, nunca tinha
ouvido falar em Demódoco, meu ancestral, e então eu ceguei os
olhos dela com injeção de água fervendo. Esse trecho que li era
sempre cantado para elas, em mezzo-soprano, como uma forma
de aliviar o medo. Você sabe que Bach é muito sublime, não há
o que temer, a menos que alguém se apavore com aquela entrada
intempestiva de *Tocata e fuga* ou com ataques do coro de Mateus
e João. Mas eu usava as melodias mais brandas, e mesmo assim as
nojentinhas se assustavam. Perguntei a todas o que achavam das
reflexões de GH, se elas tinham coragem de engolir devagarinho
uma barata, se eram capazes de uma transcendência às avessas.
Este é o cerne da minha tese, que eu pesquisei por quatro anos
e que nunca me deu glória alguma. Aquelas nojentas queriam
ser melhores do que eu em quê? Toda vez eu ficava nua diante
delas, mostrava minhas partes íntimas, bem cabeludas, e fazia
perguntas realistas. Por exemplo: em que é que o seu corpinho
é melhor que o meu? Me mostre uma digital da natureza em
seu corpo que não tenha na minha! E as agressões no rosto —
apenas no rosto — cresciam na medida em que elas não sabiam
responder. A reação mais comum era vômito, náusea, retração,

silêncio, mas eu sempre garantia que não ia matá-las. Minha missão era apenas com o rosto delas — o resto era sagrado e inatingível. Mas o que fiz no rosto delas foi o suficiente para serem inutilizadas em suas aspirações medíocres. Eu queria que elas crescessem no espírito, na inteligência, na arte, não mostrando o rosto em passarelas e revistas. Como digo em meu livro, ninguém educou aquelas meninas de forma tão realista, para que elas saíssem da ilusão e se interiorizassem mais. É o que faz a bela GH. O inexpressivo é diabólico porque nos obriga a uma busca construtiva, proibida desde o fruto do Éden. Ir além do seu umbiguinho, do seu rostinho cheio de pó e cosméticos, é enfrentar suas fragilidades e assumir os defeitos que a natureza nos colocou. Tentar encobri-los, não superá-los, é uma falsidade que herdamos das religiões e, depois, da sereia capitalista. Um dia eu resolvi mostrar ao mundo que não era inferior — e para isso tive que rasgar baratas, dilacerar baratas vivas, ainda novinhas, cujos rostos me olham até hoje, sem fôlego e sem voz. Infelizmente, só consegui esmagar o rosto de vinte e duas baratas. Eu tinha esperança de alcançar uma graça mais ampla.

Então leu:

— "Se a pessoa não estiver comprometida com a esperança, vive o demoníaco. Se a pessoa tiver coragem de largar os sentimentos, descobre a ampla vida de um silêncio extremamente ocupado, o mesmo que existe na barata, o mesmo nos astros, o mesmo em si próprio — o demoníaco é *antes* do humano. E se a pessoa vê essa atualidade, ela se queima como se visse o Deus. A vida pré-humana divina é de uma atualidade que queima".

E completou:

— Nenhuma delas conseguia interpretar essa passagem, que não é das mais difíceis. Mas todas sabiam de cor nomes de revistas, capas, posições, closes, tipos de câmara, tipos de sorriso, tudo fixo e inculcado nelas em série. Ora, que Deus me seja justo: por que diabo elas tinham que ter uma vida melhor que a minha? Eu vejo no romance de Clarice um procedimento musical constante: a fuga. Queimei as pestanas em Berlim, em minha pesquisa, para assimilar com precisão em que consiste uma fuga barroca e como encontrar paralelos com o romance, sem cair na impertinência hermenêutica. E isso não aqui na província, mas em meio a verdadeiros crânios da música sacra. Depois de tanto trabalho, por que ninguém quis publicar minha tese? E por que tantas menininhas lindas saindo nas revistas todos os dias? Não me interessam explicações sociológicas para essa calamidade. Eu decidi partir para o místico. Fiz um pacto com Mefisto por vinte e quatro anos, antes de enlouquecer. Está lembrado do músico que fez isso?

— Sim, mas queria um esclarecimento. É verdade que a senhora deu baratas para elas comerem?

— Não. Isso é invenção da mídia, para vender minha imagem tétrica. O tétrico é tão atrativo e lucrativo quanto os sonhos mais ilusórios. Mas... como dizer? Pelos limites do tratado entre mim e elas, jamais eu poderia afetar-lhes o estômago, que não é meu domínio. Meu domínio era apenas o rosto. Neste, sim, usei de toda minha grandeza. Em uma delas, eu retalhei tanto a face de canivete, que fui obrigada, depois, a costurar. Mas tinha que deixar alguma mensagem dentro da carne. Ela já tinha ouvido *Jesus, alegria dos homens* em algum casamento, mas desconhecia o autor. Então eu disse que ela não ia esquecer mais aquelas quatro letras. Fui rasgando a partitura, em pequenos filetes, empurrando nos buracos do rosto e costurando na carne viva.

— Um jornalista publicou que conhecia a senhora como uma menina revoltada contra a mãe. É verdade?

— Sim, em parte. Mas eu detesto subfreuds nessas explicações. A raiva de minha mãe foi por causa de uma mãozada que ela me deu na boca, quando me flagrou, aos doze anos, fumando cigarro. Ela me obrigou a escrever mil vezes num caderno: "Não seja puta do cigarro". Se eu errasse, levaria uma chibatada na cara.

— Mas qual a ligação entre as coisas? A senhora alguma vez agiu assim com as meninas?

— Só com uma, rica e analfabeta. Passava sempre as férias na Disneylândia, vivia inebriada de dólares e era uma das mais cotadas para o concurso de modelitos. Encostei a navalha no rosto dela e fiz o pacto: você vai escrever uma frase um milhão de vezes. Se errar, eu escrevo a frase na sua testa: "Não seja puta de Benjamin Franklin".

— Um milhão de vezes? Ela errou alguma vez?

— Errou, mal tinha passado de dez mil. Ela não podia descansar. Os dedos estavam ficando roxos, mas eu não tinha tocado neles. Com sono, em alta madrugada, ela esqueceu o advérbio. Então, entendendo o ato falho, tive que cumprir minha parte.

— É verdade que a senhora usou rituais de magia negra?

— Caro Próspero, me olhe: não vou petrificar seu rosto. Embora nunca tenha sido sua aluna, algumas vezes nos vimos na Universidade e de alguma forma você me conhece. Eu sou ocidental, civilizada, erudita, sacra. Não tenho nada com magia negra. A mídia dissemina isso por duas razões: provocar horror e curiosidade, enfim, o caminho mais fácil para quem não reflete. Quer Mefisto mais poderoso no mundo que a mídia mais trivial? Há uma passagem no romance (que reproduzi carinhosamente no livro) que foi a *prova material* usada pela mídia como pretexto.

Então leu:

— "Eu entrara na orgia do sabá. Agora sei o que se faz no escuro das montanhas em noites de orgia. Eu sei! sei com horror: gozam-se as coisas. Frui-se a coisa de que são feitas as coisas — esta é a alegria crua da magia negra. Foi desse neutro que vivi — o neutro era o meu verdadeiro caldo de cultura. Eu ia avançando, e sentia a alegria do inferno".

E interpretou:

— Como vê, usei o néctar insosso dos deuses, o nada absoluto, um ponto de partida autêntico para aquelas meninas perdidas começarem uma vida digna. Em uma delas eu injetei baratas pelos olhos, como um privilégio quase divino, que só GH neste mundo conseguiu. As baratas são pré-humanas. Elas assistiram ao parto de Adão direto do barro. Elas assistiram ao parto de Eva e de toda a nossa saga. Por que a natureza criou primeiro as baratas? Por que o narrador do *Gênese* as exclui do parto do mundo? Serão as baratas anteriores ao *fiat lux*? Até que ponto as baratas precisam da energia solar, se toda a sua gosma é luz pura?

Referiu-se à necessidade de provar o amor na massa de uma barata, ao sacrifício extremo que exige a anulação dos sentidos e o despojar-se do invólucro humano falseado ao longo da existência. Folheou o romance e leu:

— "E eu dera o primeiro passo: pois pelo menos eu já sabia que ser um humano é uma sensibilização, um orgasmo da natureza. E que, só por uma anomalia da natureza, é que, em vez de sermos o Deus, assim como os outros seres O são, em vez de O sermos, nós queríamos vê-Lo. Não faria mal vê-Lo, se fôssemos tão grandes quanto Ele. Uma barata é maior que eu porque sua vida se entrega tanto a Ele que ela vem do infinito e passa para o infinito sem perceber, ela nunca se descontinua".

— Eu gostaria de entender a simbologia musical do romance e o que isso tem a ver com o que a senhora fez com as meninas.

— Talvez em outra oportunidade. Talvez nossos diálogos ficassem muito monótonos aqui. Além de uma teoria musical específica, usei algumas categorias de Gadamer para a interpretação. Se quiser, lhe passo. Minha tese é um pouco oblíqua, porque eu recupero a antiga notação musical, antes do monge Guido d'Arezzo, você conhece. Ainda mais, como estava em nação germânica, tive que trocar o B do sistema inglês pelo H do sistema alemão, o que me propiciou mais ambição interpretativa. Eu provo que as letras "GH" são uma sucessão óbvia no alfabeto ocidental, mas na antiga notação musical, ainda usada em algumas ocasiões, elas não são propriamente uma sucessão, porque entre sol e si existe o lá. Isso quer dizer que o romance trabalha, em toda a sua estrutura, com o mais óbvio e familiar — a condição alienada de GH — e com o que sai de sequência, de sucessão, do previsível, e estabelece uma linha irreversível de autoestranhamento e consciência de autossuperação. Linha esta que é constantemente ameaçada de um retorno retrógrado à banalidade burguesa, porque GH fica numa tensão pendular entre o que ela é e o que ela pode vir a ser. Gradativamente, vai prevalecendo a segunda tendência, correspondente à leitura não sucessiva das letras do nome da protagonista. E eu procuro mostrar que essas rupturas, que descentralizam a noção burguesa de eu, podem ser lidas como alegorias de uma fuga musical, de um plano simples à atonalidade, ou seja, da reafirmação da centralidade tônica negada à negação total desta. A maravilha, ao longo da pesquisa, foi descobrir que Schoenberg já reconhece em Bach, no século dezoito, princípios de experimentos atonais que, entre outros efeitos, inviabilizam a mentalização da melodia. Pude confirmar isso em algumas músicas em que o cravo e o violoncelo ascendem do acompanhamento harmônico para a melodia principal, roubando a cena dos instrumentos que protagonizam a execução. Dá pra entender?

— Sim, mas... *non troppo*, no que respeita à tese. Gostaria de ler o que você descobre sobre Bach e compara com a escritora.

— Melhor é você mesmo investigar. É fantástico, ainda mais para dois séculos e meio atrás! É um absurdo que só a arte realiza com extrema síntese de inteligência e fantasia. Obviamente, esses experimentos de Bach, saindo repentinamente do desenvolvimento melódico mas voltando a ele, não tendem à negação absoluta da música tonal ou mesmo do som, como fizeram no século vinte, de Schoenberg a John Cage. Essa ruptura relativa de Bach — veja, por exemplo, momentos do *Brandenburg n° 5* que tendem à autotransgressão — me animou a buscar no romance uma certa similaridade estrutural na disposição da narrativa. Os recursos escriturais de Clarice Lispector não são tão radicais como os de Joyce, Beckett ou Hilda Hilst, mas ela consegue uma desqualificação da personagem que funde o eu individual, ou supostamente individual, com o eu da barata que ela consome sem gosto, como uma hóstia, e com o eu do Orbe. A universalização absoluta dessa degradação é sua única forma de transcendência, uma transcendência rebaixada, mediada por um inseto repulsivo para chegar ao céu sem qualquer hierarquia. Em termos musicais, uma das instâncias simbólicas da narrativa, isso já está insinuado desde o título. Palavras-chave como "paixão" e "segundo" não apenas têm uma origem bíblica, mas foram aproveitadas por muitos oratórios da tradição católica e luterana. Ocorre que, nessa tradição, o nome final é claro: o nome de algum apóstolo. Já a identificação "GH" é muito imprecisa, uma espécie de embargo ao título, algo obscuro que estabelece um paradoxo no título. Tal paradoxo, ao meu ver, é a síntese de toda a estrutura do romance e da condição de GH — ela é clara ao descobrir-se medíocre, mas essa descoberta não lhe aponta um caminho tão seguro. Então ela diz: "Toda compreensão súbita é finalmente a revelação de uma aguda incompreensão. Todo momento de achar-se é um perder-se a si próprio. Talvez me tenha acontecido uma compreensão tão total quanto uma ignorância, e dela eu venha a sair intocada e inocente como antes". Ou então — veja que passagem bárbara: "Terei que correr o sagrado risco do acaso. E substituirei o destino pela probabilidade". Tal risco, na reflexão dela, não é tão linear, porque ela também tem consciência da força da mediocridade enraizada nela e teme tanto o novo quanto o retorno à mesa para ficar fazendo bolinhas de massa de pão.

— Então GH, pelo visto, é uma mulher mediana que só descobre criticamente o mundo, e a si mesma, depois da experiência com a barata... Não é uma provação animalesca e ao mesmo tempo sobre-humana?

— Há uma vida lá fora que molda toda a sua percepção simplória das coisas. Eu relaciono essa vida, sem negar outras reverberações simbólicas, à nota *sol* (G), pelo que o sol representa no espaço do romance — algo que vem de fora, uma metonímia da vida pública da escultora, de classe média alta, enclausurada em seu apartamento de luxo e pouco interessada em autorreflexões críticas. Mas ela vai cada vez mais se abrindo a si mesma, num excesso de introspecção, como se nunca houvesse violado sua intimidade para si própria. Tanto é que no início pouco sabemos do passado dela, você lembra? Essas informações só são liberadas depois de um grande esforço de autossuperação. Eu relaciono essa autoinvestigação à nota *si* (H). A sequência, pois, vai da exterioridade superficial à interioridade enriquecida por ponderações críticas até então não tentadas em sua existência. Mas há uma ironia entre o percurso ascendente das notas e os resultados escatológicos da descoberta dela, que culminam empiricamente na provação da barata, portanto, na desqualificação do humano. Entre a autoconsciência da pobreza de sua vida interior e os desdobramentos incertos, GH é uma das personagens mais cativantes do século vinte. Você acha, Próspero, que aquelas meninas alguma vez se interessaram por isso? Eu me interessei, eu cresci, e por isso rasguei o rosto de uma delas, uma tarde inteira, com uma garrafa de vidro quebrada na ponta.

— Não quero entrar no mérito dos seus atos, mas será que não há exagero na interligação entre as notas e as iniciais da personagem?

— Você tem que considerar a relação entre as iniciais e a vida da personagem em estado de transformação vertical. Entre G e

H, você sabe, o percurso é ascendente e agudo. GH deseja uma transcendência, mas por um ato de aviltamento, de autoflagelo físico, moral, fisiológico, espiritual, como queira. Em termos musicais, creio que não seja difícil entender. Para se chegar de sol a si em termos literais, ou seja, de G a H, é necessário dar a volta, transpor uma nota e não continuar em linha reta. Esta é uma das argumentações que eu uso para provar o sentido do excesso de repetições no romance, o que está sintetizado em muitos recursos, entre eles uma frase do capítulo dezesseis: "Entre duas notas de música existe uma nota, entre dois fatos existe um fato, entre dois grãos de areia por mais juntos que estejam existe um intervalo de espaço..." Neste momento, ela quer mostrar ao leitor como foi sua busca cega e secreta, a chamada linha sub-reptícia que é o que gera conhecimento. Como é público e notório, nenhuma daquelas meninas estava interessada nessa "linha de mistério e fogo", porque isso requer pensar, parar, e elas não podem parar nem pensar. Já têm um mundo todo emoldurado em suas mãos e apenas preenchem, como bonequinhos de presépio, uma cena pré-moldada.

Limpou o charco de suor do rosto e completou:

— A sociedade, envenenada pela mídia, pensa que eu fiz brutalidades com as meninas. Meu objetivo era reeducá-las, tirá-las da lógica dos produtos, dos rótulos, reinjetar nelas alguma esperança. Todos nós temos milhões de baratas circulando na alma, mas preferimos sufocá-las em nossos esgotos interiores, em vez de deixá-las emergir. Eu dei àquelas meninas uma chance de ressurreição. Aos poucos, fui descobrindo que minha missão não era vingança, mas redenção. É do húmus que vem a raiz mais legítima do humano. É na face das Górgonas que a gente aprende a se amar e a se respeitar. Aquelas meninas precisavam urgentemente de respeito por si próprias. Respeito e amor: foi isso que eu acelerei em nossos encontros.

— Dizem os jornais que hoje elas estão acamadas, mudas, e têm medo de qualquer contato.

— Viu como meu método funcionou? Nem os alquimistas idealizaram uma transformação tão especial. Estavam sendo educadas para ver fotos, ver fotos, ver fotos, ver fotos, ai que saturação! Hoje estão engajadas em meditações, não querem se contaminar com a vida lá fora, e isso é um passo importante para a transcendência.

Então ela me mostrou alguns sonetos encomendados ao Obscuro para a inspiração dos seus atos. Todos versavam rostos aniquilados, que ela tentou reproduzir impiedosamente nas meninas:

OS SONHOS DE MASON VERGER

Ontem sonhei-me em êxtase e entrelace
Com mãos hipersensíveis de gorilas
Que cindiam-me as carnes e, ao cindi-las,
Deixavam que meu cão as devorasse.

Monstros me atacam em noites mais tranquilas:
Sinto, como uma mão que me alisasse,
Pontas de vidro alinhavando a face
E tapurus brotando das pupilas.

Apesar dos prazeres que me encharcam,
Eu combato os delírios que me abarcam,
Mato-os, elimino-os, enforco-os...

Meu desfecho estará em sorte avulsa:
Meu rosto há de incitar tanta repulsa,
Que será rejeitado até por porcos!


MASON VERGER II

Devo a Lecter o que há de mais nocivo
Que noite a noite me interrompe o sono.
Aos meus prazeres vis devo o abandono
Do passado mais pútrido e efusivo.

Sonho comigo nu, num belo trono,
Penetrando a mim mesmo, tão lascivo,
Que me sinto um cachorro intempestivo
Comendo as faces do seu próprio dono.

Quando Deus findará minha sequela?
Esta mansão imensa é uma cela
Que multiplica os gumes que me rasgam.

Mesmo na plenitude da razão,
Pressinto punhos que me atiram ao chão
E dentes de selvagens que me engasgam.


## OS LEPROSOS DE PAPILLON

Temos que confessar, a contragosto,
Terrores que nos têm infernizado.
Após nos contemplar, de lado a lado,
Aversões nos prolongam no desgosto.

Angústias vis habitam como encosto
Cada um, mutilado a mutilado,
E acordamos com o sangue alucinado
De mil larvas nadando em nosso rosto.

Só prostitutas são nossa alegria.
Quem passar por aqui a gente esmaga —
A não ser quem em nós os lábios ponha...

Sublimado jamais pela poesia,
Sofrimento não é palavra vaga,
Sofrimento é cascata de peçonha.


## DAVID AAMES

Eu vi o meu semblante numa fonte.
Os meus olhos estão desnivelados,
Meus dentes estão bem esquartejados,
Meu nariz é de um bel rinoceronte.

Menos que eu sofreu Belerofonte
Com seu corpo e o cavalo fulminados,
Os cabelos de cinzas encharcados,
Esperando o benévolo Caronte.

Não quero congelar meu rosto tétrico.
Mesmo que nada mais seja simétrico,
Tentarei evitar viver a esmo.

Quero despedaçar toda esta cena,
Até de um prédio me atirar sem pena
Para enfim descobrir que sou eu mesmo.

— E elas só queriam ver fotos, fotos lindas, fotos delas mesmas... E a paixão pelas revistas durava apenas alguns minutos... Dante percorreu nove círculos infernais para um dia contemplar Beatriz. Eu sempre me sacrifiquei pela humanidade, produzindo conhecimento de alta qualidade para as pessoas se aperfeiçoarem. Isso é amor, não o egoísmo precoce daquelas nojentas! Quando voltei da Alemanha, fiquei estupefata com a notícia sobre uma das meninas: ela era considerada tão bela, tão cotada por diversos programas, que já tinha o rosto assegurado em um banco. Outra, conhecida como "bailarina", tinha encostado levemente o nariz no solo do palco e resolveu fazer seguro da face. Então não suportei tanto insulto e me disse: "Vocês vão ser as primeiras". Lembra-se daquela, manchete na cidade toda, que quase enlouquece porque havia engordado meio quilo e poderia ser excluída das capas? Engraçado, nunca fizeram uma manchete com minha tese. Nunca me pediram para deitar nua num estúdio e fotografar minha barriga gordurosa. Me responda, seja justo: em que é que o corpinho delas é diferente do meu? Essa pergunta era central na sabatina e nenhuma delas foi capaz de uma argumentação plausível. Eu estava dando a elas, veja, a oportunidade de um diálogo filosófico, de ir além da beleza inata e óbvia, e a sociedade não compreendeu minha meta pedagógica. No íntimo, porém, elas compreenderam. Assimilaram o essencial, por isso elas hoje têm horror a multidões, festas, fama falsa e breve. Tive êxito. E elas terão mais do que eu, se forem além das bonequinhas fabricadas e morderem a barata que espera por elas no quarto.

Permitiu que eu gravasse tudo, sem reservas, e me incentivou a disseminar suas lições pelo mundo.

— O *Apocalipsis cum figuris*, lembra? Cabe direitinho em seus planos.

— Minha ambição não é tanta. Tenho pensado em algo mais simples. Talvez uma litania de Francesco Durante.

— Se for o que eu estou pensando, vá em frente, sem pena. A compaixão é atributo do Criador, não das criaturas. Arrase aqueles dois filhos da puta. E não só no rosto, para não diminuir Durante.

Saí impressionado da cela, com o apoio que ela então me dava, mas com medo de ela dizer alguma coisa a possíveis visitantes. Mas o abraço dela, muito forte, me deu segurança.

Esta é a síntese, Meritíssima, de uma tarde das mais profícuas da minha vida. Em outra ocasião, se necessário, direi um pouco mais daquela epifania diabólica.

## O PODER DA LITANIA — II

MERITÍSSIMA,

Já lhe relatei como depredei ao máximo o rosto de Vói? Não, creio que não. O que o mundo viu foi apenas uma vaga sombra flutuante, não a imagem real. Estamos acostumados à placidez das imagens distantes, dos horizontes intangíveis, o que satisfaz falsamente as nossas aspirações a uma vida mais plena. Mas Vói viveu plenamente o que passo a narrar: um terror que começou com um simples esburacamento quádruplo do rosto. E depois evoluiu para graus mais complexos de dor e gritaria, bem como jorros diversos de sangue e apodrecimento gradativo do rosto. Do outro lado, Tila era mantido intacto e, no entanto, esperneava tanto quanto o irmão.

Cansei de pedir aos Efebos que não gritassem, que poupassem fôlego, porque o pior ainda viria. No momento, eles estavam curtindo apenas o prelúdio de um oratório ultrainfernal. Eu tinha descido com Elementi e Stagioni à garganta do Semitártaro e a noite era o tempo mais adorável para a nossa arte. Eles tinham trazido todos os instrumentos necessários à queima de um bastão de ferro, para que ficasse em brasa na ponta, apto a mergulhar na dureza e no tutano dos ossos.

— Diga quando é o momento certo da queima, Stagioni. Elementi, por favor, adiante a outra parte. Não esqueceram o éter, esqueceram? Por enquanto, vou distraí-los com poesia.

— Que poesia, caceta, tira a gente daqui! A gente fez nada com ela não, porra, a gente foi roubado!

— Foi mesmo, Tila? E por que não deram parte à polícia? Onde estão os amiguinhos que agiram com vocês? Sabiam que foram encontrados quatro tipos de esperma no corpo dela? Segundo o geneticista que eu consultei, pode ter sido até mais, porque materiais líquidos podem se diluir um no outro e dificultar a leitura. Estão sentindo o cheiro de queimado?

— Que porra é isso? Solta a gente daqui! Meu pai vai atrás de tu, maestro de merda!

— Quem? O Senhor Guilherme Tell?

— Guilherme Tell uma porra!

— Guilherme Tell, sim! Nossos diálogos são fraternos, Tila, mas as imagens são mais conciliatórias. Enquanto seu irmão dorme um sono de criança, veja isso aqui.

E mostrei a ele uma foto da Italiana nua, com as partes íntimas bem ampliadas.

— Sabe o que é isso? Vocês podiam ter centenas dessas. Ou então, se não sabiam viver, poderiam ter encontrado saída num suicídio digno, esbagaçando a cabeça com um tiro, como fez aquele roqueiro que quebrava guitarras. Isso é coragem! Isso é autêntico! Mas fazer o mal apenas por fazer o mal? Aí é que vocês dançaram. Pegaram a pessoa errada, porque eu sou mais diabólico do que vocês dois juntos! A família de vocês todinha vai ser morta! Pensam que eu já não preparei o esquema? Conheço uns infelizes que matam por uma nota de Franklin, como aquelas que vocês depositaram no cadáver. É, vocês vão se foder. O único conforto que vão ter daqui pra frente é uma espécie de Inferno múltiplo. Mas dou-lhe a garantia, Tila, de que você não vai ser tocado. Palavra de amigo.

Em seguida, mandei Elementi acordar Vói com um jorro de bosta na cara. Ele abriu os olhos como um demente irracional que não tem a mínima noção de que o Mal o está devorando devagarinho.

— Por favor, Vói, aprecie esses dois sonetos.

— Porra de soneto, carai, tira a gente daqui!

— Eles foram feitos por um escritor obscuro que conheci no Manicômio. O poeta se inspira em contos de um escritor argentino, cujo nome não lembro agora. Mas, quando ele me deu os textos, eu os guardei para vocês dois, porque eles são mais fiéis do que qualquer foto. O primeiro é um monólogo do ancestral de vocês: o Minotauro.

— Porra de Minotauro, maluco, painho vem atrás de tu!

— Vem mesmo, Vói? Eu quero ver se ele vai dar jeito a teu rosto, que o Minotauro me pediu para eu deformar. Lembra-se da Górgona-Húmus? Ela deveria ter pego vocês, não as inocentes meninas que ela maltratou. Mas hoje é seu dia. O Minotauro está no sangue de vocês por causa do canibalismo. Vocês nasceram no Palácio de Cnossos, não lembram? A diferença é que o Minotauro é mais humano, capaz de uma reflexão que vocês nunca fizeram. Está aqui, leia. Leia mesmo, porque vai ser a última coisa que vocês vão ler.

— Tu pensa que vai escapar, pedófilo de merda? Painho vem...

— Sim, ele vem... Mas vocês já terão voltado para as ruínas de Cnossos.

— Porra de Cnossos, carai, a gente não fez nada com ela não!

— Veja agora este segundo poema. É um monólogo também. Um poeta tão obscuro quanto o que eu conheci. Ele foi morto em um campo nazista. David Jerusalem, o poeta da alegria, nunca fez mal a ninguém e morreu torturado por Otto Dietrich. A pena de vocês, então, deveria ser dobrada. Leia, leia mesmo! Vocês vão passar por um terror tão pleno, que Auschwitz será um lago de cisnes.

E exibi o primeiro soneto para eles:

A ALEGRIA DE ASTÉRION

Jamais aos homens cultuei fascínios,
Muito menos desejo de irmanar-me.
Melhor ser monstruoso que doar-me
Aos corações que pulsam de assassínios.

Que tecer fios de sangue, antes cegar-me!
Sem o encharco tão vil dos extermínios,
Fecho-me à solidão dos meus domínios,
Enquanto o Redentor vem degolar-me.

Brinco com minha sombra toda hora.
Outras sombras, nas grades lá de fora,
Querem entrar no meu cárcere liberto.

Ah! Não conseguem ver, tal como eu sinto,
Que o labirinto não é labirinto
E o calabouço é inteiramente aberto!

— Percebe, Vói, como o monstro consegue superar a banalidade dos homens? Você não conseguiu. E reproduziu dele apenas o canibalismo.

— A gente fez porra nenhuma, cacete, assassino!

Mostrei em seguida o outro poema:

DAVID JERUSALEM

Só o silêncio é a expressão magnânima
Dos perseguidos que este mundo expele.
Mesmo que a morte flua em minha pele,
Não dobrará as grades da minh'*anima*.
Hão de me enlouquecer, hora após hora,
Me antecipar nos tálamos de Auschwitz,
Mas no exílio de mim, em Tarnowitz,
Fruo da felicidade que me aflora.
Perdeu Deus a noção dos holocaustos?
Quem me deporta a falsos sacrifícios
É o Mefisto dos mais cruéis suplícios
Que um dia subornou milhões de Faustos:
    Dos inocentes não tolera astúcias
    Nem suporta alegrias em minúcias.

— Dá pra entender, Vói? Use ao máximo as pupilas. E você, Tila, que parece ser mais inteligente? David Jerusalem estava preso, como vocês. O Minotauro também. Mas por que os dois conseguem ao menos uma salvação poética e vocês não? O Obscuro me disse que se inspirou no Memorial do Holocausto, em Berlim, para fazer o segundo poema. Ele se impressionou com uma nova geração que não está nem aí para o passado, mesmo o mais tenebroso. Você acha que o futuro, Tila, com uma corja como vocês dois, vai ser promissor? São dúvidas como essas, sobre a fugacidade absoluta dos nossos valores, que estão me levando a gravar uma mensagem no rosto do seu irmão, para ele não esquecer mais nunca. Está pronto, Stagioni?

— Sim, é só dizer o lugar.

Vói começou a berrar no Semitártaro, pressentindo o encontro de seus ossos faciais com o cilindro quente.

— Meu pai vai te foder, porra!

— Mas ele já fodeu vocês antes. Esta é a questão. Vou fazer em você um estrago tão colossal, Vói, que é possível que você nem sinta. Dinheiro nenhum no mundo vai reverter esse quadro. Nem Zeus, travestido de Michelangelo, poderá consertá-lo. Se Caliban estivesse entre nós, ele suplicaria a escravidão para não sofrer por você. Galileu iria furar os olhos se fosse contemplá-lo: ele preferiria virar cinzas nas mãos dóceis da Inquisição. Está pronto, Castor, para a nova fisionomia? Olhe o que vai ocorrer com seu irmão, Pólux. É um modelo perfeito para o Santo Sudário do Inferno.

E ordenei que Stagioni abrisse quatro crateras no rosto dele. A primeira foi na parte direita da testa, já perto do couro cabeludo. Mesmo com os intensos gritos, acho que ele não tinha condições humanas de sentir tudo aquilo. O cilindro entrou na pele, desceu a um certo grau do osso, com toda delicadeza para não atingir o cérebro. O segundo furo foi no olho esquerdo e a fumaça brotou de lá como se estivesse ocorrendo um lento, muito lento derretimento de carne infantil.

Sem querer, como aqueles pequenos gestos de distração e alegria, me peguei cantando um trecho penitencial de Vivaldi:

*Suscipe deprecationem nostram*

— Esta é a sua glória, Vói. O mundo inteiro vai ver.

E escolhi a parte direita do queixo para o terceiro buraco.

— Tenha cuidado, Stagioni, para não atravessar tanto e atingir a fala. Eu quero ele falando, com toda liberdade de expressão. Isso é sinal de vivacidade, algo fundamental para os meus planos. A propósito, não sei se já é a velhice, mas tive hoje um sonho muito esquisito. Sonhei com Maquiavel pregando o bem em todos os conventos e prostíbulos de Florença. Mas eram tantos prostíbulos, e tantos conventos, que ele enlouquecia e me pedia ajuda. O que isso quer dizer? Que eu não faça nada com esses príncipes? Eles destruíram Lucrécia Bórgia e têm que passar pelo rigor da lei.

O quarto buraco, com o molambo do rosto esperneando como milhões de instintos sem rumo, foi na bochecha esquerda. O aço penetrou com a perfeição de um raio de Zeus sobre Belerofonte. No final, antes de eu mandar serrar o rosto dele, Meritíssima, para o irmão provar, o desenho renascentista ficou assim:

o

                                              o

                           o

                       o

                o

                                  o

        o

Evidentemente, essas três fendas do meio, que formam um cinturão, foram acrescentadas depois. No essencial, a figura irregular constituída pelos quatro buracos periféricos, de diâmetros diferentes, era similar a um trapézio. Interligados ao cinturão (que pode ser lido também como três tons de um pentagrama), formam um jovem tão formoso, que quase desperta o amor patológico de uma deusa.

Olhei para o rosto em fumaças, a língua querendo atirar-se nas fezes, o fôlego quase falido. Sempre o tratei com o mais acabado dos ódios, mas também com respeito, sem fugir uma linha da realidade e da ética. Houve um instante, porém, em que tirei uma brincadeira com Vói. Depois me arrependi, por ter me comportado com arrogância:

— Se eu fosse Avida Dollars, Vói...

Tila me interrompeu com gritos estupendos. Tive então que reagir com o que não estava planejado:

— Stagioni, não toque no rosto dele, mas o molhe todo de éter.

— Não, porra, não, carai!

Elementi segurou a cabeça de Pólux, nascida do mais heroico e esplêndido esperma do Olimpo, e quase o afogou com éter. Em seguida, sob minhas ordens, acendeu um isqueiro.

— Não, carai, putaquipariu, não!

Ele tinha se cagado todo, me dando trabalho para remover sua própria essência da banheira. Elementi, com uma humildade incomparável, fez a limpeza.

— Comporte-se bem, Tila, para não romper a cláusula pétrea do nosso tratado. O máximo que você vai sofrer é engolir partes do seu irmão. Sim, há outra surpresa final, mas nada que venha a destruir sua beleza.

Olhei para o relógio. Os grilos cantavam lá fora em uníssono, na placidez de sempre.

— Como ia dizendo, Vói, se eu tivesse o talento de Avida Dollars... Eu juro que não pintaria o seu rosto com forquilhas nem bacon mole... Não, seria um absurdo antissurrealista! Eu apenas tiraria uma foto de como você está, com os fios de fumaça ainda densos, e daria um nome especial ao quadro: *Panteísmo das carniças*. É, Vói, faz sentido. Nessa vidinha errante de fazer mal aos outros, alguma vez ouviu falar em panteísmo? Pois você nem sabe que foi eleito. Todas as carniças estão esperando por você lá no Paraíso. Mas nenhuma das pessoas de lá tem dentes. São velhas murchas e fedorentas que vão se esfregar na sua cara, mas com um sexo já espiritualizado. Vão mastigar você bem devagarinho, já que não podem morder. As gengivas delas vão ficar cravadas no seu ânus.

No outro dia, Meritíssima, eu estava com uma certa crise de consciência, por ter agido com empáfia. Fiz tudo para me retratar ao humilhado, mas não sei se ele me ouvia. Seu rosto foi derretendo aos poucos, numa erosão monstruosa, o que me fez adotar uma postura mais discreta.

Houve ainda uma pequena cerimônia de lava-pés e lava-rosto com éter, enquanto o intocado ainda gritava impropérios, não mais por vontade própria, da banheira limpíssima. Em momento oportuno, Meritíssima, relatar-lhe-ei os pormenores.

## ÓRION EM MINHA BOCA — II

MERITÍSSIMA,

A Italiana tinha umas meias pretas, semitransparentes, para cobrir as pernas. Como vemos nos filmes mais comuns de erotismo, esse tipo de recurso acaba banal, por perder todo o seu poder de impacto. Fui eu mesmo que dei as meiinhas a ela, quando ela ainda era uma criancinha, aos quatorze anos, mal a tirara do Orfanato. O *pai* dela eu nunca consegui encontrar; a mãe era outro enigma acobertado no fundo da terra. Com o tempo, ela foi ficando apenas minha filha, sem outro tempo que lhe interessasse, sem passado familiar, sem lembranças do terrível Orfanato, um entulho de crianças pobres e carentes. Comentam por aí que eu me aproveitei da carência da criança para doutrinar-lhe uma vida precoce de sexo. Ah, quisera mesmo eu ter sido o culpado dessa iniciação, para me sentir sempre angustiado, um pedófilo polido, e com isso ter motivos para a vergonha ou a morte. Nada disso, Meritíssima, corresponde à verdade.

O que ocorreu entre nós foi deliberação dos dois. Os invejosos não conseguem aceitar que uma criança, ainda aos dezesseis anos, já cante uma ária barroca, a belíssima *Zerfliesse, mein Herze, in Fluten der Zähren*, que muitos eruditos da capital sequer sabiam pronunciar. Eu tinha um alemão superficial — o suficiente para me inserir na tradição da música e não estar apenas repetindo o mito tolo da "música regional". Jamais desrespeitei qualquer gênero, qualquer tendência, mas respeitar não é acatar, muito menos você perder sua individualidade e suas predileções por adesão a ondas provincianas.

Assim, numa noite de início de junho, várias crianças estavam cantando na Universidade, todas orientadas pelos seus notáveis professores. Eu levei de propósito a minha filha para se distinguir de todos. Uma menina cantou a *Ave Maria Sertaneja*, por sinal em um arranjo muito belo. Outras cantaram muitos trechos de forró, dos mais clássicos aos menos elaborados, porém respeitáveis. Eu preferi instruir a voz da minha filha com outros conteúdos. Em primeiro lugar, ela chamou a atenção de todos com a *Ave Maria* de Jacob Arcadelt, que alguns me perguntaram se era um compositor novo, e eu disse que sim, o havia conhecido pessoalmente na França. Em seguida, a voz dela foi incomparável na sustentação da ária bachiana que lamenta a ação dos insolentes sobre Jesus. A obra é feita originalmente para soprano, mas eu já havia percebido que a tendência dela, sem necessidade de artifício, era uma descida mais grave. Mantive então a mesma melodia, mas em uma tonalidade apropriada ao âmbito das cordas dela, para não afetá-la. Já há uns anos eu vinha trabalhando intensamente com ela, sem jamais desconfiar no que essa relação artística poderia resultar.

Mas aquela noite de junho, ainda antes do inverno, não foi só de revelações musicais. Se não estou distorcendo a causa e a ordem das coisas, meus piores desafetos começaram dali. "Próspero está comendo a menina", "Não é de agora que ele encanta as alunas para levar pra cama", "O canalha já comeu todas". Sempre achei graça, Meritíssima, nessa superestima que faziam de mim, como se eu tivesse poderes tão expressivos. Sim, eu já tinha tido casos com inúmeras alunas, muitas de música, outras de letras que cantavam no coral, algumas lindas de psicologia, mas era tudo muito efêmero e por decisão delas. Se eu tinha tanta menina a meu dispor — um dia pensei —, não há maior idiotice do que casar.

A Italiana veio de outra fonte. Veio a soterrar toda essa convicção. E naquela exata noite que antecipava o São João, enquanto milhões se divertiam nas festas mais convencionais, ela me chamou para ir olhar as estrelas na beira do mar. A praia estava rigorosamente escura, a penumbra da penumbra cobria a casca das estrelas, sem um fiozinho da lua que varresse os céus. Foi ali, sentados na areia, que pela primeira vez eu associei os sinais de seu rosto a Órion. Mas enfatizei:

— É uma espécie de semi-Órion, uma constelação incompleta, porque só tem a parte esquerda de quem olha.

A sugestão dela foi fatal:

— Sim, estou entendendo — e puxou os meus dedos para amaciar o rostinho. Mas talvez ela se complete com outras estrelas que tenho aqui.

Apontou para a perna esquerda, em uma região estratégica, e saiu correndo sobre os milhões de grãozinhos de areia. O desejo dela, bem infantil, era que eu a pegasse, a atingisse, a aprisionasse em meus braços, como de fato fiz. Corri atrás dela uns quarenta metros, um nada absoluto para as estrelas, mas uma distância prodigiosa entre nós dois. Quando consegui alcançá-la, ela se deixou cair na areia e começou a ter um riso misto de criança e mulher provocadora. Juro à humanidade que eu ainda não apostava plenamente no que ia se revelar. Como ela iria, se fosse o caso, separar a condição de filha da condição de mulher?

— Eu não sou mais a menininha que você pensa, babaquinha.

E me empurrou para a areia e caiu por cima de mim sem piedade.

Foi ali, pela primeira vez, que a formalidade da adoção se rompeu. Ela começou a erguer parte da saia e eu fiquei petrificado, apenas sob o poder de uma Musa venenosa que rouba o segredo da Medusa. Entre Musa e Medusa, passei a compreender, a diferença é bem tênue.

— Você me deu a vida. Você me colocou em outro mundo.

— Não fiz mais do que minha obrigação.

— Deixe de ser falso, babaquinha. Complete de vez sua obra.

Fiquei tão confuso com o desafio, que não respondi nada. Mas toda a iniciativa, minúcia a minúcia, partiu dela. Eu ainda queria resistir, mas ela me mostrou o corpo quase nu, coberto apenas por uma leve roupa de praia, em plena madrugada.

— Tudo isso aqui é seu, babaquinha. Mostre que é competente.

— Mas... mas... Karol...

Dissipando meus gaguejos, ela me fez sentar na areia e encostou em meu rosto a linda perna com a outra metade de Órion. Pareciam tatuagens de realezas, marcas de príncipes e tiranos antigos, de dinastias poderosas e odiadas, como forma de filiação a uma estirpe inconfundível.

— Beije, é todo seu. Eu não sou mais menina.

E ela mesma deitou-se por cima de mim, enrolando meu rosto com os lindíssimos cabelos louros. Era absoluto o contraste entre sua pele e a escuridão que convergia de milhões de buracos negros apenas para ela. Quando amaciei, com os dedinhos, a outra parte de Órion, ainda sem compreender a epifania do momento, ela foi categórica:

— Os dedos são um prelúdio de Chopin, um noturno suave. Eu quero mais intensidade e ataque. Eu quero Órion em sua boca.

Encostou a coxa nos meus lábios. Exigiu que eu a beijasse todinha, sem um milímetro de exceção. Foi ela que atacou minha boca, quase esmigalha minha língua de tantas mordidas, até tirar parte da minha roupa. Foi aí, deitada por cima de mim, Meritíssima, uma pobre vítima indefesa, que ela ficou inteiramente nua. Sempre a tinha respeitado como filha adotiva, como aluna de música, como voz de destaque. Nossa relação, até então, era de afetividade familiar e profissional. Mas Órion desabou toda sobre mim, por ordem de Ártemis, traindo seus próprios princípios de castidade.

Ela tirou a roupinha de cima e encheu minha boca com aqueles seios perfeitos. Ao mesmo tempo em que entrava em êxtase inesperado, vítima de uma revelação inapropriada, ainda estava confuso, com contradições obscuras cortando minha mente. Mas, quando ela ficou inteiramente nua, não me senti amparado por divindades para resistir. Ulisses é instruído por Circe contra as sereias; Hipólito recebe força de sua deusa contra os assédios de Afrodite e Fedra; Gretchen encontra em Deus, embora morta, um certo descanso. Eu não tive nenhum desses privilégios.

A Italiana — como passei a chamá-la a partir dali — começou a me provocar com expressões da língua de Dante, algumas delas de nomes feios extremamente sedutores. Eu a havia colocado para estudar italiano — para entender a terminologia musical — e já havia viajado com ela por Florença. Mas nunca havia imaginado que ela fosse aprender do alto toscano a expressões de apelo erótico, de Virgílio a Boccacio, do *Descensus Averni* ao vocábulo que mais me excitou naquela noite: *corpo*.

Pela primeira vez, ela colou o corpo no meu rosto, como duas estrelas que colidem para formar um aglomerado novo de energias. Creio que ela estava tentando me testar, talvez apostando em alguma recusa minha, alguma reação moralista, que possivelmente ela iria detestar. Nesses segundos cruciais, tudo não passa do campo opaco do talvez. Dúvidas se anuviam sobre dúvidas, tremores proliferam pelo corpo, mas o resultado é que eu não resisti. Inverti as posições, passei a língua entre os lindos peitinhos duros, e ela começou a gemer na cama de areia, balançando a barriga, ondulando no meio daquele umbiguinho que Michelangelo algum esculpiu. Por uns instantes, frações de frações de pensamento em relâmpago, imaginei ela no meio do mar, em cima de uma concha, com os cabelos louros debruçados sobre a frente do corpo, resíduos do esperma de Uranos sobre a pele dela, provocando inveja e fúria na espuma dos oceanos. Nessa tela, Michelangelo poderia ser mais perfeito que Botticelli, mas jamais conseguiria ser fiel ao corpo dela. Despedaçaria dois patriarcas poderosos, Davi e Moisés, por sentir-se impotente ante uma simples mortal que mal deixava de ser menina. Mas ali eu já estava por cima dela, com toda a energia que explodia, suavemente, em minha boca e se distribuía pelo corpo, avolumando os desejos. Foi ali, pela primeira vez, sob os auspícios do Universo eterno, que tivemos uma relação belíssima, que as estrelas só chegarão a ver daqui a alguns milhões de anos. Eu sei que o tempo não é o mesmo nos recantos dos corpos, nas obscuras esquinas dos incontáveis corpos, e galáxias inteiras poderão ainda passar batidas frente aos nossos primeiros contatos. Uma das varridas que dei no sexo dela custou-me um espirro precoce de esperma, para o qual eu não estava preparado. Cuidadosamente, no mais tenebroso silêncio dos astros, ela o assimilou fio a fio, como se interligasse com eles os solitários pontos de Órion. De minha parte, fui assaltado por excessos de grandeza que não caberiam no mundo dos homens nem dos pobres deuses. Em cada átomo do corpo dela, eu sentia o dedo de um demiurgo platônico amaciando minha língua.

O belo *Descensus Averni* de Virgílio, que eu tinha musicado um pouco antes para outros fins, acabou me levando àquele gostoso inferno à beira-mar, com a língua escorregando dentro do lindo corpo louro da minha filha. Ao invés de procurar por Anquises, minha língua, depois o próprio sexo, desceram ao âmago do Limbo mais formoso de todos os tempos — sem punição, sem terror sibilino, sem rio do esquecimento. Hoje, Meritíssima, cada vez que lembro aquela noite, rogo a Deus ao menos um afluente poluído do Letes — para procurar em suas águas podres algum fio que me leve à perda do passado. Jamais imaginei que aquela noite fosse um dia terminar com o *Sed revocare* da Sibila de Cumas. Não posso retroceder, não pude evitar que ela saísse com os gêmeos e fosse convertida, eufemicamente, em mera silhueta.

## MÚLTIPLOS CORTES — III

MERITÍSSIMA,

só não enlouqueci porque alguma centelha divina ainda gostava de mim ainda queria me dar amparo ainda adiou minha catábase por algumas horas costumamos culpar Deus culpar forças superiores que em nada interferem em nossa vida são impotentes perante os extermínios dos homens desde a mais pura pré-história não eu não suportava continuar com aquelas blasfêmias queria suplicar a Deus que perdoasse minhas

atrocidades verbais que esquecesse meus momentos de infortúnio contra Ele que fizesse de conta que meus lamentos não-jeremianos nunca tivessem sido ouvidos só não enlouqueci porque alguma força catastrófica ainda me obrigava a reagir a tentar algo a subjugar-me perante meu próprio passado a não dar as costas para as ruínas como o famoso anjo de Klee não Breton e Dalí me eram insuficientes Chagall era insuficiente

todos inoperantes diante do que eu me exigia que Deus tivesse misericórdia de mim porque alguma força infernal tinha misericórdia e já disputava minha alma vendida só não enlouqueci porque os acasos são indecifráveis e as perdas são inexprimíveis e tudo se passa como se blocos de pedras atávicas deslizassem sobre uma alma de cristal uma alma mais frágil que as vértebras de um besouro mais frágil que as cascas das

estrelas quando se decompõem ah energia das energias se é que existes quantas vezes pratiquei latrocínios lúdicos delitos inconsequentes com minha música e com letras subversivas e no entanto sentia diante do corpo retalhado da Italiana que apenas a tua mão instigava a vingança sim havia o disfarce do perdão o pedido milenar para perdoar o próximo exato o próximo que condenou minha Italiana à perda mais irracional e viva

uma morte que continuava enérgica em meus sonhos em meus acessos diminutos de delírio porque nem direito a um delírio completo eu tinha mais sim era o mais atávico emergindo de meus esgotos de onde partia a luz mais densa a sarça ardente que me cegou dali pra frente Dalí refugiou-se num método que lhe garante a sublimação arte é sublimação meu velho mesmo a mais incoerente cínica provocativa a arte foi inventada para sublimar o grotesco é a maior expressão do sublime não há como romper o círculo das aparências arte é uma escrava de Jó do sublime uma escrava doméstica e eu não conseguia mais articular nada de minhas entranhas apenas o último plano a carniçaria de outono teria que ser colocada em prática antes que eu deixasse de acreditar na própria carniçaria e a vingança virasse moeda volátil e se esfumaçasse pelos

arcos do infinito que Deus me reconvertesse ao húmus dos húmus o mais sublime da criação mas ainda havia tempo hábil para exercer meu último ato meu último legado para este mundo-húmus cujo futuro já virou carcaça sim eu não conseguia assimilar o mandamento tão nobre do perdão era a segunda súplica que fazia a Deus quid feci tibi responds mihi popule meus dies irae pie Jesu Domine dona eis requiem mas eu não

conseguia tenho que me justificar milhões de vez mas huic ergo parce Deus de fato eu não conseguia tentei cantar no momento mas foi um fracasso terrível uma sensação de baratas bloqueando minha garganta as linhas difusas do peixe e das formas intangíveis ah confesso que senti pela primeira vez essa insuficiência essa inoperância os céus granulados de pontos podres de retalhos roxos tudo vinha abaixo numa dimensão de

penumbras ah por favor Senhor é possível entender o instante aquela primeira lamentação de Bach para Jesus o coro de *Matthäuspassion* cabia em mim como uma luva para aquele instante fatídico eu vi o corpo da Italiana todo rasgado tinham mais que estuprado teriam sido só os dois creio que não mas o mundo é uma esfera patética onde todos se veem eles estão no lago de Narciso e nem sabem que Narciso já caiu três vezes

uma vez mais vem por aí ah quantas recordações abstrusas e Deus sabe que eu não podia suportar o mandamento do perdão fiz de tudo dona eis dona eis requiem aeternam e os vermes são despejados nos lindos olhos escuros dela e constelações de micróbios vão diluir o rosto dela os peitos já rasgados pelos sociopatas a carne inflamada de violência ah Senhor como ser eu tão nobre para absorver o perdão

não seria exigir de mim uma elevação tão ímpar ah talvez fosse uma blasfêmia contra mim um pecado mortal eu perdoar os gêmeos e quem quer que tenha participado da infâmia eles sabem o que fazem requiem aeternam Domine dona eis et lux perpetua luceat eis e fios de trevas desçam sobre sua carne os vermes serão as fiandeiras do corpo dela que eu tanto beijei com a energia máxima

mas agora ah agora sim o ultimato a consternação que só ficou em mim quem mais se pronunciou te decet hymnus Deus in Sion et tibi reddetur votum in Ierusalem exaudi orationem meam ad te omnis caro veniet ocorre que eu não consegui não consegui confesso aqui minha suprema incompetência kyrie eleison quantos réquiens compus para Deus e agora via que Ele não era o merecedor de meus

impropérios um novo alvo começava a se delinear ante meus olhos e aqueles podres contemplarão os destroços de meu rosto e contemplarão os seus próprios destroços em minhas mãos e contemplarão a mão de um na boca do outro restos dos intestinos de um na língua do outro as horas já estão planejadas não há lei ou rigor que me desvie dessa meta não há força da natureza que me obstrua não há Mefisto nenhum porque tudo isso já está concentrado em minha carne ah o perdão as ponderações mais sublimes da *Vulgata* algumas delas eu tinha regido em paz me deito e adormeço Jacó exultará Israel se alegrará é ele o rei da glória não serão punidos os que nele se refugiam redime-nos por tua misericórdia posso encarar meus inimigos e todos os homens sinceros se felicitam o crescente tumulto dos agressores feliz o homem que em ti confia

o Senhor nosso Deus os destruirá bendize ó minha alma ao Senhor que transforma a rocha em lago e o granito em mananciais de água nossa proteção está em Seu nome de Sião te abençoe o Senhor feliz o povo ao qual assim acontece laudem Domini loquaturos meum et omnis caro benedicat nomini sancto eius in saeculum saeculi ah mas o perdão sofreu múltiplos cortes e o 144 também é o número dos eleitos

tarde ousei emitir alguma voz mas ela já não me escutava apenas me exigia uma posição não-covarde e eu tive que renunciar a uma vida completa por um ano e depois pelo resto dos molambos todos sabem Meritíssima que eu pedi esmolas e chamei nomes feios nas ruas aquela Lagoa conhece bem as carnes vivas do meu cadáver mas um novo casulo aflorava em mim com todos os sacramentos infernais socados em meu coração ah

cansei das teofanias musicais meus acordes agora saíam diretamente de compassos dia-bólicos de pentagramas sangrentos que aquela cidade de merda nunca imaginara que eu poria em prática o sublime é o que há de mais abjeto os jovens escravos de Franklin os voluntários escravos de Franklin estavam me inspirando uma merdofania absoluta uma bostofania em busca da unidade primordial que é um corpo intacto e logo pensei

em rasgá-los em um estado de revelação botar um pra chupar o outro e puxar toletes lá de dentro como uma epifania clariciana a Górgona-Húmus me disse que rasgaria garrafas dentro deles amolaria vidros quebrados no sexo deles derramaria caldos de vidros que-brados com água fervendo neles entupiria a boca de cada um com restos de cemitérios foi a linda Górgona que me

deu ideias bárbaras de violência sem-par de um ser a vala-comum do outro a começar pelas bochechas carcomidas do célebre quadro mas ainda imploro a Deus a compreensão antes que Sua razão ganhe força em meu coração ganhe força em minhas mãos antes que Sua misericórdia me vença me perdoa Deus e passe a igualar pelo perdão todas as coisas como se todas as coisas fossem iguais a todas as coisas

# Encontro acelerado — III (dó)

### Meritíssima,

não seja puta de Benjamin Franklin não seja puta de Benjamin Franklin não seja puta de Benjamin Franklin não seja puta de Benjamin Franklin não seja puta de Benjamin Franklin não seja

puta de Benjamin Franklin não seja puta de Benjamin Franklin
não seja puta de Benjamin Franklin não seja puta de Benjamin
Franklin não seja puta de Benjamin Franklin não seja puta de
Benjamin Franklin não seja puta de Benjamin Franklin não seja
puta de Benjamin Franklin não seja puta de Benjamin Franklin
não seja puta de Benjamin Franklin não seja puta de Benjamin
Franklin não seja puta de Benjamin Franklin não seja puta de
Benjamin Franklin não seja puta de Benjamin Franklin não seja
puta de Benjamin Franklin não seja puta de Benjamin Franklin
não seja puta de Benjamin Franklin não seja puta de Benjamin
Franklin não seja puta de Benjamin Franklin não seja puta de
Benjamin Franklin não seja puta de Benjamin Franklin não seja
puta de Benjamin Franklin não seja puta de Benjamin Franklin
não seja puta de Benjamin Franklin não seja puta de Benjamin
Franklin não seja puta de Benjamin Franklin não seja puta de
Benjamin Franklin não seja puta de Benjamin

## ESPERE MENTAL

Experimentalmente a mente esmere
Até chegar num coletivo coito
Cague no ponto-zen, no vórtice 8,
Mije depois nas luvas de Ana Néri

Detexto texto produzido em sere
Concretos valem ¼ de bis-coito
Carandiru, com presos pós-18,
É u feudo du 1mor-negro q nãw fere

Vamos forjar noçça memória em bronze:
Coronel Guimarães, dos 111,
Respeitou Januário, o sanfonista

Na frente de Eliú, Sofar e Jó
Me falou mei-zangado o vei Jacó:
— É criancice ser um vanguardista!

não seja puta de Benjamin Franklin não seja puta de Benjamin
Franklin não seja puta de Benjamin Franklin não seja puta de
Benjamin Franklin não seja puta de Benjamin Franklin não seja
puta de Benjamin Franklin não seja puta de Benjamin Franklin

não seja puta de Benjamin Franklin não seja puta de Benjamin
Franklin não seja puta de Benjamin Franklin

BORGIOMANÍACO

Quando voltei de Tlön com Dom Quixote,
Morei nos intestinos de um catita.
Dez mil palapangus, vestindo chita,
Me obrigaram a cumprir a Lei Pixote.

Com este cérebro, 1/10 de um pote,
Vi Homero, o notável troglodita.
Vi Tzinacán rezando na mesquita,
Vi Pierre Menard passando trote.

Em meio aos labirintos de Babel,
Mil crianças, bebês, Papai Noel
Gargalhavam de Augusto, o concretista

Eu fiquei arrasado no momento,
Porém fato não há contra argumento:
— É criancice ser um vanguardista!

não seja puta de Benjamin Franklin não seja puta de Benjamin
Franklin não seja puta de Benjamin Franklin não seja puta de
Benjamin Franklin não seja puta de Benjamin Franklin não seja
puta de Benjamin Franklin não seja puta de Benjamin Franklin
não seja puta de Benjamin Franklin não seja puta de Benjamin
Franklin não seja puta de Benjamin Franklin

DE LENDA CARTAGO É

Os Dadaístas não fizeram escândalos
Encontra-se Bill Gattes pauperríssimo
Todo facínora é filantropíssimo
Os proparoquiççítonos são vândalos

O explorador Espártacus, riquíssimo,
Banhava-se em recôncavos de sândalos
Quase idêntico é Tântalos de Tândalos
"O mês de março é bom", César quem disse-mo

Impotentes senis sonham com médicas
E o Hércules-Quasímodo das prédicas
Foi profético, mágico e até místico

Com 2 Ss os básicos são bássicos:
É retrógrada a estética dos clássicos:
Maduríssimo é ser um vanguardístico

não seja puta de Benjamin Franklin não seja puta de Benjamin
Franklin não seja puta de Benjamin Franklin não seja puta de
Benjamin Franklin não seja puta de Benjamin Franklin não seja
puta de Benjamin Franklin não seja puta de Benjamin Franklin
não seja puta de

DE LÊNDEA CARTAGO É

Quando voltei das duas Guerras Púnicas,
Uma em 14, a outra em 39,
Fui me encontrar com minha linda Love
E levei para ela duas túnicas.

Nem notei que os piolhos, de ovas dúnicas,
Transitavam num intenso move-move.
Meu rosto era mais lindo do que Jove
E minhas costeletas eram únicas.

Únicas em caspinhas, gosma e sebo,
Tal qual a cabeleira-mor de Febo,
Cujas franjas humilham a luz de Hélio.

Quando ela me endedou com cavalice,
Eu caguei de pau duro e então disse:
— Já que você pegou, agora mele-o!

Benjamin Franklin não seja puta de Benjamin Franklin não seja
puta de Benjamin Franklin não seja puta de Benjamin Franklin
não seja puta de Benjamin Franklin não seja puta de Benjamin
Franklin não seja puta de Benjamin Franklin não seja puta de
Benjamin Franklin

08 DE MACHO
(belíssimo soneto interativo)

A mulher é uma criatura terna.
Muitas delas até ser gente querem.
Não sabem que profundamente ferem
A lei-mor da desigualdade eterna.

Essa lei foi lavrada na caverna
E melhor mandamento nunca esperem.
Os que as mulheres querem e requerem
Provém de um cérebro que está na perna.

De uma perna também nasceu Dioniso.
E quando Zeus um dia parir Dante
A mulher será dona do planeta:

Para varrer tão pequenino piso,
Para trazer bandeja à minha amante,
Para, quando eu quiser, dar-me a _ _ _ _ _ _!

Na última visita ao Obscuro, Meritíssima, ele já demonstrava plena consciência de sua insignificância. Autores geniais estavam se destacando no lugar dele — entre eles uns minicontistas de duas ou três linhas. Ele me mostrou o libelo organizado por Marcelino Freire, que reunia o suprassumo da inteligência artística, ao menos desde Homero. Então ele me disse que ia entrar em contato com o organizador e os nanocontistas para lançar-lhes um desafio: cada um escrever um conto-poema em forma de soneto, em diálogo com alguma obra da literatura brasileira ou universal. Se eles tinham capacidade de sintetizar tanta coisa em duas ou três linhas, seria até mais fácil ampliar esse poder de síntese para o espaço do soneto.

— São quatorze linhas, o que comporta até um resumo da Bíblia. Camões faz algo parecido com a história de Jacó e Labão. Esses microcontistas poderiam repudiar Camões e ultrapassar o poeta de um só olho com uma visão mais ampla. Essa é a proposta que vou fazer a eles.

Confessou-me que, entre os nanocontos geniais, alguns poucos escapavam, embora todos já estivessem na vida eterna. Mostrou-me o miniconto de Augusto Monterroso, o mais famoso do mundo, inspirador da nova geração no Brasil:

Quando acordou,
o dinossauro ainda estava lá.

Ao folhear o libelo, encontrei uma paródia de Terron:

O PESADELO DE HOUAISS

Quando acordou,
o dicionário ainda estava lá.

O Obscuro me apresentou uma releitura cruzando os dois minitextos:

OS GRÃOS DE TZINACÁN

Quando acordou,
o pesadelo ainda estava lá.

não seja puta de Benjamin Franklin não seja puta de Benjamin Franklin não seja puta de Benjamin Franklin não seja puta de Benjamin Franklin não seja puta de Benjamin Franklin não seja puta de Benjamin Franklin não seja puta de Benjamin Franklin não seja puta de Benjamin Franklin não seja puta de

Vi no libelo, nas margens, alguns rabiscos do Obscuro, que ele me caracterizou como tentativas incompletas de minicontos:

PARTE DEGENERADA

— Esta era a Geração 90, esta a 00, esta a 10...
— Tia, este museu é sacal.

FIM DE PAPO MESMO

Na milésima terceira noite,
Degolaram o miniconto.

não seja puta de Benjamin Franklin não seja puta de Benjamin Franklin não seja puta de Benjamin Franklin não seja puta de Benjamin Franklin não seja puta de Benjamin Franklin não seja puta de Benjamin Franklin não seja puta de Benjamin Franklin

não seja puta de Benjamin Franklin não seja puta de Benjamin
Franklin não seja puta de

### APORIA DE UM NANOCONTO

Com cinquenta milhões de letras,
ainda seria elíptico:
toda palavra é abissal e hiática.

### PARADOXO DE STENDHAL

Quando o homem descobriu a palavra,
il a caché sa pensée.

não seja puta de Benjamin Franklin não seja puta de Benjamin
Franklin não seja puta de Benjamin Franklin não seja puta de
Benjamin Franklin não seja puta de Benjamin Franklin não seja
puta de Benjamin Franklin não seja puta de Benjamin Franklin
não seja puta de Benjamin Franklin não seja puta de Benjamin
Franklin não seja puta de

### PARA CORTÁZAR

Quando tentei o nocaute,
as digressões surraram a crítica.

### MONÓLOGO DE UMA DIGRESSÃO

Por que só o essencial?
A essência, no homem, é um acidente.

não seja puta de Benjamin Franklin não seja puta de Benjamin
Franklin não seja puta de Benjamin Franklin não seja puta de
Benjamin Franklin não seja puta de Benjamin Franklin não seja
puta de Benjamin Franklin não seja puta de Benjamin Franklin
não seja puta de Benjamin Franklin não seja puta de Benjamin
Franklin não seja puta de

### O JUSTO

Mataram-no.

## ERRATA DE OSWALD

A

mor

### 1

Era de perceber, Meritíssima, que o Obscuro estava numa relação muito lúdica com a moda do minimalismo levado ao extremo: em alguns casos, contos com o corpo de quatro letras. Mas também era muito palpável uma frustração dele em relação à arbitrariedade de dizer "isso é um conto". Um dos argumentos dele foi muito instigante:

— Vou escrever um texto com quatro letras e dizer que é uma romance ou uma epopeia. Os artistas podem tudo. Já a crítica tem que ter mais cautela, você não acha?

Como sempre fui aberto às tendências mais ousadas, tive uma impressão bem diferente do libelo de minicontos. Não concordei com algumas ideias do Obscuro. Mostrei-lhe o miniconto de Ricardo Corona, digno de arranjo para coral.

Ele pareceu um pouco tocado com a defesa que fiz de Corona:

— Muitos estão pegando carona.

Para se impor com mais firmeza, imediatamente fez uma paródia:

PSICONTOBÉLICO

Morta por napalm e labirintos de balas,
não ficou um fio de Ariadne.

Em seguida, como se estivesse em transe, ligou o miniconto acima a vários outros de mesma temática, escritos na hora, sempre explorando a incompetência da humanidade para realizar um ato mínimo de trégua:

EVOLUÇÃO

Ontem, australopitecus.

Hoje, homo sapiens.
Matei 200 milhões no século vinte.

## ALFA E ÔMEGA

Do Levítico aos Lestrígones,
de Penélope a Cabul,
os homens urdem feridas inconsúteis
e devoram mortalhas.

## A CABALA DE HITLER

Por pouco,
não cheguei aos 7 milhões

## EMBARQUE EM DALLAS

- Entre na Limousine, Sr. Presidente.
Os tiros serão conversíveis.

## AUTÓPSIA DE KENNEDY

Dentro dele: Chicago, NY, águas sujas...
Toda uma baía de porcos.

## MONK EASTMAN

Metralhado numa lama,
só um gato viralata lhe foi solidário.

não seja puta de Benjamin Franklin não seja puta de Benjamin
Franklin não seja puta de Benjamin Franklin não seja puta de
Benjamin Franklin não seja puta de Benjamin Franklin não seja
puta de Benjamin Franklin não seja puta de Benjamin Franklin
não seja puta de Benjamin Franklin não seja puta de Benjamin
Franklin não seja puta de

## QUANDO O MOR TALHA

Ao tecer e destecer galáxias,
o tempo faz de nós-fiapos
minúsculos hades.

## REVELAÇÕES POÉTICAS DE LÚCIFER

Quaisquer males artísticos são tolos:
Nas artes sempre fui o Unigênito.

Dei-lhe a ideia de compor dois minicontos sobre música. Em poucos segundos, ele esboçou essas letras:

### BAIXO CONTÍNUO

Ao metralhar fiéis no baile funk,
queria apenas que ouvissem Bach.

### SÉTIMA DIMINUTA

A6M6O6R:
harmonia de um mesmo ventre.

Em meio àquelas letras apressadas e tristes, era impossível, Meritíssima, que não houvesse algum momento ao menos tragicômico. Ele me confessou que talvez um dia fosse consagrado pelo que mais detestava de suas realizações:

### 1616: 23 DE ABRIL
Caro Shakespeare,

Embora Dom Quixote queira,
não poderei ir ao seu velório.

Cervantes

### PARAÍSO PERDIDO

— Tu és Borges, Tirésias ou Demódoco?
— Não, James Joyce, ainda sou John Milton.

### TRIUNFO DE ASTÉRION

Nas pupilas de Teseu,
me vejo de cabeça erguida.

### ORGULHO DE PEDRA

Serei engolida, canibalizada,
mas por uns instantes serei Zeus.

### CEGUEIRA ANACRÔNICA

— És João Cabral, Bach, Édipo, Aderaldo?
— Não, James Joyce, eu sou o Assum Preto.

### METAMINICONTO

50 letras, quando me impuseram,
Vi que jamais faria um decassí

não seja puta de Benjamin Franklin não seja puta de Benjamin
Franklin não seja puta de Benjamin Franklin não seja puta de
Benjamin Franklin não seja puta de Benjamin Franklin não seja
puta de Benjamin Franklin não seja puta de Benjamin Franklin
não seja puta de Benjamin Franklin não seja puta de Benjamin
Franklin não seja puta de

### DOM QUIXOTE COM FREUD

— Que acha, Doutor?
— Dulcineia é Sancho Pança.

### HOMOPEDREIRO

No meio do cantinho
tinha uma pedra

### PESADELO DE HIPÓLITO

No meio do caminho
tinha uma Fedra

### CONSTRUÇÃO-ESTORVO

Morreu na contramão
com leite derramado

## OFENSIVA TET

— Johnson, aqui é Minh:
no Ano Novo,
penetrarei na tua casa preta.

não seja puta de Benjamin Franklin não seja puta de Benjamin
Franklin não seja puta de Benjamin Franklin não seja puta de
Benjamin Franklin não seja puta de Benjamin Franklin não seja
puta de Benjamin Franklin não seja puta de Benjamin Franklin
não seja puta de Benjamin Franklin não seja puta de Benjamin
Franklin não seja puta de

## LAMENTAÇÃO DAS WALKÍRIAS

Ele tentou suicídio.
Mas o revólver, demasiadamente humano,
curtiu sua gaia ciência.

não seja puta de Benjamin Franklin não seja puta de Benjamin
Franklin não seja puta de Benjamin Franklin não seja puta de
Benjamin Franklin não seja puta de Benjamin Franklin não seja
puta de Benjamin Franklin não seja puta de Benjamin Franklin
não seja puta de Benjamin Franklin não seja puta de Benjamin
Franklin não seja puta de

## ABUTRES

Conforme Zeus prometeu,
os humanos jamais sairão
das grutas.

## SÍNDROME DE TZINACÁN

Em cada grão dos vocábulos,
li hexágonos babélicos.

## PARADOXO DE EPICURO

Quando dei fé,
já era a-teu.

## DHCMRLCHTDJ

Daqui a 11 milhões de anos,
decifrar-te-ei, olho a olho, na cegueira.

não seja puta de Benjamin Franklin não seja puta de Benjamin Franklin não seja puta de Benjamin Franklin não seja puta de Benjamin Franklin não seja puta de Benjamin Franklin não seja puta de Benjamin Franklin não seja puta de Benjamin Franklin não seja puta de Benjamin Franklin não seja puta de Benjamin Franklin não seja puta de

PARADOXO DE FERMI

..........................................

.

PONT

.

Quando eu pensei que ele queria reduzir a possibilidade do conto a um ponto, ele me surpreendeu:

— Meu sonho é criar um grão-metaminiconto intitulado: "Neste caixão encerro vossas musas". O título é provisório. Já pensei em "O caixão fantástico", em "Morte súbita", em "Eutanásia minimalista", não sei. Talvez eu o resuma a duas palavras menores: "Cinzas-Musas". A maior dificuldade é exatamente o título. O resto já está feito: vou converter todos os cem contos da coletânea em epígrafes-epitáfios de um texto-túmulo que os encerra para sempre. E esse encerramento reaviva a outra proposta: a dos contos-poemas em forma de soneto.

Então me explicou por que se opunha às febres de exaltação do cotidiano. Todos os seus textos procuravam contemplar mais que o significado imediato, mais que o plano sensível das relações ordinárias. Algum fiapo ariádnico os ligava à mitologia, a fatos marcantes da história. Sem esse aparato, sem esses cordões invisíveis que se enraízam por tempos diferentes, a mera visão do dia-a-dia corria o risco de cegar no dia seguinte. Dificilmente um desses cegos, mergulhados no Hades, receberia a bênção de Tirésias.

— Fazer o que os jornais já fazem... o que a TV vomita toda hora... Não, a arte tem que ter mais ambição que um mero mapeamento dos fatos. A Górgona-Húmus, por exemplo, é uma invenção minha, assim como Mr. Methal, assim como tudo que me rodeia... Todos estão mergulhados no cotidiano... Mas o que seria da Górgona-Húmus sem os símbolos que convergem para ela? Essas novas gerações estão perdendo a noção disso — se é que algum dia tiveram. Os textos são muito limitados, muito... como dizer? Aqui, agora e pronto.

Criei coragem para discordar dele:

— É difícil concordar com o senhor. Uma obra artística pode representar o cotidiano mais simplório e ser brilhante. A limitação pode não ser do autor, mas do personagem.

Ele reagiu com contundência:

— Abaixo os Cobradores, abaixo os Matadores, abaixo as Cidades de Deus! Será que a violência vem só de miseráveis e pretensos justiceiros? Quero mostrar ao mundo uma vertente diferente da violência: a de jovens ricos! O Brasil é um país violentíssimo nesse aspecto e parece que ninguém quer abordar esse tumor. De onde vem esse tabu? Medo de ferir a classe média alta? Que os ricos são escravocratas e maléficos, isso a gente já sabe há mais de quinhentos anos. Que as classes mais baixas, marginalizadas, fazem da violência o emprego mais sólido de suas carreiras, isso a gente já sabe. Todo dia a mídia nos sangra os olhos com isso. Todo dia? Leia-se toda hora. Agora, há uma realidade nova, que tem proliferado como nunca... E poucos se dispõem a enfrentá-la...

Em menos de três segundos fez um miniconto sobre o assunto:

DECOMPOSIÇÕES ADORNIANAS

90, 00, 10...
Mal foram lançadas ao mundo,
já apodrecem dentro de mim.

— Não entendi ainda seu diferencial. Um tema pode ser dos mais antigos do mundo, como a tirania dos ricos, e ser retomado de forma convincente.

— Tenho em mente escrever um romance sobre um músico. Para isso, tenho que conhecer o mínimo de teoria musical, a exemplo de Thomas Mann. Eu imagino um músico que tem uma perda terrível em sua vida: a noiva. Ele se degrada em tudo e faz questão de deixar para a humanidade uma obra-prima de terror: uma vingança inesquecível. Ele dedica a vida a planejar uma tortura lenta para os dois rapazes que matam a menina. Não tenho ainda o desfecho, mas há um detalhe que ninguém no enredo sabe, muito menos o leitor: não são os rapazes — dois irmãos gêmeos, Vóigran e Átila — que matam a menina. Mas o músico não quer saber disso e é nessa cegueira que reside a grandeza trágica do texto.

Comecei a me sentir incomodado. Era bem provável que ele passasse a afirmar que eu também era uma invenção dele.

— As palavras criam a gente, caro Próspero. Você e eu somos acúmulos deliberados e casuais de sílabas. E elas só existem se alguém nos ler. É aí que estamos condenados à degradação.

Estava chegando o fim da visita.

Aproveitei o tempo para contar-lhe minha relação com a Italiana, sem pudor e sem máscaras, e o autorizei a criar alguma síntese. Ele pegou o grafite e riscou:

MÍT69ICO

Ex-Narciso,
me vi plasmado no corpo dela:
umbosquedeninfas.

Mesmo comovido com minha história íntima, fez todo um esforço para disfarçar, como se tivesse passado por algo muito parecido.

— O senhor teve uma grande perda em sua vida?

— Pior: há um personagem meu com sofrimento idêntico. Eu nunca consegui descrever-lhe o rosto, porque não imagino como seja. Ele pediu aos juízes para me visitar aqui, mas proibiram: consideraram uma coisa impossível, fictícia. Meu sonho era vê-lo face a face.

não seja puta de Benjamin Franklin não seja puta de Benjamin Franklin não seja puta de Benjamin Franklin não seja puta de Benjamin Franklin não seja puta de Benjamin Franklin não seja puta de Benjamin Franklin não seja puta de Benjamin Franklin não seja puta de Benjamin Franklin não seja puta de Benjamin Franklin não seja puta de

SÚPLICA A HERMÓGENES

Pelo grande sertão fizeste abalos
E teus atos cruéis estão acesos.
Mais verticais que as chagas vis dos presos
Deixaste em corpos nus milhões de galos.

Por delitos carregas muitos pesos,
A garrucha arrotando com os estalos...
Devolve a Deus as almas dos cavalos
Que exterminaste puros e indefesos.

Deteriorar como deterioraste
Inocentes quadrúpedes — levaste
A dor à eternidade dos papiros.

Pelo cravo incisivo de teu dom,
Os animais, após o Harmagedom,
Inda terão no espírito teus tiros.

não seja puta de Benjamin Franklin não seja puta de Benjamin Franklin não seja puta de Benjamin Franklin não seja puta de Benjamin Franklin não seja puta de Benjamin Franklin não seja puta de Benjamin Franklin não seja puta de Benjamin Franklin não seja puta de Benjamin Franklin não seja puta de Benjamin Franklin não seja puta de

ALONSO QUIJANO

Quem sabe um dia vencerei Carrasco
Nas batalhas sutis da letargia.
O tempo — sumo pó — me propicia
A cegueira do mártir de Damasco.

Dissipando utopia a utopia,
Cultivo aqui, sem ímpeto, sem asco,
O sonho simples de mover um casco
Que a Rocinante, alheio, delicia.

Meu defunto, com tudo, em mim fervilha:
Darei a Sancho a prometida ilha,
A mim mesmo os despojos ultrajados.

Carrego, entre milhões de sobreavisos,
A tritura dos sonhos imprecisos
E a carcaça dos sonhos triturados.

não seja puta de Benjamin Franklin não seja puta de Benjamin
Franklin não seja puta de Benjamin Franklin não seja puta de
Benjamin Franklin não seja puta de Benjamin Franklin não seja
puta de Benjamin Franklin não seja puta de Benjamin Franklin
não seja puta de Benjamin Franklin não seja puta de Benjamin
Franklin não seja puta de

ACÚMULO AMARGO

Antes ser um seleiro de bandidos
Que servir de celeiro pro restante!
Rejeito os gritos de mandão pedante
E um dia esfolarei esses temidos!

Pra minha esposa sou cavalo errante,
O respeito e o amor estão banidos,
E então engulo os lúgubres latidos
Que o mundo me vomita a cada instante.

Duros ossos rumino e não demonstro
E cavalgo nas noites como monstro —
Ninguém partilha trevas de indigente!

Quando levaram Marta pras demências,
Um bode, aos berros, deu-me as condolências
Qual se tivesse coração de gente.

não seja puta de Benjamin Franklin não seja puta de Benjamin
Franklin não seja puta de Benjamin Franklin não seja puta de
Benjamin Franklin não seja puta de Benjamin Franklin não seja
puta de Benjamin Franklin não seja puta de Benjamin Franklin
não seja puta de Benjamin Franklin não seja puta de Benjamin
Franklin não seja puta de

## DO OSSUÁRIO À GUERRILHA

De temor e tremor sofri abalos,
Mas o mofo larguei dos velhos mantos.
Ruas, porões, florestas, celas, tantos
Outros círculos me apagaram os halos.

Desgraçados mais vis, fui abraçá-los,
Sem distâncias, sem nojos, sem espantos,
Como os lábios dos monges sacrossantos
Que beijavam leprosos pra salvá-los.

Jamais abandonei a luz de Deus.
Tive que esfaquear uns filhos Seus
- Cantem réquiem para o cordeiro manso!

Aderi à violência mais precisa
Pra aniquilar a Besta que me pisa
E viver, entre mortos, meu descanso.

não seja puta de Benjamin Franklin não seja puta de Benjamin
Franklin não seja puta de Benjamin Franklin não seja puta de
Benjamin Franklin não seja puta de Benjamin Franklin não seja
puta de Benjamin Franklin não seja puta de Benjamin Franklin
não seja puta de Benjamin Franklin não seja puta de Benjamin
Franklin não seja puta de

não seja puta de Benjamin Franklin não seja puta de Benjamin
Franklin não seja puta de Benjamin Franklin não seja puta de
Benjamin Franklin não seja puta de Benjamin Franklin não seja

puta de Benjamin Franklin não seja puta de Benjamin Franklin
não seja puta de Benjamin Franklin não seja puta de Benjamin
Franklin não seja puta de

não seja puta de Benjamin Franklin não seja puta de Benjamin
Franklin não seja puta de Benjamin Franklin não seja puta de
Benjamin Franklin não seja puta de Benjamin Franklin não seja
puta de Benjamin Franklin não seja puta de Benjamin Franklin
não

não seja puta de Benjamin Franklin não seja puta de Benjamin
Franklin não seja puta de Benjamin Franklin não seja puta de
Benjamin Franklin não seja puta de Benjamin Franklin não seja
puta de Benjamin Franklin não seja puta de Benjamin Franklin
não

OS TRABALHOS E OS DIAS

Vem do esgoto a poesia que em mim gruda
E em meus resíduos pestilenciais:
Ciência exata, com equações reais,
Que o grotesco do homem mais desnuda.

Homero, William Blake, Poe, Neruda,
São pilares das minhas catedrais.
Hesíodo e as cinco raças ancestrais
Dormem em meu travesseiro, em paz aguda.

Pelas ruas, no entanto, sou pedinte.
Crueldade, requinte por requinte,
É a resposta do mundo às minhas folhas.

Querem vender minh' última pelanca
Antes que eu morra e que Florbela Espanca
Venha beijar, de joelhos, minhas bolhas.

não seja puta de Benjamin Franklin não seja puta de Benjamin
Franklin não seja puta de Benjamin Franklin não seja puta de
Benjamin Franklin não seja puta de Benjamin Franklin não
seja puta de Benjamin Franklin não seja puta de Benjamin

Franklin não seja puta de Benjamin Franklin não seja puta de
Benjamin Franklin não seja puta de Benjamin Franklin não
seja puta de Benjamin Franklin não seja puta de Benjamin
Franklin não seja puta de Benjamin Franklin não seja puta de
Benjamin Franklin não seja puta de Benjamin Franklin não
seja puta de Benjamin Franklin não seja puta de Benjamin
Franklin não seja puta de Benjamin Franklin não seja puta de
Benjamin Franklin não seja puta de Benjamin Franklin não
seja puta de Benjamin Franklin não seja puta de Benjamin
Franklin não seja puta de Benjamin Franklin não seja puta de
Benjamin Franklin não seja puta de Benjamin Franklin não
seja puta de Benjamin Franklin não seja puta de Benjamin
Franklin não seja puta de Benjamin Franklin não seja puta de
Benjamin Franklin não seja puta de Benjamin Franklin não
seja puta de Benjamin Franklin não seja puta de Benjamin
Franklin não seja puta de
Não, seja puta de Benjamin Franklin

## O PODER DA LITANIA — III

MERITÍSSIMA,

Eu havia dito a Elementi que fosse com calma, desse
uma volta pelo Mercado Central, se possível na Lagoa e na
Rodoviária Velha, e escolhesse com muito cuidado as Três
Marias. Elas seriam fundamentais para dramatizarem a situação
de seus filhos, pedindo, como um coro grego inútil, que a
ação principal fosse moderada e que os protagonistas tivessem
mais sensatez. Stagioni ficou me auxiliando no Semitártaro,
enquanto os cancerosos e os mendigos dormiam lá em cima, na
santa paz de Deus. Daquela vez, iríamos agir até o despertar do
sol, oito minutos-luz de lonjura de nós, fazendo uma viagem
tão grande e tão diminuta apenas para nos vitalizar com o seu
sopro. O fim da noite corria tranquilo, quando decidimos

entrar no escuro, sem que os gêmeos nos vissem. O objetivo era captar algum diálogo entre eles, alguma dica para depois eu ir pegar, com todo poder de sangria, os demais partícipes da ruína da Italiana.

Entramos no famoso pé de lã, sem despertar suspeita, e ficamos esperando alguma revelação. Mas só vinham gritos, tosses animalescas, vômitos febris, seguidos de mais gritos e lamentações em forma pornofônica. Estava ansioso para ouvir alguma confissão, onde estariam os próximos acorrentados, que eu já decidira degolar aos bocados, na santa paciência de um monge em uma montanha altíssima, degustando gotas de vinho e contemplando o suavíssimo movimento de Órion no outono. Pedira a Stagioni, um pouco antes, para ser compreensivo com as etapas a ser seguidas naquela noite, a célebre terceira noite, com uma violência exorbitante. Pela lógica, os dois pensariam que seria o ponto final dos estragos, o ápice da crueldade humana, o estágio último e intransponível das investidas canibais, que nem os animais conseguem alcançar nem o ser humano tem insensatez suficiente para suportar os desdobramentos. Foi nesse momento, como se eu adivinhasse, que surgiu a primeira declaração entre eles, de suma ingenuidade:

VÓI — Cadê tu, Tila, queu já tô aqui lascado, porra... Olha que fedor do carai... Tô cagando em mim mesmo, porra, até isso ele planejou... E painho, hem, Tila?

TILA — Tu acha que aquele maluco vai matar a gente, Vói? Depois disso tudinho...

VÓI — Ele já me fodeu, porra, olha minha cara... Já tô cego, porra... Tô com uma dor aqui do carai, porra, e se a gente tivesse ido à delegacia...

TILA — Mas a gente foi roubado, porra, e já faz um ano, porra... Tu tá achando que o maluco vai pegar o resto...

VÓI — A gente passou um ano numa boa, porra, achando que ele ia... Posso nem falar, carai, puta merda, será que ele vem de novo hoje, porra?

TILA — A gente né assassino não, porra, foi a porra do roubo... E tu, Vói, às vezes... sei não, queria nem ver... Tu vomitasse aquela porra e eu tive que engolir, carai, é foda! O cara é nojento mesmo, porra! Mas sei não, Vói, às vezes eu acho que tu taí morto...

VÓI — E tu acha que eu tô como, carai? Ele disse que ia arrancar a minha língua, pra dar pra tu comer...

TILA — É só papo, carai, nessa merda todo mundo tem medo de painho...

VÓI — Papo, porra, tu chama isso de papo? Olha aqui eu sangrando, porra, olha o monte de merda nas *minhas pernas*... Medo de painho?

TILA — Sim, o velho tem grana, carai, ninguém encosta não...

VÓI — É? Que merda! É dor pra arrombar, porra! Pior é que... cadê ninguém de painho aqui? Tô arrombado, porra...

TILA — É, porra, mas a gente sai dessa...

VÓI — Sai dessa? Tu é que tá numa boa aí, todo limpinho, e eu só levando...

TILA — Só levando, porra? E aquelas partes, putaquipariu, que eu tive que engolir?

VÓI — É, mas algumas voltaram e tudo piorou pra mim, porra...

TILA — Porra, cadê painho, carai? Por que painho deixou a gente, carai?

Foi nesse momento que acendi a luz e os olhos deles gritaram só com a invasão da claridão nas pupilas. Desci a escada com toda elegância e afirmei:

— Chamando pelo pai, Tila? Estou surpreso. Não esperava de você uma evocação tão teológica! Isso lembra o desespero de Jesus clamando pelo Pai, que aparentemente se omite. Mas ali tem um sentido sagrado que tem de ser respeitado. É bem diferente da omissão de Guilherme Tell de Abraão Eli, o pai de vocês.

— Guilherme Tell um cacete, um dia ele te pega.

— Mas eu posso pegar ele antes, como fiz com vocês, não posso?

— Ele tava ouvindo, Vói...

— Boa noite, curtam o sono. Já é meia-noite. Amanhã a gente retorna.

Subimos a escada e, em poucos segundos, estávamos de volta. Entramos gritando como um homem-bomba que resolve explodir coletividades inteiras pelo ar.

— Dois canibais filhos da puta! Pensam que iam ter uma noite fácil, é? Já passou da meia-noite, seus bostas, já é amanhã! Preparem-se pra mais uma sessão de terror! Ouviu, Tila? Terror, terror, terror!

Notei que o lindo playboy começou a chorar. O Vói parecia já ter aceitado tacitamente a morte, tão reduzido que estava à ignomínia. Mas a resistência do Tila só fazia me encher de entusiasmo, de um prazer inexorável de trucidar, que os dois haviam me ensinado como a lição mais transformadora da minha vida.

— Sabe o que eu fazia, Tila, enquanto amava o corpo da Italiana?

— Vai te foder, pedófilo!

— Eu cantava uns trechos de Francesco Durante e ela me amaciava com uns contrapontos harmônicos. Na orgia final, que ainda não é agora, vocês vão se encontrar com tudo isso. Por enquanto, não têm direito a nenhum concerto, só a desconcerto.

E Stagioni, de posse do cilindro aquecido, embrasado na ponta, preparou-se para fazer as três fendas no rosto de Vói, em linha diagonal.

— O senhor acha que eu posso aproveitar uma das bolas da venta?

— Não, ficaria muito natural e seria uma concessão à natureza. Vói é muito belo, talvez mais que Tila, e o meu objetivo é desmanchá-lo completamente. O outro vai apenas comer os desmanches dele.

Voltei a dizer que os gritos eram inúteis. Não havia na redondeza uma alma perdida que os escutasse, um duende que os socorresse.

— Entre um extremo e outro do nariz, desenhe as bolas com o cilindro e depois empurre e deixe lá uns segundos. Isso, pode começar.

A perfuração foi precisa, apesar de alguns movimentos de Vói, já reduzido a um molambo de instintos que agem sem um direcionamento nítido. Mas Stagioni conseguiu a primeira bolinha no lugar certo, na margem direita inferior do nariz. A permanência do aço por uns instantes deveria ser de uma dor exponencial, que eu mesmo não conseguia racionalizar. A segunda bolinha foi rigorosamente no centro das narinas, arrancando de lá um cheiro incomum, misturado a uma pasta de cartilagem que eu juntei para Tila. A terceira bolinha, na margem esquerda superior do nariz, perfazia o desenho ideal, ainda que grotesco, do cinturão do caçador. O rosto ficou ainda mais debilitado, sonhando talvez com uma morte súbita, que nunca vinha, nunca se aproximava, nunca dava sinal.

— São as Três Marias, Vói. Não pense que é qualquer um que tem essa bênção. Você está mais perto dos céus e da Virgem com elas.

Ele tentou responder, mas o fôlego tinha sido engolido pela fumaça da pequena fogueira do rosto. O acúmulo de buracos provavelmente doía muito quando ele ousava falar.

— A fala é uma das distinções essenciais do homem, Vói. Você não deve perder essa distinção. Tente!

Tila é que interferiu no diálogo:

— Tentar o quê, carai, tu tá matando ele!

Tive vontade de mandar Stagioni transformar o rosto de Vói em riscos abstratos, como a Górgona-Húmus havia feito com uma de suas vítimas, usando uma garrafa quebrada. Mas me contentei com o esplendor das Três Marias: elas interligavam, por um delineamento imaginário, os quatro buracos periféricos do Trapézio.

Tila tinha tanta certeza de que eu era homem de palavra e não ia trucidá-lo, que gritou:

— Enfia esse ferro quente na puta que te pariu, carai, até sair na garganta! Não foi assim que teu pai fez, até tu nascer?

— Tila, eu vou desconsiderar esse seu conselho, pelo que as Três Marias representam. Mas, é bem verdade que, enquanto elas não chegam, o espaço aqui pode ser profanado.

Tirei do bolso alguns poemas de outra vertente do Obscuro. Ele me confessara que, ao trabalhar para Mr. Methal, recebia encomendas de "sonetos pornocômicos" para os grandes banquetes.

— Chega de poemas solenes, chega de coisa séria, não é, Vói? Abra os olhos para ler este aqui. Sua pena poderá ser amenizada. Você é católico, Vói? Pois olhe o que o Obscuro fez pra você. Tente recitar comigo.

## CONCÍLIO DE COENTRO

O Papa, com papeira, foi pra chuva
E encontrou Vitorino Papa-Rabo.
Ficaram a bater papo como o diabo
E sem papa na língua ou qualquer luva.

Chamaram o Papafigo e o Papavuva,
Papa-Hímen, Papânus, Papacabo,
Papacapim, Papuda, Papa-Nabo
E o macho da raposa, o Papa-Uva.

Para evitar um quórum fraudulento,
Chamaram o Papangu e o Papavento,
Papão e o Papa-Pum, tudo em conjunto.

Papaceia, com a linda voz de arcanjo,
Declarou: "Nosso Chefe é Papa-Anjo
E o sucessor será Papa-Defunto".

## COM CÍLIO DE DENTRO

"Melhor do que ser príncipe é ser sapo!"
Foi assim que o Pontífice Zé-Pio
Decidiu, quipariu!,sem mais um piu,
Ser plácido, ser prático, sem papo.

O Papa pediu papa e jenipapo,
Pé-de-papoula e polpa-de-pipiu,
Pipa de papel preto com pavio
E pôs na pele pó de esparadrapo.

Não poupou meio pé do Papa-Légua,
Pacificou o pum do Papa-Égua,
Proscreveu os papiros lá do exílio...

E de papo pro ar, com pinça e lupa,
Gritando quiproquó e upa-upa,
Bem de dentro do cu puxou um cílio.

   — Vocês deviam era estar com menininhas adoidado por aí,
mas preferiram o mal.
   — Foi a gente não, carai, tu vai ver um dia, porra!

— Ah, é mesmo? E quem vai trazer minha Italiana de volta? Vocês são canibais, filhos da puta! Mas fiquem tranquilos... Cronos, talvez o primeiro canibal, ajudará vocês lá na casa dele. O Obscuro previu isso, ouçam:

COMPLEXO DE CRONOS

Megapoliutraespecializado
Sou em pontos, em vírgulas e acentos.
Mil decassílabos espalho aos ventos:
Meus sonetos não têm um pé quebrado.

Dan Mitrione praticou tormentos,
Gengis-Kanh é demais mal encarado.
As dez tréplicas cúbicas de um dado
Explicam a Leviatã dos testamentos.

Um paralelepípedo engoli
Achando que era Zeus, o meu caçula,
E a mulher me enganou como uma artista

Várias coisas no Tártaro aprendi
E apenas uma delas não se anula:
"É criancice ser um vanguardista!"

— Entenderam? Claro que sim. Mas... pensando bem... Isso é passado, não é, Tila? Vamos curtir o presente, porque o que vem aí é mais carregado. Olha, Tila, mais um sonetinho pra gente rir... Vocês precisam relaxar. Ouçam esta brilhante homenagem ao tolete.

A ENCÍCLICA DO TOLETE

Ó Tolete, ser puro, sem defeito,
Quando sais bem talhado do meu furo,
Em pleno coração logo Te aturo:
De Teu suave sopro é que eu sou feito!

Nem Michelangelo te faz tão puro,
Nem Da Vinci, a rigor, é tão perfeito!
Pelo jeito, ó Tolete, pelo jeito,
Em Ti sempre estará nosso futuro!

Espalhando poder por todo o mapa,
Deverias substituir o Papa
Para dar esta ordem aos cardeais:

— Vós tendes de ingerir da minha essência
E pra atingirdes minha transcendência
Gritar: "Eu quero mais! Eu quero mais!"

— Está vendo, Vói, que você não está mal acompanhado? A humanidade precisa acabar com os preconceitos contra o que sai dela. O que sai dela brota da sua própria essência e não pode ser revogado por máscaras supérfluas como as que usamos para um suposto bem-estar. Veja aí, Stagioni, se ele está prestando atenção. Não custa nada reabrir os ouvidos dele, pelo menos um, com o cilindro quente.

O desgraçado levantou a cabeça num tom de enfrentamento de algum inimigo, como se se preparasse para um contragolpe a um bote. Era a prova real de que ele estava ouvindo e compreendendo, apesar de quase não restar mais nada em seu rosto que lembrasse alguma figura.

— Relaxe, Vói, aproveite, Tila... Há dois mil anos já foi dito que as pessoas, um dia, vão procurar a morte e não vão encontrar. Mas os que são fiéis ao bem... Ah, vamos ouvir mais um soneto. Soltem essas bochechas, sorriam. Olhem que graça este poema sobre o canibalismo internacional.

O CÂNONE DO SÉCULO

O Hitler dava a bunda às SS
E engolia suásticas de esperma.
Mussolini morreu como um palerma,
Pinochet cagou sangue antes da prece.
Pol-Pot até matava um gagá-nu,
Idi Amim tomou suco de testículos,
Cardeais limpam o rabo com versículos,
Mefisto se disfarça de urubu.
O Stálin lambeu o aro de milhões,
Hiroíto, do pau pequeninito,
Competia com Tung, o chinesito,
Que enforcou muitos pares de culhões.
  Só mesmo a Casa Branca e Israel
  Esfolam rindo qual Papai Noel.

— Sentiram como a arte é catártica? Vocês acabaram de ver que não estão sós no mundo. Essa identificação gera um alívio. A consciência fica mais leve. Vocês vão se sentir mais tranquilos. Afinal, não são exceções em uma história insana.

— Te fode, carai!

— Tila, você acabou de reconhecer que nós também não somos exceções. Que graça teria eu figurar na história como uma exceção heroica — o mártir que tudo suportou e perdoou os lindos Efebos canibais que estupraram e esquartejaram e retalharam e destruíram uma menina no dia da morte do Papa? Vocês acham que o Papa ia ficar satisfeito com isso?

Mostrei-lhe então um cinturão. E reiterei a promessa:

— A profanação acabou. Agora se preparem para mais uma crueldade deliberada, fruto não da loucura, mas da racionalidade dirigida.

Tomei um pouco de ar.

— Não vou tocar no seu rosto, Vói. Mas, cada vez que seu irmão falar, eu contarei as palavras e o número delas será convertido em chicotadas em seus buracos.

— Vai se foder, fresco, tira a gente daqui!

— Deixe-me ver... Contei nove, Vói, você deve ter ouvido o mesmo. Um número bem sugestivo, por multiplicar as Três Marias por três.

E ordenei que Stagioni o chicoteasse, mas com o devido cuidado para não pegar fora do rosto. Alguns pedaços, embora pequenos e moídos, foram soltando da carne de Vói e sendo depositados diretamente na boca de Tila.

— Já sabe: em caso de reação, o seu irmão devora tudo de novo. Se ele reagir, você será o beneficiado.

Stagioni já ia na sexta ou sétima chibatada, quando Elementi chegou com as três mendigas. Tinham mais de setenta anos, as peles murchas descendo dos braços, os dentes formando uma gruta deplorável. Entenderam de cara qual era o papel delas na peça e começaram a implorar, sem intervir na ação:

— Por favor, não faça isso com os nossos filhos.

— O nome da senhora, por favor.

— Mintaka. Mas pode me chamar de Maria 1. Sou prostituta da Rodoviária Velha desde a desativação. Cresci com todo tipo de doença que se pega naquela Sodoma.

Tila ficou espantado com a atuação teatral da velha, talvez não pela pobreza dela, mas pelo nome. O Vói talvez já não conseguisse ver e isso soou em mim, Meritíssima, como um dos fracassos do meu projeto.

— O nome da senhora, por favor.

— Meu nome é Duasalnilan. Fui puta entre os doze e os sessenta e nove. Agora me aposentei e durmo confortável numa calçada da cidade. Pode me chamar de Maria 2.

— Bem, e a senhora?

— Meu nome é Tresalnitaka, um misto dos dois primeiros, porque somos trigêmeas. Meu marido me matou uma vez, mas eu escapei. Ele me deu quatro tiros na cara, mas Deus foi bondoso e me levantou. Até hoje sou procurada pela polícia para ser morta, pois meu ex era de uma milícia quando atirou em mim. Por isso não posso me expor muito e mesmo assim já tentaram matar as outras duas, pensando que era eu. Eu me escondo não queira saber aonde, senão os nossos filhos aqui vão chorar. Pode me chamar de Maria 3.

Eu sabia que Tila não ia ficar mudo por muito tempo. Ao estudar o método da Górgona-Húmus, aprendi que o terror tem que ser enfincado na alma — as agressões físicas são apenas ilustrações externas do que se passa lá dentro.

— Tira a gente daqui, carai! Ô Vói, tu ouvisse, carai?

As três começaram a chorar:

— Por favor, não faça isso com nossos filhos.

E Stagioni deu mais umas duas ou três chicotadas no rosto de Vói. Elas atuavam como carpideiras perfeitas, ao ponto de alguém achar que eram personagens de alguma peça. Foi aí que tive a ideia de acordar todos os mendigos e os cancerosos. Eles foram devidamente instruídos para apenas assistirem ao espetáculo, sem qualquer comentário. Poupassem sua voz para outro instante, o da belíssima litania de Durante, que seria o clímax do oratório grotesco.

As Três Marias não paravam o choro e intensificaram a dramaticidade em soluços, principalmente quando Stagioni serrou alguns dedos de Vói. Tila não os engoliu pela primeira vez, mas a segunda rejeição de Vói me aborreceu e eu mandei que meus assistentes empurrassem tudo goela abaixo.

Súbito, entra um estranho homem de jaleco preto, os bigodes erguidos, uma bengala personalizada, com um andar compassado e charmoso:

— Fui mal-educado, desculpem, mas foi uma emergência. Quero dizer a vocês que nada disso aqui está acontecendo. É tudo ficção.

— Sim, Avida Dollars, eles já sabem. Os cancerosos e os mendigos são apenas figurantes passivos de uma peça. Os atores principais serão premiados por parecerem tão reais.

PINTOR — Minha conversa é com você, Próspero, se você permite.

EU — Posso dispensar os figurantes, mas não os dois assistentes nem as Três Marias. Eles são essenciais no avanço do enredo.

PINTOR — Que seja.

EU — Por favor, senhores, vão dormir. Só a próxima audiência será da participação efetiva de vocês na fantasia.

Subiram.

PINTOR — Você está querendo agir por cinismo e ironia, Próspero, mas isso não me impressiona. Os mendigos e os cancerosos estão iludidos, mas você também.

EU — Como assim?

PINTOR — Você pensa que tudo isso aqui está acontecendo, mas não está...

TILA — Agora fodeu!

PINTOR — Você não passa de um escravo da vontade dos gêmeos. Eles mataram a menina ou foram, de alguma forma, responsáveis pela morte dela, e é por isso que eles estão se punindo. O método paranoico-crítico explica isso melhor que Freud. O indivíduo pode estar em uma vida aparentemente feliz, sem saber que o inconsciente está agindo por conta própria. Esses infelizes aí, supostamente pendurados, passaram um ano achando que iam escapar da autopunição. Mas nos últimos dias eles têm sido sangrados por si próprios, não por você. Sua participação aqui é acidental, sequer você está presente de fato, junto com os outros...

TRÊS MARIAS — Por favor, não façam mal aos nossos filhos.

PINTOR — Está vendo, Próspero, que coisa inverossímil? Como seus supostos assistentes teriam a sorte de encontrar nessa província logo trigêmeas para servirem de carpideiras? Esses encaixes são inerentes a uma elaboração artística, enquanto a realidade lá fora é caótica. Você falou para os mendigos e os cancerosos que a próxima audiência é de fantasia, e isso é rigorosamente verdade. Tudo isso aqui neste banheiro é a materialização imaginária dos desejos dos dois jovens. Você pensa que está sendo protagonista, quando na verdade está sendo usado pela escravidão mental deles. Neste exato instante, você está no Manicômio, ao lado do Obscuro, sem nada de interessante. Mas os gêmeos, que pensam que estão farrando em casa, na boate do pai, em passeios de carros e de lanchas, na verdade já estão sendo destruídos pela cobrança corrosiva do inconsciente, porque intimamente eles sabem que não fizeram nada bom, embora procurem esconder. Mas o inconsciente é a caixa preta de nossos segredos e não há como esconder nada dele. Esses jovens já estão sofrendo e não sabem. Mas um dia as coisas passarão de um plano inconsciente para o plano somático, e aí sim eles vão começar a sofrer na pele. Vão fazer um pequeno balanço dos últimos meses, vão se lembrar da menina, que os dois desejavam ardentemente, e aí sim vão começar a sofrer. Como eles não podem ser machucados pela menina, vão idealizar você como um virtual vingador. Se eles não souberem frear tais desejos, tudo vai culminar aqui.

EU — É o que já está acontecendo.

PINTOR — Não. Há um intervalo imprevisível de tempo entre a autoconsciência e a exteriorização do desejo. Isso pode durar frações de segundos, mas também pode só vir à tona no último dia de vida.

EU — Acho sua segunda hipótese mais plausível. Eles estão nos últimos quatro dias de vida e resolveram acelerar a justiça.

PINTOR — Meu caro Próspero, eu visitei o Obscuro no Manicômio, como também visitei a Górgona-Húmus. Todos dois deixaram você encantado com o que não existe: o Mal Absoluto. É uma aspiração antiga dos homens, talvez a mais atávica, mas não existe.

EU — Não existe?

TRÊS MARIAS — Por favor, tirem os nossos filhos dali.

PINTOR — Este cenário foi montado com esse objetivo, Próspero, mas seus recursos artísticos são pobres. Veja o caso de Hitler, para a gente ter noção das fragílimas aspirações dos homens em torno do Mal. Em 1939, meio século antes de eu morrer, a Europa entrava no segundo conflito mais destrutivo de sua história. Eu estava fugido na França, depois fui para a América. No ano seguinte, os alemães fazem aquele bombardeio magnífico sobre Londres.

EU — Magnífico? Você desce aqui ao Semitártaro para enaltecer os nazistas?

PINTOR — Calma, Próspero. Ainda que você fosse judeu, teria que ouvir minha tese como pessoa civilizada.

TRÊS MARIAS — Por favor, não machuquem nossos filhos.

TILA — Vão se foder vocês tudinho, porra!

PINTOR — Está vendo quanta pobreza, Próspero? Não vim aqui defender uma figura como Hitler, mas apenas lembrar que os ingleses financiaram o Partido Nazista, os franceses também, e depois quiseram passar por inocentes. Quanto mais a gente colocar personagens nessa trama, mais o mal se desconcentra e se torna atributo de todos, não apenas de um líder patológico. Se você fizer uma revisão da história...

TRÊS MARIAS — Por favor, nossos filhinhos...

TILA — Vão se foder, putas velhas!

TRÊS MARIAS — Nossos filhinhos, por favor, tirem os bichinhos daí...

PINTOR — Eles são escravos de Franklin, não de Jó, isso é verdade. Mas eu também sou. O mundo inteiro é. O Mal Absoluto que você quer ver nesses meninos ou usar contra eles é um delírio pobre de sua impotência, de sua incompetência de superar fatalidades, de não...

EU — Fatalidades? Um carro queimado, um corpo dentro todo corroído... Vários tipos de esperma dentro dela...

TRÊS MARIAS — Por favor, nossos filhinhos...

PINTOR — Se você fizer uma revisão da história, Próspero, digamos... desde a queda do Império Romano. Não, sejamos mais modernos, desde as Grandes Navegações... Quem invadiu a Inglaterra? Quem ousou afetar os ingleses lá dentro? Só Hitler, com as bombas que destruíram a capital mais rica do globo!

EU — E você quer usar isso para defender Hitler?

PINTOR — Não, longe de mim uma conclusão tão pobre como esta! Eu quero ver os efeitos disso no outro lado da história e parece que o mundo não parou para ver isso. A Inglaterra foi quem mais traficou escravos no mundo, fez misérias em todas as colônias, destruiu o Paraguai, entre outras desgraças não em forma de exceção, mas de constante histórica! Há uma estimativa de cem milhões de negros transportados da África para a América... E dois terços deles morriam nos navios de fome, sede e doença... Sessenta e seis milhões!

EU — Sim, e aonde você quer chegar?

PINTOR — Quero ver ou imaginar a reação deles aos bombardeios de Londres. Quando Hitler começou a explodir Londres, uma humilhação sem precedentes na história inglesa, você não acha que milhões adoraram?

EU — Mas não havia mais escravos...

TILA — Vão se foder, carai, painho vai pegar vocês tudinho!

TRÊS MARIAS — Por favor, nossos filhinhos... Painho já vem, painho tá vindo, meus filhinhos.

PINTOR — Não havia mais escravos, mas os negros poderiam estar fazendo uma apoteose no Inferno, comemorando a desgraça da Inglaterra. Para eles, Hitler era um amor, uma fraternidade.

EU — Que ideia mais ridícula!

PINTOR — Mas as ideias são ridículas. O pior é quando elas querem passar à força para a prática, como esta que você pensa que está executando aqui há três dias. Lembra daquele meu quadro *O enigma de Hitler*? É o único de que não gosto, pois foi subestimado e censurado pelos meus próprios amigos surrealistas, que se fixaram na figura do ditador e não viram que Chamberlain, o impotente, está ao lado do prato, recuado por trás do morcego. Esse recuo é uma crítica à Inglaterra dos anos trinta, que deixou Hitler crescer e depois declarou guerra ao filhinho...

TRÊS MARIAS — Por favor, nossos filhinhos...

PINTOR — Breton, Chagall, Magritte, Buñuel, todos falaram mal do meu quadro e isso acabou me contaminando.

Não gosto dele. Mas o meu desejo era outro: fazer um quadro chamado *Apoteose de negros no Inferno comemorando o bombardeio de Londres e enviando flores para o Terceiro Reich*. Mas tive que me conter, porque talvez eu amanhecesse assassinado por um dos meus colegas, que acreditavam fanaticamente no comunismo ou na democracia. A vida é assim, Próspero: uma odalisca cibernética em que nada é fixo. Pintei com dupla figuração a guerra civil em meu país, mas hoje vejo que aquele grande paranoico é a humanidade inteira. Outras meninas vão ser assassinadas, até mais jovens e mais indefesas, e não avançaremos em nada. Desde que eu morri, em 89, o mundo avançou em quê em termos de amor ao próximo? As grandes democracias são as que mais fomentam guerras. A invenção dos monstros tem uma mulher-cavalo no centro, assim como um ovo flutuando é um delírio euclidiano em cuja equação eu mostrei que o ovo é rigorosamente reto. Da mesma forma, Hitler e Franco provaram o que quiseram. Isso é poder, Próspero, perverso e desumano como qualquer indivíduo em suas entranhas. Um cavalo cego pode ser parido por restos de um automóvel. Já a trilogia de Guilherme Tell...

TILA — Guilherme Tell um carai, porra!

TRÊS MARIAS — Os nossos filhinhos, por favor, não toquem neles.

EU — Avida Dollars, você atrapalhou completamente o que tínhamos previsto para esta sessão!

PINTOR — Esses acasos são os encantos da ficção, Próspero, por isso a vida é tão encantadora. Na infância, meu pai me levou para ver vestígios atávicos depois da chuva. Foi inesquecível. Outra vez, eu mesmo fui sozinho, ainda menininho, vestido de marinheiro com um fêmur na mão. Era a belíssima paisagem de Cadaqués, habitada por uma figura humana gigantesca, com mutilações colossais no corpo, a cabeça decepada, as pernas inválidas. Era o espectro do *sex-appeal*, que você está querendo reproduzir em Vói. Mas é tudo ilusão, Próspero, delírios das pedras, como os restos arqueológicos do Ângelus de Millet. A mesa solar, em pleno deserto, talvez seja mais realista, assim como a decomposição do rosto de Velásquez no meu rosto. É tudo arte, que não tocará na carne viva de ninguém.

Preparou-se para dar o último conselho:

PINTOR — Próspero, você está agindo de forma imprudente. Essas pobres mães estão correndo risco.

EU — Risco? Elas vêm prestar carinho aos seus filhos carentes, nascidos de um aborto simultâneo das três. É a única chance que eles ainda têm de algum consolo.

PINTOR — Mas aí é que está o risco. Elas estão sendo usadas, vão ficar de alguma forma expostas, já que você perdeu a noção de limite. Herodes Agrippa poderá passar por aqui e colocá-las em um barco para atirá-las em alto mar. Esse sequestro, que ele fez há dois mil anos, poderá ser refeito. É uma repetição sádica, típica dos que querem conservar-se patologicamente no poder, como esses meninos supostamente fizeram com a garota, como você supostamente está fazendo com eles. Infelizmente, não posso ajudar em nada.

Deu um giro com a bengala, ajeitou o jaleco e retirou-se.

Logo depois, Meritíssima, não sei se o que aconteceu foi mais coerente. Para não ficar me subestimando com a lembrança do pintor, perguntei às três velhas se queriam ter relações com os seus filhos amados. Tila começou a espernear, a dizer nomes com elas, mas Vói é que foi o escolhido para o *La Pietà*.

— Estou mais surpreso que Pôncio Pilatos. Eu trouxe as velhas para uma lua de mel com você, Tila, que está limpinho e perfeito. Mas elas escolheram o Vói. Este é o verdadeiro amor de mãe, que vocês nunca tiveram.

Começaram a tirar as roupas.

Os buracos velhos e secos das carpideiras, pensei eu, vão ficando pastosos na medida em que se encostarem no carente prisioneiro. Mas, como se não bastasse o impacto de Avida Dollars, as velhas, montadas na merda para amar Vói, revelaram a surpresa final: eram três travestis velhos, loucos por uma lua de mel a quatro.

## ÓRION EM MINHA BOCA - IV

MERITÍSSIMA,

Permita-me uma ponderação em quatro momentos.

O primeiro é sobre o alívio que tive após a primeira relação íntima com minha filha. Tive a sensação ridícula de estar me desprendendo das fraldas da minha mãe. Nem notícias eu tinha mais do meu povo, do qual me desligara por completo. Eles queriam me escravizar em trabalhos de latifúndios, eu fugi deles e os condenei ao esquecimento. Não guardava nenhuma lembrança boa dos meus pais, a começar pelos infinitos sonos que me interromperam quando eu não passava de um indefeso. Com o tempo, compreendi a situação, não os culpei mais, porém não guardava nenhum vínculo emotivo com eles. Minha mãe, entretanto, aparecia com certa frequência em minhas lembranças. Minha primeira relação mais íntima com a Italiana — perceba-se — foi o mesmo que jogar minha mãe no lixo.

Até então, foi o maior alívio de todos os tempos! Eu não era escravo de roça, mas um músico precoce que merecia outra vida. O corpo da minha filha diluiu todas as dúvidas. Elas recuaram, foram destroçadas como exércitos de malfeitores vencidos pelo Bem Final. E o primeiro sorriso dela na minha boca acelerou essa ruptura com minha mãe, com resquícios que ainda restavam de minha mãe, como bolhas de remorso que ficam pontilhando a consciência. Faltava-me apenas aquela troca categórica de carinhos intempestivos, com um corpo que eu acabava de violar, para o final mais feliz daquela etapa da minha vida. Faltava um envolvimento mais aprofundado que as submusas anteriores nunca tinham me revelado.

Na noite da praia, entre as plumas epifânicas que me envolveram, ela fingiu olhar para as estrelas, mas o alvo de seus olhos, profundamente escuros, eram os meus. Já nua, ela encheu as duas mãos de areia do mar e foi irredutível:

— Conte quantos grãozinhos tem aqui. É essa quantidade de beijos que eu quero.

Colamos as pupilas durante uns segundos, sem bater um pedacinho das pestanas. O clímax foi ela entoar a melodia da ária bachiana, exemplarmente a mesma linha, mas invertendo o conteúdo: estava com o coração transbordado de alegria, não de lágrimas decorrentes de dor. Todo o seu corpo cantou empolgado, e ela viu que eu não tive, a princípio, condições de mover um lábio. Eu não podia me dividir entre acompanhar a música e contemplá-la. Ela era infinitamente mais perfeita que a música: as pupilas espelhavam minha imagem, eu todo pontilhado dentro dela. Senti um prazer sem precedentes sacolejando meu corpo. Era ela, de corpo e alma, dentro de mim.

A emoção foi tão grande, que eu senti a morte de minha mãe sem qualquer remorso. Estava emancipado para sempre. Ia beijar uma mulher como nunca fizera com outras, as quais eu beijava pensando em outras, que eu também já beijava pensando em outras. Pensei em ter filhos, sem socar enxadas na mente deles. Ia dar-lhes uma educação superior, como reação às cegonhas nefastas da minha infância. Este foi o ajuste de contas com meus pais — coitados, pobres, sujos e enterrados de vez dentro de mim.

O segundo momento, Meritíssima, abarca o enigma da clave de fá. Minha filha tirou da roupa, ainda na praia, a segunda surpresa da noite: uma partitura de sua autoria: um arranjo especial da ária de Bach para o baixo. Logo notei que havia falhas, mas demonstravam uma ambição de conhecimento que eu não conheci em minha família e que eu tive de desbravar sozinho. Eram falhas espontâneas, gestos simples e belos, que não se incomodavam com quaisquer rigores. Até nisso percebi ausência de hipocrisia na minha filha, que se expunha sem medo, sem camuflagens, sem máscaras. Era desse tipo de liberdade que eu carecia: seus erros foram acertos frontais em meu sentimento.

Em casa, ao amanhecer, uma nova relação instaura a terceira ponderação. Ela estava lendo a história de Joana D'Arc e Diadorim, falou-me de uns planos para selecionar algumas cenas e criar um concerto sobre a saga da donzela guerreira. Eu não tinha o menor interesse pelo tema.

Já estávamos trocando nomes feios, com extremo carinho, sem o menor impedimento moral. Tudo brotava de nossos corpos em turbulência: uma explosão repentina de recalques que descobrem nas partes íntimas seu refúgio: tudo tão intenso a manhã toda, que quase nos aproximamos da quantidade dos grãos de areia recolhidos nas mãos, em plena expansão dos desejos mais animalescos. Lembrei-me, não sei por quê, de Hannibal Lecter se deliciando com as *Variações Goldberg*, após matar uns guardas. Mas eu me deliciei com a morte da minha mãe e com os mergulhos intensos da língua em todas as cavidades da minha filha.

Que faria Lorenzo de Médici — pensei aleatoriamente — ao ver o corpo dela recém-violado por mim? Com o passar dos dias, foi se tornando a menina mais cobiçada do colégio Vaticano, ali em frente à Praça das Estações, na orla marítima, onde eu ia deixá-la e buscá-la, sem ainda despertarmos qualquer suspeita nas pessoas. Havia invejosas belíssimas, mas nenhuma requintada e tão aterradora quanto ela. Em uma manhã no Vaticano, Meritíssima, vi pela primeira vez os gêmeos. Sibila alguma me apareceu para prevenir-me, para proibir que ela saísse com eles, para advertir que o *Descensus Averni* pode ser real e o *Sed revocare* mais ainda. Vi que ela saiu abraçada com eles do colégio, chegaram perto do meu carro na maior espontaneidade, e eu fingi não me incomodar. Se tivesse tido algum ciúme infundado e paranoico, talvez o rumo das coisas tivesse sido outro.

Mas procurei ser o mais polido possível com ela, até confessar-lhe que nossa relação íntima não podia ficar na clandestinidade. Eu não queria me esconder do mundo, da opinião das pessoas, que por sinal eu sempre desprezei. Ela concordou em montar uma surpresa para todo mundo, a começar pelo meio musical, onde começava a causar incômodo por sua competência precoce e pela fatura do corpo. Era ao mesmo tempo torneada e arredondada, farta, meu gênero insubstituível. Era de umas coxinhas grossas, lábios extravagantes, de cabelos botticellianos, como eu não suportava mais ficar só olhando. Era um templo a ser penetrado, vandalizado, e todas as hóstias lambidas... Como repúdio aos velhos namoricos de circunstância, tive a sensação de só fazer-me homem com ela. Tinha a aura de menina virgem, era admirada por essa relíquia, e cabia a mim, por vontade do destino, deslacrá-la. Abri-la com maciez, como uma epístola sagrada, e lê-la inúmeras vezes, sugá-la, engoli-la. Na tentação da praia, quando ela insinuou pela primeira vez que não me queria como pai, fiquei aturdido com um pensamento oblíquo e indissimulado: como seria abrir a calcinha dela, ver o que havia por trás, quantos olhos eu teria que ter para abraçar sua totalidade? Ela nua, com os peitos fugidios, a barriguinha inchada de minhas mordidas, os dedinhos dos pés lambuzados de carícias, as pernas varridas por meus lábios, as coxas e os joelhos devorados por minhas arcadas — toda a minha timidez, que final feliz!, estava ruindo!

Ao concebê-la como pentagrama, cansei de equações e cálculos, chaves, fermatas, ritmos binários e ternários, semínimas... Ela era um compasso aberto a sensações inéditas, um parêntese para o enigma, problemas que nunca me tinham tocado com a mesma contundência. Algo de muito gostoso estava no ar: sem nunca ter sido entorpecido por uma menina, senti-me de repente sem habilidade para enfrentar a donzela guerreira — e essa inexperiência era o motivo mais precioso para a busca do meu Santo Graal.

Não, Meritíssima: ela não precisava passar por debaixo de um arco-íris para eu saborear tão lindo corpo. Arco-íris algum teria o poder de modificá-la. Arco-íris algum teria competência para nos separar. Não tínhamos que esconder nossa relação de ninguém. Não tínhamos que atravessar desertos mortais, nem perseguir inimigos, nem nos tornar meros sonhos proibidos. Não precisávamos dormir ao lado de cavalos tostados pelo sol, sacrifício nenhum nos faria bem. A solução então foi simples: chocar o mundo com nosso amor intenso. Quanto mais ela fosse violada, mais seria donzela.

Uma manhã, antes de ela acordar para o Vaticano, despertei todo molhado, a cueca ensopada, ela flutuando, como uma fada encarcerada, por baixo do meu lençol. Contemplei-a por uns minutos, até ela se desintegrar. Depois olhei meu próprio líquido, pus minha alma em contato com ele, e voltei a adormecer. Sonhei com todas as aberturas dela, inclusive as que não tinham aparecido antes. Ela se derramava de dentro de mim, eu a vomitava para mim mesmo, tornava a absorvê-la, como alimento único e de valor insondável. Em uma dessas cuspidas, reuni o grosso do líquido na mão; e o rostinho esférico dela, talhado no centro do esperma, com as pupilas plásmicas transfundindo-se em meus olhos, sorria para mim. Ela boiava na minha palma, escorregava entre os dedos, voltava ao centro da mão, oscilando entre a fuga e a adesão a mim. Beijei-lhe o rosto, as maçãs louras, e esfreguei minha própria vinha na ponta do sexo, forcei a volta dela pela abertura, para que ela nunca saísse de mim.

Até os erros do arranjo dela continham uma perfeição secreta e seriam transcriados como signos de pureza e ingenuidade. Poderiam originar tramas que tratassem do primeiro amor; ou simplesmente, fora do âmbito da ficção, seriam guardados por nós dois como o retrato de uma sincera declaração. Tudo para mim corria entre o melhor e o mais *remarcable du monde.* Novas linguagens teriam que ser inventadas para decifrar a essência daqueles erros, o que eles significavam em nossa vida, como se transmitiriam a nossos filhos, como entrariam para o imaginário das nossas crianças. Passei dias relendo o arranjo, beijando cada poro do papel, cada curvinha das letras e dos símbolos, e os erros me atraíam mais do que tudo. Talvez simbolizassem uma urgência de transgressão de que eu precisava, para cavalgar acima de regras brutais. E ela nem imaginava que com erros espontâneos, absurdos para outros, tinha estilizado uma poética da libertação para mim.

O quarto momento, Meritíssima, foi o mais decisivo das nossas vidas. Ela se recusou a ir ao Vaticano naquela manhã, chateada com o colégio na praia, e então passamos o resto do dia em atividade ininterrupta. Ficamos nesse ritmo até o dia da morte do Papa, quando voltamos de Roma mais desejosos do que qualquer animal. A Senhora se lembra que eu trouxe da Itália uma esmeralda, mergulhei toda no corpo nela, como um amuleto que nos protegesse em todos os instantes.

Começamos a pensar em muitos planos. Eu tinha conseguido pela internet uns poemas do Obscuro, de seu livro *Sem sonetos de amor.* Destacamos um que era apropriado aos ataques que estávamos começando a bolar contra o modismo dos eternos regionalistas e falsos promotores da cultura local. Vivíamos também uma onda terrível sobre a superação das formas, a superação dos gêneros, a superação da história, a superação da superação. Vimos a possibilidade de romper de vez com a hipocrisia da cidade, musicando e cantando tais letras:

## CANTO XXV

Canta, ó Musa, as Fúrias pós-homéricas
Que perseguem e destroem as mil semânticas!
Lá da estirpe das neocartomânticas,
Extirpe, stripe e estupre as ex-quiméricas!

Tenho amor por vaginas cadavéricas
Flutuando entre cápsulas pós-quânticas
Que suguei do intestino das românticas
E defequei nos lábios das histéricas.

Mais antigo que as letras pré-papíricas,
Pai-avô dos noviços hieróglifos,
Ancestrálico, adâmico, imagético,

Mais arcaica que as telas infolíricas,
Do que os grunhidos dos meninos móglyfos,
É qualquer forma de fazer poético.

Vislumbramos, pela primeira vez, um quadro de Salvador Dalí a ser conjugado a um dos poemas. A ideia evoluiu para o desfecho do beijo, a declaração de casamento, o canibalismo implacável a perseguir todos os desafetos:

## PARADOXOS RIOBÁLDICOS

Decassílabo nunca é decassílabo.
Uma sílaba a-mais sempre haverá.
Um vocábulo como *Nhorinhá*
É sertanês pré-sânscrito e pós-Ílabo.

Já Ílabo, que tenho quinventá,
É mais dissílabo do que trissílabo.
Polissílabo, mais-que-polissílabo,
É o Ó, é o Que-Diga, é Jõe, é Diá.

Mutemas e Otacílias e Duzuzas
Me-vão-me-vêm nas dúvidas confusas —
Mais fatais do que as ervas-sussuarães...

As misturas do mundo me dissolvem;
Com bem e mal já outros se resolvem:
Pãos ou pães é questão de opiniães.

*For the first time*, expliquei a ela as primeiras noções de metalinguagem. As palavras parecem abandonar o mundo e elencar-se a si próprias como única realidade. Mas tal fantasia, enfatizei, é parte crucial da própria realidade, porque as loucuras também o são, os devaneios também o são, os delírios também o são — e não há gesto humano que não seja uma partitura obtusa de alguma experiência.

O soneto do Obscuro, estilizando em outro gênero a visão de um narrador tão singular, abre caminho para o exercício da procura poética, do inconformismo com visões fixas e com louvores imediatos, desafio que talvez só um futuro indefinido venha a reconhecer. A autocontemplação narcísica das palavras, voltadas sobre si mesmas como um círculo vicioso, demonstra, de fato, uma cavalgada cheia de riscos em direção ao desconhecido, como se os cavaleiros do Apocalipse sequestrassem, por instantes eternos, a lucidez do eu-lírico. Queríamos degustar carnalmente a loucura, mas a loucura no que há de mais ignominioso, de repugnante, de repudiável, e que não deixa de propiciar a felicidade. São as catástrofes simbólicas das artes, as sombras dilaceradas e irrecuperáveis das grutas platônicas, as sondagens insanas dos livros proibidos e do elmo de Mambrino, dos segredos inóspitos do Sussuarão, da primeira vez que nunca se completa, dos olhos de ressaca que tragam qualquer equilíbrio para o fundo do terror e das revelações devastadoras. Com tais experimentos, estávamos em busca do que fosse mais marcante em termos de repúdio radical às regras da província. Desejávamos o máximo de liberdade como sintonia com as maiores conquistas da estética nos últimos tempos. Queríamos destruir, com a música e com o uso intenso e inquantificável dos corpos, a mentalidade estreita do nosso meio.

Mas acabamos não estilizando nenhum soneto. A sensatez em torno do quadro, julgado mais brando, prevaleceu. As letras do Obscuro ficariam para um segundo plano. A litania de Durante pareceu mais cabível que qualquer outra composição *clássica* já conhecida. A leveza do contralto acrescentado a Durante, elevada ao plano do solo, entraria em choque com a reprodução, boca a boca, do gesto central dos canibais de Dalí. Milhares de fotos de nossos beijos, em dimensão mínima, numa neblina torrencial de papéis, se espalhariam na noite do espetáculo por cima do público. Em seguida, ficaríamos inteiramente nus e trocaríamos as alianças. Iríamos contratar fotógrafos de arte para o registro do momento. Depois, partiríamos para a lua de mel mais excêntrica da cidade.

Dois dias antes, Meritíssima, carbonizaram meus sonhos.

## MÚLTIPLOS CORTES — IV

Meritíssima,

A única combinação musical que supera os rabiscos de Bach é aquela que o Som esboçou antes do primeiro dia e depositou em seu próprio esquecimento:

SI U DÓ
MI T LÁ

Dessa escala divina, o exemplar mais torneado, verticalmente permeado pela nota *ut*, estava plasmado na minha Italiana. Em minha pobre sensibilidade, ainda abria exceção a outra equação igualmente sublime e sinuosa:

DÓ U

As proporções mais exatas, cuja inexatidão diluía-se em linhas transversais ainda mais perfeitas, levaram-me um dia às múltiplas margens da loucura. Quando acordei, já estava atolado em todas as margens, em todos os cernes, em todos os subsolos que me puxavam, como um arbusto indefeso, para o miolo e as crateras de múltiplos caos. Era delicioso sentir pela primeira vez aquele caos monstruoso me aliciando por todo o corpo, acendendo-me faíscas energéticas que eu não tinha, extraindo-me brutalmente da latência para a superfície de um lago de néctar. Toda ela, sobretudo em seus pontos centrais, era um liame de fios paralelos para outros universos, para outras ordens desconhecidas, das quais Hamlet talvez não tivesse medo, Adrian talvez tenha feito o arranjo de suas linhas herméticas. No corpo dela, cada letra continha uma Biblioteca de Babel, com infinitos hexágonos de partituras.

Naquela manhã, ao descobrir explosivamente que a amava, e que já era impossível me conter, percebi, frustrado, que ela já tinha arrumado a caminha e ido para a escola. Senti uma saudade terrível, uma falta só semelhante a uma perda. Então parti para um ato infantil e docemente calculado: sem a presença do corpo dela, selecionei doze de suas calcinhas, coloquei-as sobre a cama e passei a manhã lambendo-as, sugando-as, inspirando-as, em escala completa, fazendo delas meus próprios pulmões.

Lembrei-me do Bach Chopin-Brahms, quando ela foi comigo sem calcinha, nua sob uma saia finíssima, bem artesanal, cobrindo-lhe as coxas louras. Ficamos sentados ouvindo um pianista, e eu com espirais de desejos querendo se esparzir da garganta. Ela se levantou subitamente, foi cantar junto ao pianista, e eu fingi o máximo não ter ciúme. Fiquei muito contente ao saber que o pianista, tão talentoso e belo, era de outra tendência. Ai, o perigo havia passado.

Entretanto, Meritíssima, os gêmeos estavam lá e os tiros foram dados no rapaz. No tumulto, ela teve a sensatez de se esconder por trás do piano, enquanto minhas mãos tremiam em busca de seus dedinhos. Jamais imaginei que o recanto tão singular, de artistas de qualidade, fosse terminar naquela briga de gangues. Todos os assassinos, menores de dezoito anos, foram inocentados — e apenas o rapaz, sem ter nem pra quê, beijou o miolo da terra. Os pais dele nada fizeram.

Acredito, Meritíssima, que guardei ódio de todos eles desde ali. Pedi a Deus, com orações de um ateu declarado, que nada semelhante ocorresse com minha Italiana. Já bastava o índio queimado em Quadrilhas; já bastava a menininha encontrada com uma garrafa na vagina; já bastava, agora, o rapaz que levou tiros dirigidos a uns infelizes que não se trucidam sozinhos e afetam famílias inteiras com suas desordens. Um quarto mártir — ao menos dos que eu acompanhei — me atingiu de cheio... Por quê? Oh indagações inúteis e tolas, mais difíceis de uma resposta que minha sólida carne convertida em orvalhos! Oh divagações idiotas, estas que insistem em converter o sofrimento em matéria lírica! Fragilidade, teu nome é palavra!

netaregudtsiB<br>
netatessiMrüfsawnidluhcSeidtsisaW<br>
nehcorpsegtahlietrUtraHhclosnienamssaD<br>
nehcorbrevudtsahsawuseJretsbeilzreH<br>

nehcorbrevudtsahsawuseJretsbeilzreH<br>
nehcorpsegtahlietrUtraHhclosnienamssaD<br>
netatessiMrüfsawnidluhcSeidtsisaW<br>
netaregudtsiB

Ali, às portas do carro queimado, com o ex-corpo dela todo cortado, as trevas mais densas foram derramadas sobre minha lucidez. Mas uma outra lucidez instantaneamente se apoderou de minha alma, numa voz que me entoava:

Ut queant laxis<br>
Resonare fibris<br>
Mira gestorum<br>
Famuli tuorum,<br>
Solve polluti<br>
Labii reatum,<br>
Sancte Ioannes

Era meu dever limpar os lábios da mácula, talvez nunca macular-me pelo ódio: tinha a obrigação de suplantar o mais cego dos infortúnios.

zreHnehcorpsegtahlietrUtraHiMrüfsSeidtsisa
WnetaregudtsiBudtsahsawuseJretshclosnienamssa
Dnetatessawnidluhcnehcorbrevbeilüfsawni
dluhcSeidtsisaWnetaregudtsiBorpsegtahlietrUtr

nehcorbrevudtsahsawuseJretsbeilzreHneh
caHhclosnienamssaDnetatessiMr
WnetaregudtsiBudtsahsawuseJretshclosnienamssa
DnetatessawnidludtsiBudtsah

Mas uma terceira lucidez foi mais categórica em seus desígnios:
— *Quando vos indignardes, não pequeis, mas meditai durante o repouso e silenciai.*

Meditei, repousei e silenciei, conforme o ditame divino, por um ano.

A quarta lucidez foi iniciada em duas banheiras, dois afluentes do Jordão, ambos cheios de excrementos. Para que eu complete esse surto inigualável de lucidez, os demais que me aguardem.

Não adianta tentar compreender, Meritíssima. A minúcia do cálculo tem um sabor que só vingadores radicais e perfeitos conseguem sentir. A cada instante em que me aproximo deles, pareço deslizar nos vales da vida eterna, porque o prazer só aumenta e o cordão e o cajado do Mal me consolam.

Tudo virá no momento previsto, não há pressa.

O trono da razão produz monstros.

## ENCONTRO ACELERADO — IV

MERITÍSSIMA,

Permita-me relatar meu encontro, na Itália, com algumas entidades fabulosas. Viajei em outubro de 2005 para uma pequena província italiana, a fim de fazer uma higiene mental. O impacto da morte da menina estava já diminuindo na cidade — se é que algum dia existiu — e eu resolvi não mais recorrer à Justiça, após os resultados do julgamento. Já confessei que rondei alguns dias pelo Manicômio, ao qual voltei outras vezes, assim como pelas ruas da cidade. Cheguei a gritar milhões de nomes feios no meio das multidões, corri o risco de ser agredido e mesmo morto, porque de alguma forma eu queria chamar a atenção. A interpretação que se consagrou, a Senhora sabe, é que eu já não tinha mais posse de mim mesmo. Ao mesmo tempo, como não tinham base legal para me prenderem, não colocaram nenhum empecilho à minha viagem à Itália, onde acreditavam, talvez, que eu fosse ficar para sempre. Não, o meu objetivo era duplo: lembrar a semana anterior ao assassinato da menina e fazer um pacto, com a maior eficácia possível, com forças destrutivas. Um jovem músico, bem antes de mim, já havia conseguido tal proeza — e teve que pagar com a loucura e a letargia os benefícios arrancados do coração de Mefisto. Mas eu queria mais — e tinha mais lucidez que Adrian para enfrentar a situação e triunfar sobre os cadáveres dos gêmeos. O que viesse depois seria tão ínfimo quanto a própria existência sob choques irreversíveis.

Minha retirada para a Itália também deve ter causado a impressão de que eu estava em busca de reconstruir minha dignidade, o que deve ter deixado os gêmeos e os filhos da puta afins em situação confortável. Em parte, eles estavam certos. O encontro agendado com o Mentor era uma forma de revitalização do espírito, para planos mais ambiciosos que iriam se seguir. Fiquei num obscuro hotelzinho, sem atrativo algum, e em meu quarto escuro, certa noite, um ar gélido subitamente tomou conta do ambiente. Agi sem cerimônia, sem qualquer estranheza ao fantástico, mesmo porque já esperava a chegada do Mentor, perante o qual eu tinha que atuar com o senso mais realista de humanidade. Ele se sentou em uma das cadeiras da mesa, apenas uma luzinha baixa clareava a ponta do quarto. Então, sem mais formalidades, começamos a travar o diálogo.

EU — Eu venho a negócios. Vós sabeis que eu estou sem norte por causa do assassinato da minha noiva, que também era minha filha, quase esposa. Ela estava grávida de gêmeos. Os três foram mortos junto comigo. Por favor, ressuscitai-me!

ELE — Já li o teu espírito, conheço teus planos, acho compreensíveis teus objetivos, mas em nada posso intervir.

EU — Por que não, senhor? A Justiça converteu-se em uma Grande Babilônia e todos os puros fornicam com Ela. Não creio mais na promiscuidade da lei. Só vossos encaminhamentos poderão recuperar o sentido da minha vida. Quero ungir-me do néctar de Lúcifer, de Mefisto, do Demônio, do Mal, todos filhos bastardos da bondade de Deus. Quero beber o sêmen mais podre dos nove círculos do Inferno para engendrar minha alma nova. Um sêmen civilizado, da mais pura sífilis das velhas aristocracias, que vós precisais restaurar para minha felicidade.

ELE — Os teus planos me assustam, caro jovem, por causa de uma terrível metonímia. Estás equivocado quanto ao meu poder e ao alcance das minhas intervenções. Já houve um tempo em que eu podia intervir no mundo e multiplicar feridas em Jó, arrastar milhares para o abismo, atirar porcos em almas de inocentes. Mas o avanço dos homens modificou tudo isso. Cada vez menos tenho capacidade de dirigir os rumos humanos. Manhattans, Gulags, Khmers Vermelhos, chuveiros de gás sobre crianças, nada disso é do meu domínio. Os homens cada vez mais se decidem e me escanteiam. Quanto a teu pedido, é inteiramente inútil. Tenho atravessado milênios no cômputo dos extermínios e nada tem melhorado a índole humana. Já tentei evitar guerras grandiosas, mesmo porque a destruição de toda a humanidade não caberia em minha casa. O Inferno tem um limite que os homens ignoram e que tu, caro jovem, pareces também desconhecer.

EU — Mas eu não vim pedir-vos extermínio. O que eu quero é a morte minuciosa dos filhinhos de papai que mataram a menina. Se de nada isso valer, meu nome ficará na memória da cidade ao menos como alguém que teve dignidade para reagir.

ELE — Aí é que tu te enganas, caro jovem. O que desejas, inconscientemente, é ser transformado em exemplo, em culto profano — mas também sacro — para futuros pais e maridos que venham a ser afetados por algo semelhante. Tu queres, mesquinhamente, te imortalizar pela violência. E isso é uma das ingenuidades mais brutais que podes cultivar como princípio. Observa o quanto o século vinte esquartejou os seres humanos e quantos seres humanos se lembram disso ou se interessam. Sai na rua aqui mesmo, na Itália, e pergunta quantos devotos do Papa se lembram da Noite dos Cristais ou das Facas Longas — ou mesmo do cruel assassinato de Aldo Moro. Vives hoje num mundo de insuportável esquecimento das coisas, que se combina com uma insuportável repugnância à memória. Pareces viver num eterno presente e, se novos Auschwitz fossem acionados hoje, se transformariam em cinzas no próximo pôr do sol. Há esforços para se manter uma memória, mas as pessoas sentem isso como uma pressão estúpida que fere as ilusões do presente e encurta a vida mais ainda. Não te iludas, pois. Podes causar um impacto terrível — e eu já leio isto em teu coração, onde vejo correntes e algemas. Mas com pouquíssimo tempo tudo se destrói e ficarás na mente apenas de alguns afetados. O egoísmo da humanidade nunca atingiu maturidade para sair de si mesmo e viver efetivamente a solidariedade. Pobres dos cristos e dos mártires que tentaram reverter esta cláusula!

EU — Mas eu venho a negócios, meu Mentor. Não venderei minha alma, porque seria muita presunção. Eu vos dou minha alma desde já, sem qualquer cobrança, a não ser um impulso necessário para a minha meta.

ELE — Caro idealista, que inútil! Se eu já tenho a alma de Papas e Príncipes, de generais e ditadores, assim como de todos os burocratas que trabalharam para eles, tua alma vai me acrescentar o quê? Já tentei cooptar grandes genocidas do século vinte, torturadores magistrais, mas as minhas ofertas estavam sempre aquém do que eles queriam. Cheguei a um ponto de me sentir inferior e temer as iniciativas dos homens. Foi de 14 em diante — já faz quase um século — que fui atirado a uma espécie de reserva, de um plano b ridículo e improfícuo, porque a humanidade atingiu uma maioridade magnífica, sem precisar das minhas diretrizes. Quanto ao que queres, minha sentença é clara: praticar a vingança é tão estúpido quanto não praticar. É uma atitude tão tautológica e imbecil quanto o estado desnorteado em que te encontras. Já presenciei vinganças admiráveis, mas apenas como desejo de contemplação. O que queres, caro jovem, não me fascina, não me cativa, porque em nada disso vejo grandeza. A tua bela Italiana está enterrada — e isso se chama ponto final.

EU — Porém, caso eu também enterre os assassinos, poderei demonstrar-vos uma grandeza que os covardes, ao longo da história, deixaram passar. Se o mundo há de ignorar essa minha busca de dignidade, é em vós que tenho esperança de ser reconhecido, pois sei que vossa alma é acolhedora.

ELE — Em parte, caro jovem, és compreensível, embora não tenhas razão. Vieste me ver aqui, com enormes gastos, quando poderias ter-me evocado em tua própria terra. Queres imitar o jovem Adrian, o sifilítico da Esmeralda, mas a situação é bem diferente. Não tens como compor um *Apocalipsis cum figuris* ou uma *Lamentação do Doutor Fausto*, obras que revogaram milênios de tradição tonal e tiveram a ambição de superar até a beleza da *Nona Sinfonia*. Sei que queres refazer a leitura da *Litania n° 4*, de Durante, tens competência, mas algo ultimamente tem-me desviado desse comércio.

EU — Negócios, senhor, negócios, o nome é mais digno.

ELE — Sim, negócios, mas mesmo Deus fez negócios comigo, no castigo do inimputável Jó. Mas, como ia dizendo, os tempos hoje são outros. Na época de Jó, alguns amigos pararam uns dias, estupefatos, e ficaram sem fala diante dele. Na época de Adrian, alguns amigos ainda pararam para ouvir a música dele, embora muitos não compreendessem. Mesmo as resenhas engenhosas de Serenus Zeitblom são defeituosas e não traduzem a genialidade de Adrian, como deves saber, tu que és músico. Lembro que, influenciado pelo poeta Obscuro, ficaste tentado a musicar as *Lamentações de Mefisto*, o que me custou algumas boas risadas. Desculpa-me dizer, mas minha preocupação hoje é: quem vai apreciar tua obra? Seja vingança, seja música, seja o próprio enlouquecimento (que a princípio despertaria compaixão nas pessoas), quem vai cultuar o que fizeres? Por isso, querendo romper essa bolha obscura de individualismo, és tão imaturo quanto Adrian quando não acreditou na virada da ampulheta. Naquela época, dei-lhe vinte e quatro anos de criatividade notável, de genialidade infernal, ao ponto de ele vocalizar orquestras e instrumentalizar corais, o que ninguém fez na história da música! Vinte e quatro anos para inovações que a humanidade joga a cada dia no lixo. E tu achas que teu empenho sobreviverá por quatro anos ou mesmo por vinte e quatro horas? O consumo, jovem idealista, foi canonizado como o deus-mor dos homens. As pessoas não conseguem transpor as correntes do imediato! Já vejo em teu coração correntes inúteis, com corpos pendurados, com mutilações terríveis, que não me atraem nem me encantam. Meu novo projeto para a humanidade seria um grande esforço para conservar a memória, porque o excesso de extermínios me diminui e me inutiliza. Mas te digo de coração: não tenho obtido êxito. Os homens, finalmente, se emanciparam. Se vens de tua terra evocar-me aqui para algum efeito especial, para alguma magia diabólica, isso é um equívoco crasso, do qual só Deus pode livrar-te.

EU — Não, não quero envolver Deus nessa questão. Eu compreendo com muito carinho a posição dele ou, quiçá, uma impotência como esta de que quereis me persuadir. Não acredito, entretanto, em vossa inércia. Dai-me força, dai-me um sopro na alma, enchei-me de entusiasmo, para que eu possa rezar, evocando-vos: "Mefisto é minha paz!" Não vos venho pedir competência ou genialidade, como Adrian, mas coragem. Sou tentado a cada minuto pela desistência, pelo terrível esquecimento de que me falais, e sinto nisso uma dor mais humilhante do que tudo que já sofri. Pelo visto, é provável que tenhais estado no velório da menina, durante o qual eu cantei uma das músicas mais belas de todos os tempos...

ELE — Sim, o largo magistral de Bach... Não tenho vergonha de dizer-te que a cena me rendeu algumas lágrimas, sobretudo quando li em tua mente a convicção de que uma composição daquele porte não pode ser obra humana. Deus, de fato, é responsável por essa proeza. Não tenho qualquer inveja dele por isso. Minha briga com ele não era por criação, mas por disputa dos produtos. Mas, de forma arrasadora, a humanidade decidiu fazer meu papel. Os homens castraram tanto a Deus quanto a mim. É infantil achar que a Grande Babilônia está apenas sem Deus. Eu estou — e, pior, me sinto — completamente ausente das ações dos homens. Ninguém mais me evoca para fatos colossais como holocaustos e destruições nucleares. Os homens já têm tudo em minúcia, o que tem anulado drasticamente o sentido do meu Inferno. O que vens me suplicar, pois, é insignificante.

EU — Não sejais tão categórico, Mentor. Sempre vos achei mais aberto que Deus para a criatividade, para o imprevisível, para a beleza epicúrica dos acasos. Sempre vos concebi como o grande quebrador de dogmas, a primeira alma a ter coragem a romper com Deus e criar suas próprias metas, disseminando Édens envenenados de ilusórias doçuras. Quanto a isso, ainda mantenho minhas convicções. O que me assalta no momento é uma terrível fraqueza no que tange ao enfrentamento dos inimigos. Eles são ricos e poderosos, de influência fatídica sobre a polícia e milícias corruptas, todas comandadas pelo dinheiro de Guilherme Tell de Abraão Eli. Já sabeis, pela vossa onisciência, que venho fazendo pesquisas minuciosas a respeito deles. É preciso conhecer o inimigo para enfrentá-lo, afinal. Esta é uma das vossas gloriosas lições, que carrego na alma como um Livro das Revelações particular. Não posso, pois, admitir que não ireis me ajudar em meu novo projeto. Se me resta algum sopro de vida, algum túnel no fundo da luz, é colocar em prática o meu plano contra a racinha deles. Meu recurso a vós é apenas uma busca de respaldo transcendente, ainda que essa transcendência infernal já esteja gravada em meu coração.

ELE — Acabas de mostrar, caro jovem, uma soberba tão perigosa quanto a da humanidade nos últimos tempos. Tua mesquinhez é incompatível com minha noção de progresso. A exemplo de Prometeu, sonhei com uma humanidade ávida por conhecimento e autossuperação, mas sem barbárie. A barbárie, entretanto, vem dirigindo todos os progressos — e esse abominável paradigma tem desafiado minha capacidade de guiar para o bem meu belo rebanho. Deus criou a humanidade para idolatrá-lo; eu quis dividir a humanidade — daí um dos meus nomes — para que cada um atingisse seu próprio fim. As célebres composições de Adrian não são invenções minhas. Eu apenas proporcionei a ele o isolamento necessário para esse trabalho incomparável. A rigor, e não me sinto menor diante disso, o que ele inova na música, muito mais que o sistema de Schoenberg, pode ter sua origem — ainda que disfarçada — na própria criatividade de Deus. Não me sinto responsável pelo

que ele criou, mas por dar-lhe apoio para ir além, para o além-
-homem, o *Übermensh* tão pouco entendido e tão distorcido
pelas malícias humanas. Refiro-me à ação corrosiva das massas
nos últimos tempos, das massas que não pensam a não ser em seu
pedaço de pele, massas que não agem a não ser pelo medo, e em
nome disso atingem qualquer objetivo. Adrian era uma exceção
raríssima a essa ética maligna — e por isso sucumbiu à loucura
e ao suicídio do silêncio, do esquecimento e do autoesqueci-
mento. Lembras que ele já não reconhecia Serenus Zeitblom, a
exemplo de algumas figuras patéticas de Albrecht Dürer, desnor-
teadas pelo Juízo Final. Adrian, o baluarte da individualidade
autêntica e autônoma, acabou dependendo de parentes até para
beber água, como uma criança tola. Esse resultado, caro jovem,
não foi atribuição minha. Creio que Deus também passou ao
largo desse destino. Forças humanas, amparadas em massas ir-
racionais, desfiguraram Adrian para o aquém-humano, para um
bestial *Untermensh*, só tolerado, sob disfarces, por alguns raros
filantropos. Serenus Zeitblom narra os últimos momentos dessa
mediocridade, mas não chega ao cerne dela, com medo de ser
descoberto e dedurado pelos seus próprios filhos. O desastre de
Adrian, pois, nada tem a ver com minhas aspirações. Da mesma
forma, não vejo prudência no que desejas.

EU — Como vindes vós, senhor, falar-me de prudência? Não
me refiro a vossas empreitadas pelo mundo, mas ao próprio
mundo que, como observastes, já não teme nem permite vossas
intervenções. Vói e Tila são dois jovens carrascos que merecem
ser contidos. Eles retalharam o corpo da menina, incendiaram
parte do carro — e vós me falais de prudência? A Justiça fez um
julgamento — na verdade, uma sabatina na qual eles ficaram
calados, como prevê a lei —, um julgamento mais ridículo
que a própria formalidade da lei — e vós me advertis sobre a
necessidade de prudência? Quantos juízes não foram calados
por Benjamin Franklin? Quantos burocratas usaram apenas de
sua canetinha para carimbar papéis, desconhecendo em absoluto
o sofrimento, o latejar da carne na alma, a dor indescritível
da perda? Esta é minha situação, Mentor, e vós me chamais
a atenção sobre prudência? Não estareis vós a ser imprudente
quanto ao que eu sinto?

ELE — Se queres um amigo, cativa-me. Mas não estás sendo capaz de convencer-me. O que queres não tem arte, é algo muito restrito, de uma dor muito particular, que queres transformar em modelo de ação. Torno a dizer que isso é mísero — e a indigência de teus planos não condiz com o que idealizo para a humanidade. Vói e Tila já estão mortos em teu coração, vão morrer de forma humilhante, é verdade. Mas já paraste para mensurar a repercussão desses fatos? Acreditas que as meninas que dançam com eles nas boates — todas loucas por fama, quinze segundos de tevê, capas de revista, programas fáceis de ascensão — vão chorar por muito tempo as mutilações que fizeres com eles? Achas que Guilherme Tell de Abraão Eli terá muito tempo para sentir a morte dos filhos? Ele é um homem de altos negócios, de transas internacionais, de grandes gamas de Franklin pelo mundo. Não que a um homem desse porte não sobre uma gota de sentimento. Sim, mas é uma gota. Ainda que Guilherme Tell de Abraão Eli venha a enlouquecer e desfigurar-se, outros ocuparão o lugar dele, com outros filhos tirânicos, em uma escala de tempo cada vez mais rápida e avessa a reflexões. A humanidade decidiu ser assim — e eu não tenho tido competência para colocá-la nos eixos. Na minha casa tem muitas moradas, mas elas não comportam o excesso de matanças e tiranias que vem se acumulando no planeta. Obviamente, queres destruir alguns poucos. Em teu caso, a questão não é de quantidade, mas de qualidade. O objetivo vazio é que me assusta, além da inutilidade da vingança. Tens inteligência para compor, transformar tuas dores em música, dar a volta por cima através da arte. Com isso, é provável que tenhas muito mais respaldo das pessoas. Sê prudente.

EU — Não posso concordar convosco, caro senhor, por causa de algumas inconsequências que me apontais. Em primeiro lugar, quereis que eu transforme a dor em arte, por uma questão ética de sublimação e superação do sofrimento. Em segundo lugar, vossos conselhos apontam uma concepção de arte como instrumento, como meio de terapia, o que é falso e drástico ao mesmo tempo. Falso, porque o sofrimento é físico, não imagem ou conceito. Drástico, porque tal positividade é anticrítica e destrutiva para a arte, ainda mais levando-se em conta o meu histórico de maestro.

ELE — Ora, ora, ora, ora, caro jovem! Queres seguir preceitos de Schopenhauer — ou seja lá de quem for tal ideia de que o sofrimento é físico. Não há nada no homem que não se dilua em palavras ou na destruição engendrada pelo tempo. O esquecimento — esta é a questão central — tem sido estupidamente acelerado, ao contrário dos tempos de Jó ou de Adrian. Ainda mais, é muito pobre pensar que a arte pode fugir à sublimação. De que forma Albrecht Dürer iria abrandar suas inquietações com o final dos tempos, a não ser com as gravuras magníficas que ele compôs? De que forma Adrian iria conviver com seu próprio desejo de além, suas ambições quase sobre-humanas, a não ser com as músicas ininteligíveis que ele fez? Deus mesmo sublimou sua solidão com a criação da humanidade. Eu mesmo sublimei minhas inquietações com a rebelião contra Deus, a fim de ser independente e criar o meu próprio mundo. A sublimação é um escape para abrandar instintos maliciosos cuja incessante energia nos desafia a toda hora. O que percebo na humanidade, como já enfatizei, é que ela já precisou antes de tutela. Hoje, já há quase um século, essa necessidade tornou-se obsoleta. Eu me sinto tão obsoleto quanto o Criador. Eu me declaro tão deslocado do mundo quanto o próprio Supremo. Nossas decadências se complementam em uma unidade perdida. Deverias compor um réquiem para a nossa extinção. Isso é bem mais prudente e verossímil.

EU — Imprudência e inverossimilhança, senhor, são a omissão e a covardia. Estou afetado na carne, no físico, porque a dor não é nota musical. Nenhuma perda como a que tive é uma clave de dó. Não há baixo contínuo que seja fiel à monotonia de uma dor permanente e eterna, que se repete a cada minuto. Não há fuga que represente a descontinuidade entre o que fui — o pouco que fui — e a miséria ímpar a que me reduziram. Schopenhauer pode ter sido realista, mas a dor é muito mais. E vós esperais que eu aja com elegância e educação? Eu pensava educar-me definitivamente com vossos mandamentos, mas estou decepcionado. A Italiana será exumada e os gêmeos vão experimentar da carne dela! Eu vos adianto esse segredo e, se quiserdes, podereis confessá-lo a eles, para que se armem e nossa guerra seja mais brutal. Contudo, apenas a morte fulminante me desviará dessa meta. Dizei a eles — se esta é vossa intenção — que eles vão experimentar do corpo da Italiana. E que eu estarei apenas obedecendo aos desejos dos seus corações. Vou fazer dos dois — e de outros que venho pesquisando — um conjunto de deformações que nem o surrealismo imaginou.

ELE — Esta tua empáfia, pobre jovem, apenas reproduz uma empáfia maior, que está levando a humanidade à autoperdição. Que irás ganhar com tal empenho? Por que não insistir na Justiça ou apenas reconhecer que há um fato imutável a que não podes dar jeito?

Nesse momento, Meritíssima, surgiu Avida Dollars com seu brilhante jaleco e sua formosa bengala. Esfregou os bigodes com os dedos e ficou, de início, apenas ouvindo nossos diálogos. Na ponta mais escura do quarto, enquanto a noite se aprofundava, senti que outra entidade muito especial vinha completar o encontro.

ELE — Como já te advertiu o pintor, deves ser moderado.

EU — Há algo de podre nesse pedido de moderação. Não penseis que desconheço vossas astúcias, Mentor, sobretudo as contradições propositais e as mentiras, como as que usastes contra Damien Karras. Sois essencialmente mentiroso! A Gretchen, Fausto e Adrian prejudicastes pelo excesso de ações; a mim, quereis prejudicar e desmoralizar pela inação. Esse apelo traduz bem a perniciosidade que eu esperava encontrar para me dar apoio, mas estais a escondê-la, talvez tramando algo contra a minha razão. Minha cidade inteira já pensa que estou louco — e apenas em vós vim procurar consolo. Tive apoio espiritual de Górgona-Húmus e do poeta Obscuro, mas era em vosso coração, Mentor, que eu esperava ver o transbordamento de filantropia. Acreditei no Mal Absoluto que iríeis me recomendar, me ensinar, disseminar em meu sangue, mas todo esse sonho caiu por terra. Estou vendo que de fato sois um mentiroso, um ladrão de consciências, um cínico que confunde sua clientela mais heterogênea.

ELE — Oh, não te exaltes tanto, jovem! Cínico seria enganar a mim mesmo e lutar por uma causa perdida, como a tua. A

Italiana é uma porção de carnes mortas — *und das ist das Ende*! Pensas que vais além disso?

EU — Não quero ir além disso, Mentor, mas deixar no mundo alguma marca. Vou fazer com eles uma brutalidade tão magnânima, que é possível que nem vossa consciência seja capaz de prever ou intuir. Guilherme Tell de Abraão Eli tem escravos em abundância para me sequestrar e me destruir. Mas resistirei até a última célula, não pela moderação com que me ofendeis. Sim, eles vão me matar. Mas já encontrarão os dois playboys mais danificados que fetos triturados em clínicas clandestinas. Deixarei no mundo uma marca — que poderá durar quinze segundos de memória e imortalidade, mas será uma marca, não uma omissão.

ELE — Damien Karras tinha uma causa nobre: libertar uma criança contra a qual eu nada tinha, mas era o alvo necessário para eu atrair o velho Lankester Merrin. Isso é admirável e foi um sacrifício valioso. Gretchen e Fausto tinham planos extraordinários e ainda me desafiaram pelo amor — obviamente, um amor ingênuo, mas amor. Adrian não teve uma bela Gretchen, mas uma prostituta que lhe transmitiu a doença fatal, seguida de uma loucura que se sedimentou em um contexto sombrio. O próprio recolhimento interior de Adrian, a alienação absoluta de que não pôde sair, pode ser lido como resistência à banalização do mal que, protagonizada pelas massas, me fere e me diminui. Como vês, todas essas ações são causas nobres, embora a humanidade não valorize. O seu valor intrínseco, entretanto, é inquestionável — e eu estaria sendo cínico e ladrão de consciências se não considerasse esses méritos. O teu problema, caro jovem, é que a violência que planejas não é uma ação nobre nem terá crédito das pessoas. Serás duplamente inútil nesse *nonsense*. Os quatro cavaleiros de Dürer são mais sóbrios do que tu. Os canibais de Dalí, que se comem mutuamente, são mais valiosos que teus sonhos empobrecidos. Por isso, torno a te aconselhar: sê prudente e moderado.

Não posso descrever com precisão, Meritíssima, o momento em que minha belíssima Italiana entrou no quarto e sentou-se à mesa. Não tenho muita nitidez dos fatos — muito menos da ordem dos acontecimentos. O essencial é acreditar que aconteceram, que os delírios são reais, que as alucinações são mais reveladoras do que os fatos, como os vaticínios de Patmos ou o encontro de Adrian com o Mentor, que eu estava tentando reproduzir. Quando ela sentou, lembrei dos gritos isolados que o solo dela ia soltar em breve, para chocar toda a cidade com a execução de trechos do *Apocalipsis cum figuris*. Lembrei, com o coração nas mãos, o que descreve Zeitblom sobre os gritos isolados que fogem do entrelaçamento das vozes dos naipes: são uníssonos antimusicais que contrastam radicalmente com as linhas melódicas e com as múltiplas harmonias e chegam ao público como sons caóticos e inarticulados, sem tonalidade suficiente, sem progressão e sem repouso. Tais sons antissonoros, no dizer de Zeitblom, têm seu protótipo na resposta "Barrabam!", da *Paixão segundo Mateus*. Nesse instante, quando ela sentou perto do pintor, tive que conter as lágrimas, não por vergonha, mas para não sofrer uma segunda derrota para o Mentor.

ELE — Não te contenhas, jovem. É melhor que chores. Afinal, tudo isso aqui é ilusão e minha própria *presença* é inútil, porque já decidiste o que vais fazer. A ti nada acrescento, como há tempo renunciei à humanidade e ao mundo. Para dizer a verdade, o mundo me baniu. E não penses que vou agora retornar apenas por ti, apenas por esta morta que aí está — uma causa tão fútil. Já não sou protagonista de grandes investidas, já não sirvo para nada. De tua parte, és um Esmeraldo doente de vingança — sentimento tão banal —, um hetairo em busca de parceria criminosa e concupiscente. Teu apetite para o mal não me seduz. Busca outro, pois estou cansado e desiludido. Não queiras me esgotar uma segunda vez.

PINTOR — O mais importante, se vocês permitem minha participação, é a consciência plena de que nada disso está acontecendo. A Italiana, que aqui está, na verdade está enterrada há vários meses. O Mentor é o cerne do nosso inconsciente. Eu morri em janeiro de 89, quando o mundo ainda era dividido por um muro. Muita coisa mudou, a não ser a paixão dos homens pela intolerância. Próspero, se tu me permites... Deves comungar com o Mentor: o esquecimento é a única saída, não ficar remoendo a mesmo dor, o que só gera trauma e espalha síndromes de desconforto. Mesmo o Mentor, como supões ver, reconhece a necessidade de um limite. Se não fores por essa ética, serás tão irracional e precipitado quanto os filhinhos de papai que tanto odeias. Volta para tua casa, vai ouvir Bach e Durante, faz tuas sagazes paródias, tuas misturas de gêneros, provoca teus contemporâneos, mas tudo no plano da arte, não na violência física.

EU — Caro pintor, com todo respeito... Seu mundo se reduz a imagens. Por genial que seja, você não passa de esboços, desenhos e imagens. O sofrimento, que abomina o conceito, também não se reduz a esboços. O desenho de uma perda não é uma perda. As imagens jamais substituem o real.

PINTOR — Tens certeza de que existe o real? Como estás dialogando comigo na Itália, no outono de 2005, se estou enterrado na Catalúnia desde o inverno de 89? Isso nada tem de fantástico nem de fabuloso. Isso é o real, embora seja rigorosamente irreal.

EU — Pelo visto, você quer imitar a consciência cínica do Mentor. O objetivo é me confundir com paradoxos e impelir-me à desistência. Os dois quereis levar-me à exaustão, para que eu nunca chegue a Canaã ou ao Santo Graal. Pois sabei, desde já, que o meu Santo Graal está duplicado e tudo já está definido. Canaã me abraçará em breve, ao longo de quatro dias, ainda que eu corra o risco de amanhecer morto no quinto. Mas são possibilidades que devo percorrer, ao invés de ficar nessa pobreza inerte que os dois esperais de mim.

PINTOR — Vais até o fim?

EU — Eles já foram até o fim. Eu vou apenas recomeçar, para que as coisas não se apaguem. Você tem noção, Avida Dollars, do que são os recitais e os solos de Bach que ela ia executar para o mundo? Mas ela é que foi executada. Apagaram para ela as lamentações dos coros, apagaram as artes, apagaram o amor, apagaram a luz eterna de Órion, apagaram as plêiades, apagaram os hieróglifos, apagaram as pirâmides, apagaram as maravilhas do mundo, apagaram os jatos multicores das estrelas, apagaram as partículas e os calcários de Gizé, apagaram o lirismo de Jó, apagaram os quinhentos rios do *Finnegans Wake*, apagaram os solilóquios de Hamlet, apagaram os crânios de cristal dos astecas, apagaram a beleza de Quetzalcoatl, apagaram o entusiasmo de Kretzschmar, apagaram a *Quadragésima* de Mozart, apagaram *O*

161

*Messias* de Haendel, apagaram o *Adágio* de Albinoni, apagaram, apagaram, apagaram...

PINTOR — Não adianta diálogo com ele, Mentor, porque ele já está em estágio avançado de putrefação mental. Não quero acreditar que o resultado disso seja obra tua.

ELE — Esta seria a suspeita mais inverossímil a meu respeito. Se alguém tiver acesso a nossos diálogos, vai achar que eu sou o grande conspirador, capaz de premeditar e tramar distorções de consciência desse tipo. Não, não suspeitem de mim. A única verdade aqui é que esta jovem está morta — *et plus rien*. Não sou mentiroso nem cínico, mas apenas realista. É nesse sentido que sempre quis encaminhar a humanidade, contra a subserviência a Deus. Mas os homens me derrotaram. Preferiram aderir a subserviências muito mais eficazes que as imposições divinas. A escravidão mundana tornou-se celestial. Se eu sofresse esse tipo de cerco, juro a vocês que o pecado não me atrairia, como hoje não me atrai mais qualquer investida, que os homens têm em estoque no coração.

ITALIANA — É verdade que estou retalhada em um caixão?

PINTOR — Rigorosamente. O que está aqui não é sequer sua imagem, mas um desejo incontrolado de Próspero.

ITALIANA — Eu estou morta? Mas o que fiz?

PINTOR — Dizem que as almas sem consciência da morte ficam vagando pelo mundo sem entendimento. Mas você, querida, é apenas uma expressão da libido. O que você disser é previsível e acabará em uma das minhas telas.

EU — Apagaram as músicas litúrgicas, apagaram Nunes Garcia, apagaram Lobo de Mesquita, apagaram a canção de Siruiz, apagaram todas as escalas, apagaram o *negro spiritual*, apagaram as máscaras afro, apagaram os dialetos negros, apagaram a música dos quilombos, apagaram as lamentações de Jeremias, apagaram o 4'33" de Cage, apagaram as conchas de Botticelli, apagaram as antífrases e os tigres borgianos, apagaram as galáxias de Haroldo, apagaram os refrãos dos responsórios, apagaram os atos penitenciais, apagaram os trapézios estelares, apagaram os sonhos de Kurosawa, apagaram o Cabo da Boa Esperança, apagaram as músicas dos monges, apagaram os púlpitos eclesiásticos, apagaram as catedrais e as capelas, apagaram os quipos incas, apagaram a cerâmica marajoara, apagaram os uníssonos dos pássaros, apagaram os compassos dos beneditinos, apagaram o silêncio musical dos eremitas, apagaram os cuneiformes e as harpas, apagaram, apagaram, apagaram...

ELE — Ora, jovem, que postura egoísta! Deixa essa mania de te achares o centro do mundo. Narciso já caiu muitas vezes, não apenas três. Te lembras da frase de Oppenheimer na manhã de 16 de julho de 45? Eu estava lá, diante do artefato, e nada pude fazer. Energias daquele porte não eram mais do meu domínio. Ainda lembro de Fermi colocando uma folha de papel sobre uma mesa, para medir a reverberação das vibrações. Foi uma revelação tão sombria, que Oppenheimer, contrariando toda a lógica, tornou-se, logo depois, um pacifista. Mas já era tarde. Então concluí que minha nova estratégia para os homens viria disso aí: apregoar a paz. Como já disse, o Inferno é restrito para tantos cadáveres, para o cadáver do próprio planeta. Tentei imitar o gesto de Oppenheimer, mas já era tarde. A paz tornou-se o inferno impossível e inóspito dos homens. Não que eles não queiram a paz; mas porque, tragicamente, eles não podem estabelecê-la. Milhões de bocas dependem da produção de armamentos. Milhões de bocas são alimentadas pelos cogumelos ou por peças afins que elas fabricam e sequer têm consciência nítida. Nessa obscura lógica, a guerra tem que existir para o próprio conforto das famílias. Muitas almas são pulverizadas por inocentes trabalhadores que criam a destruição em série. Seja 16 de julho, seja 6 ou 9 de agosto, essas datas já se foram, mas os aparatos que as criaram continuam se avolumando. Achas tu que é um mero acaso a existência diária de chacinas? Não achas tu que isso é o fundamento do nosso cotidiano, inclusive do nosso encontro aqui? Nesse caso, qual a legitimidade do pedido que me fazes? Não achas que estás me afrontando com tentações impúberes?

ITALIANA — Mas eu fiz algo?

PINTOR — Creio que ela esteja demente. Não conseguiu ainda tornar-se ciente de sua extinção.

EU — Apagaram os arcos góticos, apagaram Guido d'Arezzo, apagaram as linhas de Pitágoras, apagaram os experimentos barrocos, apagaram as flautas e os oboés, apagaram as crianças, apagaram as mais belas fruições, apagaram, apagaram, apagaram...

ELE — Nem Riobaldo — o mais superficial dos Faustos — foi tão incompetente. Eu estava nas Veredas Mortas e ele não me captou. Foi incapaz de ver que eu já havia cooptado a alma da amada dele, até então um obscuro e indefinível amado, que se acaba numa batalha a faca, numa falsa bela morte... Para que tanta mania de desentendimento?

EU — Mesmo com Riobaldo e Diadorim ainda agistes, ó Mentor, de forma coerente. Diadorim é morta, mas o fim dela, ao contrário do que dizeis, não foi em vão. Gerou toda uma narrativa complexa que vem se mantendo no tempo. Riobaldo é imbuído da construção dessa memória, que figura dentre as mais singulares dos últimos tempos. Quanto a mim, estais me negando a ação e a própria memória. Desejais que eu me recolha como um inútil em um canto de quarto, como uma solitária privada, ou simplesmente me entregue às trevas do esquecimento. Não, não vou obedecer-vos no que tange à covardia! O mundo verá que não serei omisso.

ELE — Jovem, presta atenção: quantas pessoas neste mundo já leram as memórias de Riobaldo? Quantas já leram os registros de Zeitblom? Este é um problema crescente na decadência da humanidade, sobretudo depois da capitulação vergonhosa das massas. Houve um tempo em que a política para as massas era "pão e circo". Hoje, basta "circo e circo". O pão foi retirado e substituído por ludibriações, grandes festas promíscuas, carnavais gigantescos e poluidores. Ninguém mais se distingue nessa velocidade niilista que não tem meta alguma como fim. O fim de tudo está no começo, no instante, no agora. As massas, cada vez mais imundas, não suportam planejar nada, ouvir uma música um pouco mais lenta, ver um filme que leve à reflexão. Pior que isso: estão engajadas na produção de materiais que envenenam a elas próprias. Quantos operários param para pensar quando fabricam uma bala ou uma ogiva nuclear? Quantos de Manhattan sabiam que iam derreter crianças em segundos? Ah pobres Kants, pobres Hegels, pobres Marxs! Hamlet lamenta a penúria de Yorick e eu estendo esse lamento, com muito mais gravidade, a esses idealistas! Acreditar que a história da humanidade é a história da liberdade? A história da humanidade é a história da escravidão. Escravidão em porões e senzalas, escravidão em galés e coliseus, mas também escravidão sutil, imperceptível, dissolvida no cotidiano como um néctar cativante, como se os leões de Vespasiano fossem os próprios redentores dos escravos. As massas são escravas de si mesmas e não desejam ir além disso. Recolhe-te, pois, à prudência dos sábios e reconstrói tua vida dentro do pouco que resta de humanidade, antes que a demência te consuma.

EU — A demência já me consumiu há meses, Mentor, desde a noite de 02 de abril. Mas a demência mais patológica, nesse caso, é o culto à covardia a que quereis me conduzir. Vós e o gênio das telas estais em um uníssono estúpido para quem ainda crê em polifonia. Com o recolhimento, estais desejando ver-me reduzido ao nada, a uma obscura linha reta de Demócrito, quando eu sou adepto das curvas de Epicuro. Quereis tornar-me um demente devorado pelos homens de Medeiro Vaz, quando eu prefiro tomar partido pela força de Hermógenes. Acredito que terei de fazer um pacto com Deus, ainda que infernal e rebaixado. Não queria envolver o Supremo em minhas metas, mas estou sendo impelido a isso por vossa omissão.

PINTOR — Apesar de algumas conexões possíveis, apesar de eu tanto cultuar as desconexões, acho um tanto vago e estéril esse tipo de pensamento. A menina está morta — e isso não tem retorno. Sou surrealista, mas a lucidez prepondera em todos os meus riscos. Por que matar os gêmeos, se nem tens certeza se foram eles os assassinos?

ITALIANA — Não foram eles? Foram eles!

PINTOR — O depoimento dela é o mais suspeito, não por ser a vítima, mas por partir diretamente de teu inconsciente. Esse tipo de paranoia acarreta enfermidade aos miolos, não a santa paz das realizações artísticas.

EU — Senhores, sou de uma família muito pobre, nem queirais saber. Inúmeras madrugadas me foram cortadas, inúmeros sonos não foram completados, para eu trabalhar em condições miseráveis. Apaixonei-me cedo pela música e nunca tive apoio de ninguém da família. Tive que ganhar o mundo sozinho. Minha paixão era tanta que, guardadas as proporções, certa vez fiz uma caminhada como a de Bach, apenas para ouvir um Mentor. Passei no concurso para a Universidade, logo após a formatura. Logo despertei desafetos, por querer tudo pela competência, não pelo jeitinho brasileiro nem por improvisações. Quando parecia estar no auge, ainda solteiro, conheci uma linda mocinha em um coral de orfanato. Dei a ela, em menos de três anos de adoção, uma cultura erudita, europeia, da melhor tradição ocidental, sem renegar outras contribuições e outros modelos. Mas sempre dei a ela uma cultura superior, o que talvez ela não tivesse se fosse adotada por um casal de ricos. Os ricos costumam mandar os filhos para Disneylândia, para a santa promiscuidade do turismo ignóbil, do qual nunca compartilhei. Dei a ela uma formação rigorosa de valores. O que eu não previa era passar da condição de pai para apaixonado, de homem que adota para homem que ama e deseja. Ela me correspondeu com naturalidade e enfrentamos, por isso, as piores reações. Mas nos impusemos aos medíocres pela competência intelectual e artística. Poucas adolescentes em meu país tinham a preparação que ela tinha em música sacra, especialmente da liturgia católica e da portentosa tradição luterana. Estudamos algumas noções de latim e alemão para afinarmos as vozes com as pronúncias adequadas. Um quadro de Avida Dollars me despertou uma composição para coral, com dois solistas, um baixo, outro contralto. Íamos casar logo após a cena chocante do beijo canibal. Estava tudo sistematicamente preparado. E aí... Que pensais vós? Depois de tanto esforço... depois de toda uma vida empenhada em arte... Dois filhinhos da puta — e outros mais — destroem tudo em uma noite... Ah, e o célebre julgamento? Minha causa é menor diante dos desastres massivos? Que imbecilidade é esta que privilegia sempre essas massas idiotas e renega o trabalho de indivíduos que querem demonstrar inteligência? Que avaliação ridícula é esta que me apresentais? Se minha insistência é cega, que a luz nunca me chegue! Se a luta por um mínimo de dignidade é diminuta diante do destino das massas, que essas massas apodreçam de vez, sejam exterminadas, sejam acumuladas num segundo Inferno, porque o primeiro já me pertence! Se meu egoísmo está no centro do universo, que Copérnico nunca nasça para mim! Eu vou levar adiante o plano minucioso que corre em minhas veias!

ELE — Vai, Leon Naphta, o universo é teu.

ITALIANA — O universo é de quem?

PINTOR — Muitos Settembrinis vão gargalhar da demência de vocês.

EU — O pior é que eu tenho esperança.

ELE — Quando os normais falam de esperança, todos os loucos gargalham dentro dos hospícios.

ITALIANA — Mas que hospícios?

EU — Minha linda Karol, quem te apagou as palavras?

ELE — Depois de alguns milênios de peripécias, cheguei a algumas deduções relevantes. O homem é a medida de todos os males. É o único ser sem alma e com inteligência reduzida. A maioria sempre é apática, flagelada e sorridente. É a plebe dos animais. Os cavalos inteligentes de Swift tinham razão: os homens são equívocos de Deus, criados para contaminar a natureza. Não conseguem dar trégua à brutalidade e só se solidarizam nas pestes e nas guerras. Todas as eras humanas foram Idades das Trevas. Em dez milhões de anos, quando a Terra for um planeta morto, virá a melhora. Tenho muita esperança nessa evolução. Será o despertar para a harmonia.

ITALIANA — Que harmonia? É verdade que estou morta? *Oh brave new world!*

PINTOR — A demência é um eterno retorno.

EU — O exemplo é você mesmo, Avida Dollars, que retorna a cada cena em que me encontro, para me aconselhar coisas inúteis.

PINTOR — Não, eu retorno apenas para dizer que nada disso está acontecendo. Infelizmente, resistes a acreditar no óbvio.

EU — Outro exemplo sois vós, Mentor, que sabeis atacar a fragilidade dos ambiciosos. A renúncia às tentações no século vinte é uma demonstração de pobreza de espírito.

ELE — Caro jovem, deixa-me contar-te uma pequena fábula, cujo título é "O escárnio de Settembrini". Permite-mo?

EU — Se nenhuma ampulheta foi virada contra mim, não me preocupo com o tempo.

ELE — Era uma vez um jovem idealista chamado Ludovico — que poderia ser Zaratustra, T.W.A., Benjamin. Ele queria seguir seus próprios projetos, sem compartilhar dos maus gostos das massas. Um dia foi sequestrado pelas forças do Líder Uno, que queria que todos tivessem o mesmo gosto. Condenado por traição, Ludovico foi acorrentado na Praça das Pedrinhas Coloridas para ser assassinado. Ele despertou más-iras, más-fés e más-caras. Foi apedrejado pelos Fanáticos Moderados, que foram repreendidos pelos Radicais, que foram repreendidos pelos Mais-Radicais, que foram abençoados pelo Líder Uno. Identificado com o Demônio, voou para baixo da Terra, cheio de rombos de pedradas, assustando os micróbios. O Líder Uno, com seus Apóstolos de Pedra, tinha a maleável intenção de dominar o mundo e apedrejar o cérebro dos dissidentes. De velhos a recém-nascidos, os que recusassem uma linha de seu Programa Filantrópico receberiam tijoladas em público. Assim, muitos muros foram derrubados para a produção das Divinas Armas, sempre de plantão para a instauração do mal-estar, que era o bem-estar, que era, a bem dizer, o mal-estar. Mal havia passado a última Epidemia dos Bens, em que os últimos índios e mendigos foram beneficiados por enforcamentos a domicílio, o Líder Uno preparava outra. O ato do apedrejamento, bem mais artesanal e humano, mais econômico e construtivo, moía os condenados até o âmago dos miolos. O apedrejar, sem margem de erros, ainda despertava sensações estéticas nas massas excitadas. Os escolhidos, certos da simetria da morte, sentimento perdido nas incertezas do século, voltavam a ter esperança no sucumbir final. Muitos acolheram os tijolos com alegria nos olhos. A ressurreição, no estômago dos tapurus, dava-lhes o prazer de uma Montanha Mágica.

EU — Que quereis com essa alegoria simplória, ó Mentor?

ELE — Quatro quintos da humanidade foram apedrejados. Gseven, o Líder Uno, Senhor de Todas as Forças Brutas e Brandas, Colonizador de Todos os Neurônios, só queria quebrar os muros entre os homens e impor a ferro, com suas mãos de fada, o Modo Único. Subservienciou a Terra, impôs-lhe, com belíssimas ogivas, rotação contrária, mandou explodir seu Eixo Imaginário. Cada um era inimigo potencial das Leis do Bem.

ITALIANA — Leis do bem?

PINTOR — Meu Deus, como isso dá pena, ainda que ela seja apenas uma sombra... O eterno retorno de um desejo paranoico é implacável.

ELE — Ludovico, nosso herói, foi o último a contrariar as Leis do Bem de Gseven. Para glória da humanidade, já reduzida a um quinto, morreu de tijoladas no dia de seu aniversário, 11 de setembro, nas mãos da Estátua da Liberdade. Seus estilhaços foram dispersos nas estrelas, como poeira cósmica, para não restar meia lembrança de sua resistência. E as novas gerações, decrépitas e decápitas, sem vínculo com o passado, apodreceram no presente...

EU — E daí?

ELE — Isto, senhores, é a súmula do século vinte, o segundo mais infame da história. O primeiro ainda virá.

PINTOR — Para bom entendedor... O escárnio merece uma tela.

Súbito, Meritíssima, minha linda Italiana, com metade de Órion no rosto, com os esfaqueamentos nos seios, começou a sangrar e a cantar. Eu esperava algum réquiem de Bach ou Mozart, em uma atitude de autocompaixão, para despertar a sensibilidade dos outros dois. Mas, incompreensivelmente, ela se pôs a cantar "Palavra de mulher", de Chico Buarque. O destaque dado às repetições, especialmente à locução final, foi o suficiente para me preencher de convicções, já que eu vinha sendo esvaziado pelo Mentor. Talvez o trabalho diabólico dEle, refleti depois, fosse cooptar minha alma para a anulação, para o recuo, para meditações que atrofiariam minhas mãos. Talvez Seu plano fosse paralisar-me o próprio pensamento, reverter-me a razão, evacuar-me de mim mesmo. Lembrei-me da mãe de Damien Karras, que se encarna na menina. Lembrei-me da astúcia de ausentar-se das Veredas Mortas, já tendo escolhido outro alvo que o pactário não imagina. Lembrei-me da demência de Adrian, logo após cair do banco do piano. Nenhum artifício semelhante me afetaria, a menos que — pensei também, ao ponto de quase enlouquecer — a morte da menina já tivesse sido obra dEle, para que eu um dia Lhe recorresse. Nisso estaria minha humilhação máxima, seguida da tomada de consciência de que os gêmeos não eram culpados, mas apenas meios obscuros usados por Ele, como já fizera em Washington, para pegar o padre velho.

ELE — Estás pensando em minhas antigas astúcias, mas já não sou tão poderoso. Os poderes do mundo me usurparam. Poderia ainda te impressionar com algo, caro jovem, como este soneto que estarei arrancando, em futuro próximo, do teu coração:

SL44

Dos gêmeos nunca tive um só engano
E fiz com que o Destino os triturasse.
Vingança é paz — que sempre me entrelace!
É o que resta de sacro ao zoo-humano.

Se minha intuição se dizimasse,
Eu mesmo ia fazer-me um vil insano,
Exceder o que fez o rei tebano
E esfaquear a minha própria face.

Mas enquanto são for, convicto e firme,
Desejo ao Ódio Eterno atar-me e ungir-me
De um terror que os Infernos desconhecem.

Quem achar que é promessa de um ridículo,
Leia o salmo, versículo a versículo,
E conte as horas que as desgraças tecem.

Próspero Miranda

EU — Mas eu não fiz nada ainda com os gêmeos! Quereis torcer meus miolos, imbecil? Vim pedir-vos uma ajuda e vós me contrariais!

ELE — Desconsidere essa brincadeira fútil. São resquícios da minha infantilidade.

Pela primeira vez, de fato, estremeci. Mas o belo solo de Karol me deu mais forças do que simplesmente sentir-me derrotado. Tornei a acreditar na música, ainda que por defesa, para sustentar o ideal de vingança e não absorver a indiferença do Mentor. Karol, aos poucos, foi se dissolvendo no ar, desintegrando-se entre a meia luz do quarto, até desmanchar-se ante meus olhos. O pintor seguiu um rumo semelhante, confirmando suas teses sobre as projeções ilusórias. O Mentor foi o único a ficar e insistir na perversa doutrinação do esquecimento:

ELE — Que tens mais a dizer, jovem incipiente?

EU — Apagaram os madrigais *saeculorum*, apagaram as elegias e as odes, apagaram a *Gradualia* de Byrd, apagaram a Catedral de Lincoln, apagaram as trombetas dos anjos, apagaram a inocência de Desdêmona, apagaram os chorinhos e os mambos, apagaram o *Tenebrae facte sunt* de Tom K, apagaram as bachianas de Villa--Lobos, apagaram os outonos, apagaram, apagaram, apagaram...

ELE — Tua pequena Hetaira não volta mais. E...

EU — Hetaira era o corpo que vos expeliu, Mentor sujo! Não mais pedirei vossa ajuda. Sois um ridículo covarde, filho do corpo mais podre e purulento da Grande Babilônia, com o qual todos os demônios fornicam, e vós é que a estuprastes pela primeira vez! Não tenho medo das vossas ameaças!

ELE — Tudo isso porque sabes que é em ti mesmo que eu habito, embora jamais habite em ti. Esse teu baixo calão só me produz gargalhadas. É o típico desespero de quem perde a noção de limite e se entrega à cegueira dos impulsos negativos. O medo leva os homens a atos irracionais como o que acabaste de fazer — e ainda dizes que não tens medo? Mas ainda prefiro manter minha elegância e confiar em tua empáfia, pois seria verdadeiramente inútil ter medo de mim. Já fui desqualificado pela ação dos homens e as almas deles já não me seduzem. Eu poderia atacar este momento fraco em que berras, como um animal menor, em minha nobre presença. Entretanto, minha decisão está tomada: qual a importância de uma alminha a mais para minhas valas-comuns?

EU — Estuprastes vossa mãe, o que deu origem a vós próprio. Quem sois vós, filho de vosso próprio esperma acumulado, para dardes opiniões sobre minha Italiana? Eu vim a negócios, como vos disse desde o início, seguindo certos limites éticos. Não vos pedi nenhuma ponderação sobre a morte dela, muito menos sobre um retorno impossível. Vou mostrar ao mundo que o retorno dela é possível e que ela se encontrará com os gêmeos em plena reconciliação de corpos, em plena conjugação de espíritos. Nenhuma eucaristia há de comparar-se a esse encontro tão belo. Se não quereis apoiar-me, recolhei-vos a vossa idiotice e calai-vos! Não quero saber do que pensais de minha relação com ela, mas de minha relação convosco, com um Mentor que eu admirava até descobrir que ele é covarde e quer me corromper pelo silêncio conivente.

ELE — Tuas palavras iníquas me lembram, hilariamente, minha longa infância, da rebelião contra Deus a 1914. Foi em 14, em Sarajevo, que seduzi os rapazes para darem os tiros no Arquiduque. Eu queria, infantilmente, saciar-me com sangue e intrigas. Jamais previa, naquele ano fatídico, o que a história dos homens me mostraria. De lá para cá, nunca amadureci de forma tão rápida e dolorosa. Ainda tenho esperança de doutrinar a humanidade para um único bem: cessem as matanças. Os homens não mexeram comigo, mas com a energia íntima de Deus, que eles têm guardada em ogivas. O urânio aquecido, o plutônio, os gases radioativos, caro jovem, não são idealizações minhas. Esses segredos divinos foram finalmente violados e apropriados. Por isso Deus se sente, eu te garanto, tão desnorteado quanto eu. Por isso, de minha parte, não me importa mais investir em tentações individuais. Essas pequenas armadilhas perderam o sentido.

EU — É o medo massivo que amplia a Babilônia, que multiplica assassinos como Papa Doc ou Vói e Tila. Todos eles são genocidas. Vós achais diferença entre um ditador cruel e dois filhinhos de papai que apagaram tudo de minha noiva? Não quero saber de massas imundas que sofrem, porque elas mesmas, pelo silêncio e pela inação, procuraram o sofrimento. Não quero saber de povos que são torturados por generais que têm apoio de outras massas. Odeio essa visão de mundo que não considera uma dor como a minha, como se apenas os genocídios fossem matéria de manchete. Eu vos prometo que vou dar um fim a essa conivência ao menos em mim. Vou esquartejar um dos gêmeos com tanta malícia, com tanta gratuidade, que nem Mengele se reconheceria em tais deformações! Vou atacar o outro pela consciência, pelo remorso, até ele se sentir responsável pela desfiguração física do irmão. E vós vindes dizer-me que meus planos não terão impacto? Podem não ter a repercussão da morte do Papa, mas minha cidade tremerá nas bases e me admirará cada vez que falar em meu nome. Esta é a compensação que vou dar a minha amada. Não apenas o corpo dela será comido precocemente! Achais vós que ainda não tenho a lista de todos os filhinhos da puta? Pois ide lá, em nome de alguma delação premiada, e adverti-os de que já estão mortos.

ELE — O silêncio é mais eficaz para dialogar contigo. Que mais tens a dizer, jovem insipiente?

EU — Sim, todos eles estão mortos, ainda que não saibam e mergulhem a cada noite em deliciosos sonhos. Melhor mesmo que não saibam, que jamais presumam. Esse tipo de confiança é tipicamente letal. Mas vós vos lembrais, disso eu sei, da célebre advertência de Jesus à congregação de Sardes. Todos eles terão um Ap33, sem que precisem ouvir qualquer trombeta.

ELE — Teu regresso à infantilidade me assusta. Sempre respeitei os loucos, caro jovem, já que não tinha poder de sedução sobre eles. Antes de 14, ai que ilusão!, eu costumava atrair consciências claras, de funcionamento normal, para o cômputo das minhas vitórias. Mas hoje... Ah, a tua loucura gradativa poderá representar-me uma derrota dupla. Primeiro, porque cooptar loucos é lidar com um inimigo indefeso, que não apresenta nenhuma emoção ao vencedor. Depois, porque a consulta que me fazes, desde o início, é um equívoco que tua grosseria não quer reconhecer. Sem reconhecimento de erro não há catástrofe, disse um dia um exemplar pensador. Mesmo se eu ainda agisse às antigas, não veria em teus gestos possibilidade de uma tragédia capaz de me apaixonar. Quanto ao Ap33, não há quem não passe por ele, a começar por ti, a começar pela tua noiva, ambos descuidados em relação aos gêmeos. Eu estava no Bach Chopin-Brahms, na noite em que mataram o rapaz gratuitamente. Confesso-te com sinceridade que Vói e Tila não estavam armados, mas faziam parte de uma turma excitada que atiçou o criminoso. Eu estava sentado a teu lado, ao lado da Italiana, quando os disparos ocorreram. Não pude fazer nada, porque os crimes juvenis crescem em escala astronômica mundo afora, pouco se diferenciando dos genocídios. Aquela noite talvez possa ser lida como prenúncio de teu Ap33. Por que não aprendeste com aquele fato? Querias estar sempre exibindo tua garota em lugares perigosos? Esse individualismo te arruinou. Mas não penses que eu tramei o ataque a tuas fraquezas.

EU — Sei que não, mas sois mentiroso mesmo assim! O Bach Chopin-Brahms não era um lugar perigoso. Filhinhos de papai como os gêmeos é que o tornaram insuportável, até ele ser fechado. A morte gratuita do rapaz foi numa sexta-feira. Na segunda seguinte, é como se não houvesse acontecido nada. Os jornais silenciaram, as igrejas silenciaram, as massas podres no máximo comentaram o fato com satisfação e curiosidade. A família do rapaz não fez nada, a não ser recorrer à Justiça. Não é o que vai ocorrer comigo. Eu vou mudar radicalmente a minha cidade, no que tange à justiça com as próprias mãos! Se quereis frustrar meus planos, marcai uma audiência no Vaticano para o mundo inteiro ouvir vossas preces.

ELE —A verdade é que o Inferno não pode ter sucursais. Ao longo de minha infância, antes de agosto de 14, procedi a algumas diversões, algumas perigosas, outras que hoje recordo com nostalgia cômica, mas todas sempre limitadas. Agora, sinceramente, estou exausto e terrivelmente farto dessas iniciativas. Só em conflitos armados do século vinte, duzentos milhões de esqueletos me foram enviados sem critério e sem escrúpulo. Temi uma destruição maior porque o resto dos esqueletos, ainda que chegassem incinerados em minha morada, me fariam sofrer pelo sufoco das cinzas. Os homens não se arriscaram a transgredir minhas leis, mas o fogo privado de Deus. Esse ideal prometeico, terrivelmente distorcido, acabou por levar o planeta à beira de sua própria cova. A partir daí, passei a medir minhas limitações, das quais hoje tenho plena ciência.

EU — Mentor, não sejais repetitivo: já sei que vós sois um medroso.

ELE — Para alguém de minha natureza e meu porte se amedrontar, imagina tu o terror das reflexões diante de fatos inegáveis. Os homens chegaram a um ponto em que dispensaram minhas orientações, quando antes eu me sentia fundamental e mesmo fundador da espécie humana. Essa condição de preceptor ruiu, desapareceu, caiu na lama como aquela auréola sacra descrita por um poeta. Há tempos me sinto como o ser humano, condenado ao sofrimento por suas próprias aporias, e que desperta, segundo outro poeta, o escárnio e a lamentação de umas árvores:

*Rimos, isto é, choramos, porque, em suma,*
*Rir da desgraça que de ti ressuma*
*É quase a mesma coisa que chorar.*

EU — Ó Mentor, não conhecia vossos dons de recitador...

ELE — O homem é carne sem luz, já constatou um grande poeta. Realidade geográfica infeliz. Pior ainda porque encobre sua cegueira com a subserviência e a empáfia da cumplicidade com Estados criminosos, instituições criminosas, leis criminosas, ensinamentos criminosos, tudo transparecendo conforto e bem-estar coletivo. Quanto aos meus dons, não me subestimes. Tenho uma formação humanística das mais sólidas, conheço os planos mais diversos de uma humanidade que quer se projetar para um futuro grandioso e não consegue sair da pré-história no que tange à mínima tolerância. Ah, coitado do filho de Têmis! Coitados de todos os que se doaram pelos outros, como se o terror do individualismo pudesse ser dissipado por algum avanço histórico! Já tentaram dissipá-lo pelo coletivismo e essa substituição foi outra catástrofe. Eu estive no meio das revoluções que queriam mudar o passado e os valores do dia para a noite — e lembro das péssimas sensações de insignificância quando tentei ser um indivíduo. Cultos à personalidade, marchas cegas em defesa do que nem se conhece, parasitismo coletivo de quem não se preocupa com o próximo, experiências assim me foram terríveis, mas também um pouco confortantes, porque eu descobri finalmente o que significa um pó intransponível. Mas o mais devastador de tudo foram os excessos de matanças que não estavam mais encontrando espaço em meu lar. Vi mulheres húngaras tendo a pele arrancada para experiências. Vi crianças atiradas no ar para abrigarem balas no rosto. Vi comunidades inteiras decapitadas na Ruanda. Vi esqueletos em pé marchando sem rumo em planícies ferventes e geladas. Dante é uma criança diante do que vi e não pude evitar. E tu queres manter essa ignorância com a qual me chamas de medroso e inerte?

EU — Mentor, a humanidade não me interessa. Eu lutei por mim e fui justo com todos. Não sou messiânico, como também nunca fui medíocre nem compassivo com os tolos. Na

Universidade incomodei muita gente por ser um autêntico disseminador da competência artística e acadêmica. Me apaixonei por uma menina linda sem ofender a ninguém, enfrentei as reações mais ridículas, e só faltava-me alguma força maligna para destroçar meu projeto de vida. Foi o que aconteceu. Com base nisso, qual a importância de massas que sofreram? Por que não valorizar casos concretos como o meu?

ELE — Queres casos mais concretos do que aldeias inocentes bombardeadas por helicópteros? Famílias tiradas de casa para trabalharem no gelo até a morte? Povos dizimados por estranhos vírus que surgem subitamente em laboratórios? Tens ideia real do que isso significa?

EU — Mentor... Vistes a imagem da Italiana há pouco, neste quarto gelado, e acho que percebestes o quanto ela era bela, apesar dos retalhos que não saem mais de sua carne... Vós tendes noção do que é beijar um corpo daquele com amor? Fiz essa pergunta à humanidade no meio das ruas e agora vos questiono também. Quem não me entende é porque não tem a menor noção de felicidade. Apesar de vos sentirdes vitorioso em tantas campanhas, o que sois mesmo, ao longo dos milênios, é a encarnação pura da infelicidade. Desejastes algum dia sugar o corpo de Gretchen ou a queríeis apenas para arrebatá-la dos braços de Deus? Alma não tem corpo, Mentor, alma é um rastro tênue e inquantificável.

ELE — Tuas limitações tão humanas, ainda mais abaladas pela semiloucura em que te encontras, embaçam tua visão e não te abrem a perspectiva do que é um prazer supremo, para além da carne e do osso. Não adianta dialogar contigo sobre isso, porque estás infantilmente acorrentado às energias do primeiro amor. Esse regresso a uma mentalidade adolescente potencializa teus atos para tudo. Sei que vais descarregar todo o teu ódio nos gêmeos, mas... quantas vezes tenho que dizer que será inútil? A memória de bronze dos heróis já não existe. Serás lembrado como um assassino a mais, e mesmo assim quando as pessoas tiverem tempo e interesse em lembrar coisas ruins que perturbem o seu presente. O tempo presente tornou-se tão ilusório, que truncou o passado e revogou o futuro. Ninguém quer perder aquele minutinho que passa, sob pena de encurtar uma vida que pode extinguir-se a qualquer instante. As pessoas, hoje, são rigorosamente educadas para cultuarem esse santo sarcófago do presente. Há uma obsessão magnânima de ver tudo agora, experimentar tudo agora, ser tudo agora, querer tudo agora, e em nome disso não se dá chance a nenhuma reflexão. Esquece, pois, o incidente da noite de 2 de abril. Com o tempo, o presente também te gratificará.

EU — Meu presente já está morto, Mentor, seja lá qual for a época... O mais justo que posso fazer é levar alguns corpos comigo, já que a alma deles não me interessa.

ELE — Como não consigo te convencer pela razão, permite-me usar a arte. Há um tempo criei um diálogo alegórico entre dois teólogos a respeito do sentido da vida. Tu hás de te reconhecer em um deles. Não estou usando a astúcia de Hamlet para pegar o rei, não é isso. Trata-se de uma conversa sobre a importância do cinismo para se viver bem e em paz. Um dos teólogos se chama Esquilo; o outro, Eli. Eles são professores de religião no Colégio Vaticano — o maior da cidade. Eles dialogam sobre o meio mais eficaz para atingir a plenitude da indiferença. Como trabalham em um colégio corrupto, outras pessoas os vigiam e se intrometem na conversa deles. Posso trazer os personagens para cá? Lembra-te: são apenas personagens. A vida é muito mais próspera em perversão.

EU — Ficai à vontade, Mentor, pois hoje conheci de perto vossa inutilidade.

Nesse momento, Meritíssima, entraram Esquilo e Eli e iniciaram sua retórica:

ESQUILO — O desrespeito é fundamental. O mal é imprescindível. As caveiras da história são responsáveis diretas pela minha sobrevivência. Sem elas, não teríamos a indústria bélica e as maiores fortunas do planeta. Eu sonho em ficar rico do mesmo jeito.

ELI — Esquilo já vai começar o ano com essa mentalidade infantil. Eu já amadureci e sonho com algo muito pior. O desrespeito não é apenas fundamental e imprescindível, mas é o fundador da própria vida. É o que a história tem provado. E o homem só tem cumprido o mínimo do que deve realizar nos próximos séculos. O século vinte vai ser superado.

ESQUILO — A África tem 40 milhões de aidéticos. Esses 40 crescerão para 400. Só vai sobrar uma elite e eu quero estar nela. Os pobres e os promíscuos devem ser exterminados com urgência. A África todinha deveria ser uma câmara de gás. Que diabo a África tem a acrescentar ao mundo, senão ratos, baratas e doenças multiplicadas? Eu só não perdoo o nazismo por um erro trágico: eles queriam começar a limpar o mundo pela Europa. Deveriam destruir a África, depois a Índia, parte do Oriente Médio, chegar à América Latina e, finalmente, às partes pobres da Europa. Este é o verdadeiro sonho americano, que deveria ser o sonho nazista, que deveria ser o sonho da Europa central, que deveria ser o sonho soviético, mas nenhum deles tem ousadia. A pior virtude do homem é a falta de ousadia para exterminar o próximo. Pobre não é meu próximo. Prostituta não é meu próximo. Promíscuo e doente não é meu próximo. Não preciso mais deles para o lucro. Talvez eles ainda possam servir para a extração das gorduras e dos ossos, para dar de comer a meus animais. Mesmo assim, vou consultar meus animais primeiro.

ELI — Continuo achando que o seu discurso, Esquilo, é brando. Podemos planejar algo muito pior, como reunir os pobres da Europa num poço gigantesco, apodrecê-los lá dentro e depois canalizar a água virulenta para a África.

ESQUILO — O inverso é mais econômico. A África será o poço. Depois puxaremos o canal para a Europa pobre, a Índia e o resto. Mataremos mais e gastaremos menos.

ELI — Somos professores de religião e raciocinamos assim.

ESQUILO — Mas eu não raciocino assim. Eu *sinto* assim! Para exterminar inúteis e inferiores, não é necessário raciocinar. O instinto e a intuição são suficientes nessa tarefa nobre.

ELI — Precisamos usar alguém.

ESQUILO — Ninguém usa ninguém nesse planeta de merda! Eu sou a favor do desrespeito, mas com mérito e com arte.

ELI — Aí eu já não concordo, Esquilo. O desrespeito é mais admirável quando é praticado sem o menor mérito. O amor ao próximo é cativante exatamente porque é fútil e impraticável.

Todos o afirmam sem o menor mérito. A religião ensina que todos têm que se exterminar uns aos outros.

ESQUILO — Concordo. Foi uma falha trágica. Às vezes eu tenho recaídas e volto a acreditar em arte, em honra, em dignidade, que são formas sublimadas de Deus.

ELI — Alguns ateus foram demitidos o ano passado porque disseram aos alunos que Deus não existe.

ESQUILO — Os alunos fazem tudo aqui dentro e acreditam em Deus. Uns estupram professoras, outros jogam bombas nas salas, outros cortam o professor de gilete, como naquele episódio do ano passado.

ELI — Não acredito. Os alunos são disciplinados e aquela história da gilete foi porque o professor quis! Ele mesmo ofereceu a outra face para o aluno cortar. O estupro foi do mesmo jeito. A professora já tinha sido batida nas duas faces e não tinha uma terceira a oferecer. Mas na hora jorrou uma luz em seu coração e ela se deu aos alunos. Que tem de mal nisso? Ela soube usar do livre arbítrio e foi promovida pelo Dr. Évil.

ESQUILO — Promovida pelo Dr. Évil...Ela está internada num hospício e você chama isso de promoção?

ELI — É certo que lá ela tem comida e roupas das outras doidas, que já ganharam das outras doidas quando entraram. O patrimônio que ela reuniu no hospício humilha o poder de compra dos nossos salários. Até aí é um triunfo.

ESQUILO — Aí eu discordo de você, Eli. Você fala com um tom moralizante e crítico, o que contraria a filosofia dos Sangue de Barata. A ex-professora de religião está nas piores condições e isso confirma a nossa teoria do amor ao próximo. Se lembre da máxima de Levi: "Só o Inferno salva".

ELI — É que às vezes eu tenho recaídas e volto a acreditar na Humanidade. Mas, com o tempo, eu vou me corrigindo para pior.

ESQUILO — Não há pior leviandade que acreditar no amor ou em melhoras para o homem. Nós, dos Sangue de Barata, temos que inculcar os piores valores nos alunos. O amor é a única coisa substituível. O resto tem espírito e perenidade.

ELI — Mas já chegamos tarde. Os alunos, na prática, já exercem os piores valores. Eu digo "piores" pela limitação da língua. Na verdade, eles não sabem distinguir nada. E o tal do Dr. Évil só quer que a gente se foda com esses filhos da puta e não expulsa nenhum. É ou não é? Os alunos são dinheiro puro e o dinheiro transforma as piores lágrimas em fulminante fascínio. O dinheiro prostitui os santos mais escusos e santifica os mais nocivos dos humanos. O Vaticano só faz reproduzir isso e não temos alternativa. Temos que nos integrar nessa elite também. Em breve, nossas tripas estarão à venda em títulos de capitalização e ai daquele que não interiorizar o dinheiro como um punhal no coração.

ESQUILO —Se lembra de Serpo?

ELI — Sim, o que tem o Serpo? Foi demitido por justa causa. Era um dedurador inferior a mim e foi julgado incompetente. Dr. Évil o expeliu. Aqui quem não é subserviente vira excremento social. Quem é, também. Vocês já viram algum colégio crescer sem a absoluta servidão dos Mentores?

ESQUILO — Você está desinformado sobre o Serpo. Ele voltou. Reconquistou a confiança do Porco-Zen, ninguém sabe como. Disse que vem se vingar de quem sacaneou com ele.

ELI — Não, não! Eu sou mais competente do que o Serpo! Muito mais bajulador do que ele! Muito mais babão dos alunos! Tenho escolaridade muito inferior à dele! Sei vigiar todos os funcionários com os olhos de Argos! Então por que eu ia ser destituído do cargo? Será que Dr. Évil vai me rebaixar a professor? Será que eu vou ter que voltar a estudar para preparar aula? Vou ter que acumular conhecimento? Ler sobre pedagogia e métodos de educação? Meu Deus, opróbrios para o mundo!

ESQUILO — Acredite se quiser. Mas Serpo voltou e vai lascar você hoje mesmo. Quero só ver.

(*Quando Eli vai responder, entra Serpo. Vem cercado de seguranças. Na blusa amarela, o nome em negro: "Coordenador". Eli olha em torno, humilhado e visivelmente inseguro.*)

SERPO — Bom dia, professores. Infelizmente, tenho más notícias. As aulas estão suspensas. Já avisei aos alunos e eles foram liberados. Aconteceu alguma coisa desagradável na casa do Dr. Évil. Ainda não sabemos os detalhes. A polícia está lá, o telefone está bloqueado... Tudo indica que foi... Bom, é melhor aguardar.

ELI — Seja bem-vindo, Serpo. Ficamos felizes por sua restituição. Eu quero continuar sendo informante seu. Já tenho muito o que dizer desse professorzinho aqui (*aponta Esquilo*). Estava pronunciando os piores nomes feios, dizendo as coisas mais absurdas, como se não tivesse mais Deus no coração. Nós, os Soldados do Bem, ficamos chocadíssimos! Acho bom o senhor convencer o Dr. Évil a demiti-lo sem justa causa.

ESQUILO — Que deu na tua cabeça, Eli? Virou dedurador agora? Entrou pro time dos filhos da puta? O sangue de barata subiu pra mente?

ELI — Este aqui, Dr. Serpo, não deixa ninguém em paz. O Vaticano não terá progressos esse ano se continuar com esse professorzinho de baixo nível. Estava dizendo as piores coisas aqui, inclusive um plano para destruir a cadeira de religião, o que originalmente é uma ideia minha.

SERPO — Temos muito o que conversar, mas essa questão da casa do Diretor é bem mais grave. Vamos aguardar as notícias. Tudo indica que Dr. Évil... Não, é melhor eu esperar os fatos.

ELI — Puxa vida! Será que o Dr. Évil está em situação difícil? Como posso ajudá-lo? Se ele quiser, pode dispensar o pagamento dos meses atrasados, não tem problema. Esse mês que vem eu trabalho de graça, por amor à educação. Só não posso fazer um trabalho bom se estiver com esse Esquilo. Por mim, já tava na rua. Mas o coordenador é o senhor, Dr. Serpo, e só o senhor sabe o caminho.

SERPO — O que ocorreu na casa do Diretor é prioritário. Eu estou achando mesmo que foi um... Bom, é melhor evitar precipitação. (*Sai com os seguranças.*)

ESQUILO (*segurando Eli pela gola*) — Putaquipariu, Eli, qual é a tua? Deu pra lambe-cu também, porra?

ELI (*sussurrando, para os outros não ouvirem*) — Deixe comigo. Eu sei o que estou fazendo. Nós todos temos que ser demitidos. É um plano do Sindicato e vai dar certo. Já começou a dar. Esse Serpo é um filho da puta e me odeia! Deve ter ficado puto com o meu jeito de babão. No íntimo, ele sabe que é tudo estratégia ou ironia. Ontem você faltou à reunião dos Sangue de Barata. Nós ficamos sabendo de tudo.

ESQUILO (*soltando Eli*) — De tudo o quê?

ELI — Do que aconteceu na casa do Porco-Zen. O Sindicato bolou tudo.

ESQUILO — Ainda não entendi e já não confio em você. Levi vai ficar sabendo disso imediatamente.

ELI — Ora, Levi foi o primeiro a saber, porque foi ele que escreveu essa cena, inspirado por Mefisto.

(*Entram Serpo e os seguranças.*)

SERPO — Por favor, espero que vocês tenham paciência. Um grupo de alunos está revoltado por causa da suspensão das aulas. Uma comissão deles está se formando para falar com a gente. Como vou explicar a eles o que aconteceu na casa do Diretor?

ESQUILO — Os alunos não leem a capa de um gibi e estão ávidos de aula. Eles estão é frustrados por não terem como bagunçar no primeiro dia. É no primeiro dia que se formam as gangues, quem vai dominar quem, quem vai desmoralizar cada cristão ou cada capeta. Eles são os mais ricos da cidade e nunca ouviram falar em limite. O dinheiro deles é um trator que desmancha qualquer princípio. O dinheiro transforma Tímon de Atenas em um mendigo de gruta. E eles sabem perfeitamente disso, embora não saibam quem é Tímon, onde fica Atenas ou o que significa uma gruta.

SERPO — Você sabe que eu detesto filosofias, Esquilo. Não é o dinheiro que desmancha princípios, mas qualquer prática. Mesmo um mendigo pode botar a cabeça dentro do teu carro, num semáforo, e destruir tua privacidade. Mas não quero tratar de hipóteses. Tenho uma coisa terrível para revelar, mas não sei se é chegada a hora. O que aconteceu na casa do Dr. Évil, de ontem à noite pra cá, é muito mais grave do que se pode conceber. E para um homem católico... exemplar... dono do maior colégio da cidade... Mais de duzentos jornalistas estão no portão da mansão dele. Vai ganhar dimensão nacional, porque não foi nada comum. Portanto, vamos deixar as nossas briguinhas de lado e pensar no que temos de resolver de imediato. Os alunos estão quebrando cadeiras lá embaixo.

ESQUILO — Mas eles foram educados assim. Se incendiarem o colégio e queimarem alguns professores, será apenas o dever de casa. Eu sempre me opus a esses filhos da puta e agora você está reclamando do que ajudou a criar?

ELI — Estou pensando no Dr. Évil. Meu Deus, um homem tão poderoso... e tão bom... a honestidade em pessoa... Não nos paga há três meses por uma questão de coerência. E ele está certo, porque não se deve desperdiçar dinheiro com educação. Mas estou pensando no sofrimento dele. Se lembram da última reunião?

*(Entra Dr. Évil com um séquito de burocratas e seguranças. Coloca-se uma mesa na sala. Cadeiras à frente. Inicia-se a reunião.)*

DIRETOR — Está aberta a primeira reunião pedagógica do ano. Daqui a uma semana começaremos as aulas. As matrículas transbordaram, já que não reprovamos ninguém. As notas agora são somadas. Nada de dividir. É só somar e pronto. Não tem mais média. Não quero saber de educação nem de ensino. Esse colégio é uma fábrica de dinheiro e não quero aqui outra coisa. Os professores devem enrolar ao máximo. Essa história de conteúdo programático é uma farsa. Os alunos são tão ricos, que mesmo estudando só o beabá eles passam. Há colégios tão pobres nesse país, que os alunos não têm como competir com os nossos, mesmo que os nossos só saibam o mínimo. Esta é a realidade e ai de quem tentar transgredi-la. Eu odeio idealistas que pensam em transformar a realidade. Alguma dúvida?

ESQUILO — Só tenho uma preocupação: a violência. Não quero saber se os alunos estão estudando mesmo. Por mim, podem se foder. O Vaticano foi inventado pra isso mesmo. Quero é o meu dinheiro no fim do mês e que o resto vá tomar no botico. Agora, o que é muito sério é a violência. A diretoria poderia fazer um esforço para desarmar os alunos.

DIRETOR — Negativo. Se as crianças forem frustradas em seus desejos, se tornarão problemas para a sociedade. Este colégio foi concebido para aliviar os alunos de toda opressão.

Além disso, eu tenho uma loja de armas na Praça da Conciliação e muitos alunos compram verdadeiros tesouros a mim. Acham que eu vou perder essa boquinha?

ESQUILO — Mas eles deveriam pelo menos ser registrados. Quando me matassem, por exemplo, seriam descobertos.

DIRETOR — Negativo. Armas não registradas instigam o contrabando e o mercado negro. Eu tenho uma equipe de contrabandistas trabalhando para mim. Estou gerando emprego e alimentando famílias.

ESQUILO — Mas está escrito na frente do Vaticano que o mundo só se ergue com amor.

DIRETOR — Claro! Eu trabalho com a ilusão das pessoas, como faz qualquer manipulador de desejos. Utopias ridículas têm rendido milhões aos ratos da esperteza. E o amor é uma delas. Quando ouço falar em amor, tenho vontade de sacar a pistola.

ELI — Dr. Évil, estou há poucos meses aqui e ainda não assimilei bem esse conto de fadas que é o Vaticano. É verdade que os alunos estupraram uma professora em sala de aula? Estou perguntando só por curiosidade.

DIRETOR — Negativo. O estupro foi lá na Capela, ao lado da estátua. É uma cópia do *La Pietà*, de Michelangelo.

ELI — Ainda bem. Se o estupro fosse em sala de aula, eu ia ficar revoltado. Mas a Capela é o lócus do perdão e da abnegação.

DIRETOR — Acícula viu tudo e sabe explicar melhor que eu. Foi a própria professora que ficou nua e se entregou aos doze alunos. Todos eles da equipe que carrega Nossa Senhora para o altar.

ELI — Aí tá certo. Foi a professora que espontaneamente abraçou as criancinhas. Garanto que ainda não estupraram Nossa Senhora.

DIRETOR — Negativo. Acícula sabe mais do que eu, porque vai ser a próxima. Não é, Acícula?

ACÍCULA — Positivo. Quando aqueles alunos entram na Capela, eu sinto uma mudança até em meus olhos: eles brilham, ficam reluzentes.

ESQUILO — Já deve ser gala antecipada. Esses alunos são estupradores precoces e vão repetir o mesmo aí fora.

DIRETOR — Negativo. O que eles fazem lá fora já repetem aqui. Por isso que a escola não tem que mudar é nada. Podem estuprar minha filha, desde que paguem a mensalidade.

ESQUILO — Dr. Évil, o senhor não sabe o que é ter uma filha estuprada. O senhor pensa que o dinheiro resolve tudo e é o mais iludido de todos aqui. Que obra frágil é o homem! Eu já tive uma filha estuprada e só não endoideci junto com ela porque entrei para a Sociedade dos Sangue de Barata. Eu sei que é uma fuga, uma covardia, uma monstruosidade que eu escondo. Tanto é, que não vou visitar minha filhinha há muito tempo. Os Sangue de Barata têm me dado força. Não me vinguei dos rapazes porque abstraí tudo nessa fuga ridícula. Sei onde está um a um e tenho tudo para degolá-los, depois de entupi-los com um cano de ferro. Mas tenho sublimado tudo, ainda que a bichinha me apareça em sonhos, toda despedaçada, cobrando uma reação minha.

DIRETOR — Onde quer chegar com isso, que eu não consigo entender? Você poderia estar deprimido por falta dos últimos salários, não por esse incidente tão simples que acabou de contar.

ESQUILO — Dr. Évil, não vou lhe dar lição de moral. Mas o dinheiro não resolve tudo, ainda que ele transforme terrores em encantos. O dinheiro tem um limite que o senhor ainda não percebeu. Nossas carnes não são moeda de troca. Nossos ossos são pontilhados de abismos. Nós somos mais frágeis que a cápsula de um micróbio. E só um micróbio da sua qualidade não percebe a silhueta que somos.

DIRETOR — Negativo. Eu sou hoje, no ramo da educação, o homem mais poderoso desta cidade. Compro tudo o que eu quiser em qualquer canto. Coloco as mentes mais puras em pelourinhos. Converto qualquer vontade em minha vontade. Acícula sabe disso melhor do que eu.

ACÍCULA — Positivo.

DIRETOR — E tem mais: o poder tem que ser exercido com a inteligência máxima da crueldade. Aqui dentro eu mando em tudo e invado qualquer aula que você estiver dando. Serpo, antes de ser demitido, me disse que você estava passando provas difíceis para os alunos. É verdade?

ESQUILO — É. Era a única arma que eu tinha contra o desmando dos alunos. Dois deles me ameaçaram de morte, um pouco antes de estuprarem minha filha. Eu sei quem são os dois, sei que o senhor dá cobertura a eles, mas um dia a gente se encontra, nem que seja no Salão Âmbar do Inferno!

DIRETOR — Eu não quero saber da sua filha, que era uma putinha, nem de porra de ameaça. Só quero saber das notas, porque isso pode prejudicar o Colégio com evasões. Você tem coragem de desonrar o Vaticano com essa história de prova difícil?

ESQUILO — Minha filha não era uma putinha, Dr. Évil. Era uma adolescente de doze anos.

DIRETOR — Não era uma putinha? Negativo. E aquele pedaço de ouro encontrado na língua dela? Fui eu que dei. E nem queira saber como. Eu não dou nada sem ter algum troco.

ESQUILO — Dr. Évil... Se o senhor tivesse ao menos uma prova... Mas fala só por maldade.

DIRETOR — Negativo. Olhe bem isso aqui. (*Entrega um pequeno álbum de fotos. As fotos arrasam Esquilo.*) Entendeu agora? Mas o assunto não é esse. Eu quero saber se você reprovou algum aluno.

ESQUILO — Não consegui. O Serpo mudou as cadernetas e alterou todas as notas. As notas originais eu levei pro Sindicato. Levi está com elas. A denúncia vai ser grande.

DIRETOR — Esquilo, meu querido... Só não demiti você porque eu preciso de alguém ridículo para me provocar gargalhadas. Você é ideal para isso. Eu suborno Levi a hora que eu bem entender. O Sindicato, hoje, é um tapete da diretoria. E eu sou o presidente do patronato, não se esqueça. Sei a podridão de todos e por isso sou eleito e reeleito a cada ano. Isso é o poder.

ESQUILO — O poder emana do porco.

DIRETOR — Negativo. O poder emana dos melhores corações. Só inferiores como você não captam isso. O poder brota das mais fabulosas inteligências. Enquanto a Humanidade não entender o poder, continuará na miséria dos sonhos e dos delírios de salvação.

ESQUILO — O senhor tem uma empáfia ridícula, Dr. Évil. E pensa que com suas moedas pode submeter todos os espíritos. Se todos aqui são bajuladores, eu ainda preservo minha liberdade.

DIRETOR — Estão vendo? Vocês estão vendo que eu estou evitando a estupidez, mas o professor Greco quer ser nobre e incorruptível. Meu caro Esquilo... Você cometeu a inocência de falar em liberdade... Não quer pedir desculpas a todos os presentes? Eu ainda lhe dou essa chance de reabilitação.

ESQUILO — Liberdade é dignidade e honra. Não tenho vergonha dessas virtudes, por mais que o senhor aumente ou rebaixe meu salário. A liberdade não é mercadoria, como o senhor é, sua mulher é, seus filhos são, seus bajuladores mais ainda.

DIRETOR — Não queira entrar no ilógico e defender a liberdade com a vida. Quando os homens pensam em liberdade, os animais dão gargalhadas. Você é meu escravo, Greco Esquilo, e até o dia que eu quiser. Quando não precisar mais de você, dou-lhe um fim conveniente e insuspeito. A lei está nas minhas mãos, assim como a liberdade e a sua cova. Não me force a dar demonstrações concretas, porque sua vida sou eu que decido e manipulo, até o instante que me convier.

ESQUILO — Dr. Évil, o senhor já foi responsável pelo estupro da minha filha. É o responsável pela minha morte indireta, porque agonizo e morro todo dia aqui dentro. E agora ameaça ser o lacrador da minha cova, como se não existisse nenhum escrúpulo. Onde quer chegar com isso?

DIRETOR — Eu prostituo você ou qualquer outro aqui, com apoio de vocês mesmos! Me diga o que eu não sou capaz de fazer.

ESQUILO — Há limites, Dr. Évil, que empáfia alguma transpõe. O senhor tem o mundo nas mãos, mas Júlio César também teve.

DIRETOR — Isso é alguma ameaça, seu filho de uma puta escancarada? Vai me atravessar com vinte e três facadas? (*Tira da roupa uma adaga e dá a Esquilo.*) Tome. Mostre que é homem e me estraçalhe. Vamos! Se vingue de vez! Você é um genialíssimo merda! O pior covarde daqui de dentro e quer ser o tal, a exceção pura, o intangível!

ESQUILO — Não preciso esfaqueá-lo para demonstrar força, Dr. Évil. Algumas poucas palavras já abalam sua empáfia imbecil.

DIRETOR — Repita isso, seu bosta, para eu pendurá-lo nas arcadas dos meus cachorros. Eu tenho uns cachorros importados que têm virtudes espirituais que você nem sonha.

ESQUILO — Dr. Évil, sua cegueira brota do coração e é impossível nosso diálogo. Essa sala inteira está calada porque precisa da bosta daqui. Mas o senhor não consegue escravizar todos, porque não há poder infinito. Lembre-se de Von Paulus em Stalingrado. Lembre-se dos americanos no Vietnam. Não é lição de moral, mas a verdade pura.

DIRETOR — Escute bem, seu submerdinha! Só não demito você agora porque vai sair caro pro Vaticano. Mas no primeiro dia de aula, na próxima semana, a gente se entende. Você vai sofrer a pior demissão da história do Vaticano. Vou botá-lo na rua sem justa causa e todos aqui vão testemunhar contra você. Você vai acabar me pagando pra sair daqui de dentro. Não duvide dos meus domínios.

ESQUILO — Dr. Évil, eu tenho uma mãe doente, moribunda, e uma filha no manicômio. Preciso fervorosamente dos centavos daqui. Mas esmolas na rua, por misericórdia do povo, serão mais valiosas que este cativeiro. Minha mãe vai morrer mais rápido e minha filha ficará mais pobre entre as loucas. Mas eu mostro ao mundo que o senhor não terá o prazer de me dobrar.

DIRETOR — Caia na real, meu querido, caia na real! Que vai acontecer com um esmoler de sua qualidade? Sua mãe vai ser saqueada por baratas e ela vai se entupir de micróbios. Sua filha ficará mais tísica e louca sem a pensão e não terá mais nada do pai, nem a memória, até ele ser recolhido pela polícia, em alguma esquina, e ser levado para o mesmo hospício. Está percebendo até onde se estende a minha vontade? A razão de ser deste Colégio é o supremo mal. Quem não cultua o mal não entende de educação.

ESQUILO — Somos professores de religião, Dr. Évil. Não nos venha com o óbvio. O que me preocupa é apenas... (*É interrompido por Eli.*)

ELI — Acho que a reunião está um pouco tensa. Dr. Évil deveria falar dos princípios pedagógicos para este ano.

DIRETOR — Mas eu já falei! Vocês estão com o ouvido no olho dito? Este colégio começou como um pequeno educandário religioso. Depois evoluiu para uma empresa de notas e isso é irreversível. Antes de mim, o mundo quer assim. Os alunos e os pais querem assim. Por isso, torno a dizer que não reprovamos ninguém. As notas só têm que ser somadas e pronto. Qual foi o pai que já reclamou disso? Os alunos ficam tão felizes, que às vezes nem vêm aqui e ficamos em paz. Desde que eles paguem, não quero saber se estão vindo ou não. Tenho pensado em abolir as provas e até mesmo algumas matérias secundárias. É preciso simplificar mais as matérias difíceis. De todas, só a de religião permanecerá intacta. É o que dá nome ao colégio.

ESQUILO — Dr. Évil, escute bem: o senhor tem um cativeiro aqui dentro, mas minha voz resiste e se insurge contra os seus chicotes.

DIRETOR — Negativo. Eu posso mandar chicoteá-lo em qualquer canto, mesmo nos lugares mais íntimos, para desmoralizá-lo. Quer uma prova? Não há polícia que eu não achate com os dedos. Não há general que eu não esfarele entre as unhas, como um piolho podre. Imagine um professor da vida, um aparente intelectual subordinado à mendicância. Se você for demitido daqui, como será, não vai encontrar emprego nem em um cativeiro de porcos, como o Filho Pródigo! E, se voltar para casa, você mesmo será o boi abatido, pois seus filhos famintos vão devorar suas últimas pelancas.

ESQUILO — Em cativeiro de porcos, Dr. Évil, eu já estou. Abatido já sou aqui todo dia, antes de voltar para casa. A questão não é o seu poder ou a minha impotência. O que o senhor menos enxerga é a própria cegueira. Todos nós somos muito precários, Dr. Évil. Meu Deus, como somos precários! Esta é a marca mais antiga do ser humano e a mais atual. Nada mais sólido e rígido no homem que a sua fluidez. Somos mais frágeis que a pele de uma alga, mais tênues que o músculo de um inseto. O senhor evoca o poder toda hora e toda hora esquece de gigantes que se desgraçaram. Édipo perdeu o reino em um dia. De que vale ser rei pela manhã e à tarde furar os olhos com broches de ouro? O senhor está fazendo o mesmo, Dr. Évil. Lembre-se do Rei Lear, de Marco Antonio, que se arruinaram em poucas horas. Memnon perdeu o castelo e dormiu numa calçada. Ronald Reagan concentrou mais poder que o Oktopus e morreu demente.

DIRETOR — Onde você quer chegar, seu idiota?

ESQUILO — Esta é a pergunta notável de qualquer imbecil. O senhor está tão demente que não se lembra. Reagan, no caso, ainda foi feliz, pois teve a primeira dama ao lado.

DIRETOR — Agora está criticando Acícula, a minha esposa?

ESQUILO — Não estou criticando ninguém. Estou apenas constatando sua cegueira, sua avançada demência, sua impotência em se avaliar os próprios limites.

DIRETOR — Você fez referências imorais a Acícula e aqui mesmo eu posso matá-lo, por legítima defesa.

(*Põe as mãos na cintura, como quem vai pegar uma arma. Mas, de repente, entra em cena um professor correndo em desespero. Seguindo-o, um homem mascarado, com uma pistola na mão.*)

PROFESSOR (*aos gritos.*) — Não, não me mate, por favor!

MASCARADO — Por que não?

(*Atira. O professor cai morto. De todos, apenas Esquilo se choca.*)

ESQUILO (*ao Mascarado.*) Mas... mas por que você matou ele?

MASCARADO — Ele acreditava na fraternidade. (*Sai.*)

ESQUILO — Mas... eu ainda... não...

DIRETOR — A reunião está encerrada por hoje. Na próxima segunda, início das aulas, vamos dar à educação o que ela merece. Não quero nem sonhar com provas difíceis. (*Sai com o séquito.*)

ELI — Lembram que reunião pesada? Esquilo, você precisa ser mais inteligente. Parece que está esquecendo os princípios dos SDB.

ESQUILO — Você chama de inteligência máxima a capacidade de aguentar humilhações. É isso? Na próxima reunião dos SDB eu vou questionar essas coisas.

ELI — Esquilo, preste atenção! Há um plano feito por Levi e você está estragando tudo! Deixe as coisas acontecerem em paz.

ESQUILO — O pior dos infernos é ser cúmplice de uma paz aparente. Aqui reinam as piores falcatruas, a começar pela falta de informação. Não há diálogo. Os alunos estão quebrando tudo lá embaixo e não há compreensão de ninguém pra ninguém. Dr. Évil está com um problema grave que não sabemos qual é. O que querem de nós?

ELI — Acabaram de informar que não podemos sair do prédio. A polícia está vindo aí. Todos nós vamos ser interrogados.

ESQUILO — Interrogados por quê?

ELI — Somos todos suspeitos do que ocorreu na casa do Porco-Zen. Mas deixe tudo correr. A indiferença é uma arma poderosíssima. Se finja de louco, de leso, de ingênuo. Não se comova com nada.

ESQUILO — Eli, escute bem: eu sou pai de uma filha estuprada. Será que você não se lembra? Foram doze, Eli, foram doze! E eu sei quem é um a um! Eu sonho estuprando todos eles, com canivetes fervendo! Mas sou um covarde, um grandioso merda, o mais medíocre dos seres! Sou mais infeliz do que Príamo, pois todo dia eu beijo a mão desses assassinos! Eu devia esfatiá-los, cortar-lhes osso por osso, junta por junta, mas sou um impotente! Tão impotente, tão vil, tão ínfimo, que nem o suicídio tem simpatia por mim! Eu sonho com um revólver no crânio, mas o gatilho não dispara e eu acordo desmoralizado. Nem no espaço mais íntimo do sonho eu não consigo a honra de ser gente! Qualquer cachorro leproso tem a alma mais limpa e mais digna. Eu não mereço uma cova, porque os micróbios lutarão contra minha presença e hesitarão em mastigar meus braços covardes! Simplesmente perdi o gosto pela vida e nem mesmo a morte me seduz.

ELI — Você está sofrendo um grave retrocesso, Esquilo. Já é hora de voltar às reuniões dos SDB para revitalizar o espírito. Você precisa de uma alta dose de cinismo para evitar sofrimentos.

ESQUILO — Foram doze, Eli, foram doze! Todos eles filhos de juízes, promotores, empresários, banqueiros, altos comerciantes. Doze, que número nefasto! E mais nefasto sou eu, o décimo terceiro! Estupro minha filha todos os dias, com omissão e silêncio. Isso é vida, Eli, isso é vida? Não há SDB que cure, não há cinismo que suplante. Por mais que eu queira esquecer, os sonhos me traem e violam minha aparente indiferença. Esta é a minha fragilidade, como a do Porco-Zen pode ser outra, a sua outra. E nós não controlamos, porque não a escolhemos. Ela é imanente, está na raiz do ser como o mais puro calcário. Várias noites sou visitado pela minha Anjinha, sangrando, a calcinha despedaçada, e ela me estirando a mão. Ela quer um apoio, uma resposta minha, alguma iniciativa. E eu não consigo fazer nada, imóvel, petrificado pela covardia. Ela se aproxima de mim com uma arma para matar o pai inútil. Então transbordo de felicidade por saber que sou vingado, sentenciado por ela, e vou embarcar numa fuga definitiva. Mas... de repente... acordo com os piores remorsos, por não conseguir ser assassinado por ela.

ELI — Esquilo, você só vai piorar contando isso. Temos coisas mais importantes. O plano de Levi já está dando certo. O que ocorreu hoje na casa do Porco-Zen já é parte do complô. Confie em nós.

ESQUILO — Dr. Évil declarou que corrompe Levi a qualquer hora.

ELI — E é verdade. O SDB precisa do dinheiro dele. Mas nós temos milhões de máscaras e ele só conhece uma face nossa.

ESQUILO — Eli, escute bem: foram doze! A bichinha está lá no hospício, em meio às loucas e outras enfermas... Nunca tive coragem de visitá-la. A mãe é que vai lá e me repudia por não ir. Mas minha consciência vive lá, colada no sangue dela, na calça rasgada, nas perninhas violentadas. E então eu sonho cenas nefastas, como eles penetrando ela à força e sendo apoiados por mim. Eu mesmo os incentivo, até que eles abusam da carne dela e eu mesmo a penetro com mais força. Aí eu acordo chorando e, ao mesmo tempo, com uma ereção que não quer se desfazer.

ELI — Você está se punindo por algo que não fez.

ESQUILO — Mas que ajudei a perpetuar, pela minha pobreza de espírito. Eu deveria demonstrar um espírito nobre e triturar um por um! Se for morto e sucumbir ao Inferno, qualquer caldeirão quente será um bálsamo. Mas eu sonho coisas piores, como o próprio Inferno me rejeitando e o céu me abrindo as portas para os mais altos louvores. Aí, quando chego perto de Deus, um coro de anjos corre aos meus pés. Entre eles está a anjinha, bem alvinha, olhinhos azuis, me olhando de costas. Quando a olho pela frente, ela está literalmente ensanguentada. Mas o céu também sangra, o rosto dos santos, dos querubins... E os doze apóstolos cercam a Anjinha para o saque final.

ELI — Você só vai piorar, Esquilo. Não está conseguindo absorver nossas lições.

ESQUILO — Você não tem filha, Eli, muito menos nas minhas condições. Se tivesse uma filha, ia sofrer quando ela fosse mordida por uma borboleta, tal é a proteção que queremos dar a uma criança.

ELI — Esqueça a borboleta e os doze alunos. É tudo desprezível.

ESQUILO — Você será perdoado, Eli. Você não sabe o que faz.

ELI — O dia começou tão bem... Estávamos fazendo uma cena ideal para a propagação dos nossos desvalores. Você começou dizendo: "O desrespeito é fundamental". E de repente... Teve uma recaída péssima, ao invés de sustentar o cinismo. O cinismo é o princípio básico do equilíbrio. Só a indiferença traz conforto.

*(De repente, entra um professor correndo em desespero, seguido por um mascarado com uma pistola.)*

PROFESSOR *(aos gritos.)* — Não, não me mate!

MASCARADO — Por que não? *(Atira. O professor cai morto.)*

ESQUILO — Mas... por que você matou ele?

MASCARADO — Ele acreditava na justiça. *(Sai.)*

ESQUILO — Mas... *(Aproxima-se do cadáver.)*

ELI — Não se aproxime. Não se envolva com isso. A falta dele não afetará um átomo do planeta. Aprenda a ser feliz desprezando o sofrimento.

ESQUILO — Você quer que eu seja feliz desprezando calamidades.

ELI — Mas aí é que está o seu equívoco. Não há calamidade alguma na execução de um indefeso. O homem é que cria a ilusão de sofrimento.

ESQUILO — Então você estende isso à situação da minha filha. Foram doze, Eli, e você não sabe o que diz. Antes um delírio que uma realidade nefasta.

ELI — Mas não há realidade nefasta. A mente é que é nefasta na criação da fantasia e da estupidez. E a pior estupidez é a comoção com qualquer coisa. Levei você ao SDB para aprender isso.

ESQUILO — Escute bem, Eli: foram doze! Ela foi esquartejada numa capela. E eu já sonhei com ela num altar, casando ao mesmo tempo com os doze assassinos. E o padre... Você consegue imaginar quem é o padre?

ELI — Você está pondo em risco o equilíbrio do SDB.

ESQUILO — Ela só tinha doze anos, Eli. Está atolada no hospício, esperando ao menos uma palavra de conforto do pai. Nunca fui lá, mas os sonhos me revelam tudo. Ela me recita versos... às vezes fica em silêncio absoluto e aí o peso é muito mais letal. Ter sangue de barata é uma utopia.

ELI — Deite aqui. (*Coloca Esquilo no sofá da sala de professores.*) Acalme-se. Vou falar com o Serpo sobre o interrogatório. (*Sai.*)

ESQUILO — Dormir... antecipar o fim... reencontrar o conforto do caos... Que ilusão de mau gosto! Minha filha tem doze anos e foi violentada no dia do aniversário, doze de dezembro. Que Natal infeliz tive o ano passado! Era o Messias nascendo e todas as minhas esperanças sendo abortadas! Não foi visitada no hospício sequer pelo pai, enquanto Cristos de plástico e de argila, no mundo inteiro, foram visitados por milhões de reis magos! Eu ajudei a destruí-la, como um Herodes sem trono e sem causa. Minha causa foi a covardia e meu trono foi a humilhação. E no entanto... dormir... ficar alheio... dar trégua provisória à abjeção... Como se a existência não fosse uma cópia precária do sono, que apenas suspende, em brevíssimo intervalo, o infortúnio! Mas nem essa suspensão tenho conseguido, porque os sonhos são tão saqueados quanto as pretensões de realidade. Mas... dormir... bocejar... sucumbir... (*Dorme.*)

(*Entra em cena uma Anjinha, toda avermelhada na parte inferior do corpo. Dirige-se ao sofá e fala com Esquilo.*)

ANJINHA — Painho, o senhor tá feliz?

ESQUILO (*emocionado.*) — Minha filha! (*Dá um abraço.*)

ANJINHA — O senhor tá feliz?

ESQUILO — Sim, minha filha, com você aqui.

ANJINHA — E por que não matou aqueles dozes frescos? Eu trouxe lá do céu uma barra de ferro, com um pedaço do sol na ponta, pro senhor enfiar todinho neles.

ESQUILO — O mais importante é que você voltou.

ANJINHA — Ser feliz não é bem isso, Painho. É ter alguma meta. O senhor não fez nada.

ESQUILO — Mas você voltou. O importante é que você voltou. Ninguém vai tocar mais em você.

ANJINHA — Por que Deus não fez nada com eles? Nem o senhor também?

ESQUILO — Tudo já passou, minha filha. Hoje eu sou o pai mais feliz do mundo.

ANJINHA — Mas por que Deus não fez nada?

ESQUILO — Deus sabe o que faz, minha filha! Deus deve ter permitido tudo para me colocar à prova e para eu descobrir que amo você.

ANJINHA — Mas Deus não responde, Painho, nem o senhor. Se aqueles frescos não forem punidos...

ESQUILO — O importante é que você voltou.

ANJINHA — "Devo ser um escárnio para o vizinho, ao invocar a Deus para que responda; um escárnio é o justo, o homem íntegro. No seu pensamento o feliz despreza a calamidade, como reservada àqueles cujo pé resvala. As tendas dos ladrões gozam de paz, estão seguros os que desafiam a Deus, mesmo aquele que o manipula".

ESQUILO — Que palavras lindas! Você será uma poetisa, uma atriz, e futuro nenhum a atormenta. Agora posso dormir com serenidade. (*Dorme. A Anjinha sai. Fim da peça infantil.*)

EU — Onde quereis chegar, Rei dos Inertes, com essa peça pobre?

ELE — Além de desqualificada esteticamente, esta peça estava se tornando veículo de valores morais, pelo excesso de protestos de Esquilo. Então a cancelei e ela nunca fez parte dos meus mandamentos cínicos. Mas uma coisa é certa: teu desejo de vingança é para criar alguma mudança, alguma melhora, mas lembra-te de que a própria humanidade não aceita ser melhorada. Quando se trata de poder ou de algum tipo de sobrevivência, é cada um por si. Não confies em ninguém, em ideal algum, sequer neste delírio que é tão real. Esquece aquela peça estúpida, esquece o próprio inspirador que ajudou a dar-lhe forma. Com essas sucessões de esquecimento, esquecerás também o que ocorreu com tua noiva. Se Deus quiser, verei esse dia.

EU — Quereis reduzir-me à consciência da inutilidade, mas não o conseguireis. Meu sentimento é mais sólido do que pensais.

ELE — Já que a peça não funcionou, vou usar de outro recurso, para teu próprio bem. Vou contar a ti, embora não mereças, duas experiências que tive como ser humano.

EU — Realmente não mereço vossas tolices. Calai-vos, covarde, e desaparecei de minha vista!

ELE — Não! Quero te deixar ao menos esta contribuição. Tu tens que entender que és ínfimo diante de sofrimentos grandiosos. E não vou mais me referir a povos nem nações. A primeira das experiências eu chamei "A prisão dos álibis". Procurei ser o mais humano possível, acreditar em alguma coisa, ainda que bastante simplória, como o amor correspondido de uma mulher para outra. Abdiquei de meus poderes, ainda que limitados, para sofrer na pele como um ser humano, mulher, isolada, não amada por outra. Me fiz passar — e enganei a mim mesmo — por uma aluna que se apaixona por uma professora brilhante, chamada Hannah. A professora está prestes a morrer, sofrendo de aids, e isso só faz aumentar a paixão e os desejos da aluna. Resolvi arriscar-me a ser ela. Uma vez reduzido a essa menina, esqueci de mim mesmo para ver até onde eu podia resistir às ilusões de quem ainda tem sentimento.

EU — Em nada me influís com essa retórica. Não vou abdicar de meus sentimentos. A vingança justifica os meios.

ELE — Conheci a professora Hannah já na fase dos delírios. Ela era desiludida com tudo: com o trabalho, com o conhecimento, com as pessoas mais íntimas. Sempre horrorizada com o futuro, via o presente como porta para a Escravidão Iminente. Nunca entendi esse conceito confuso que ela usava nas aulas, mas sempre fui muito atenta. Ela dizia: "O futuro será o encontro de todos os cativeiros. As perversões incompletas da humanidade, ao longo dos milênios, atingirão o ápice dos bens em tempos próximos. O que houve de sangrento e mau no passado será corrigido e aperfeiçoado: os poderes não errarão mais. Acredito numa sociedade atomizada de misérias puras. Um estranho Senhor acorrentará as vontades; milhões de insetos humanos não terão senso de distinção; a Ordem Superior será cumprida com a cegueira das almas; e as consciências se lavarão nas Águas da Ordem, a título de purificação e alívio. Quem tiver um poro diferente será cirurgiado: as Comissões de Horror Deliberado se encarregarão dos clientes especiais".

EU — Da mentira ao cinismo, transitais sem diferença. Prometestes não vos referir a povos e nações, mas recaís nessa retórica ridícula que quer, por fim da força, ignorar as individualidades.

ELE — Quando o marido morreu de aids, a mente dela ficou infeccionada de distúrbios. Hannah via catástrofes nas asas das borboletas, explosões nucleares no pôr do sol... Eu era apaixonada por ela, juntaríamos os trapos mesmo com a doença, mas a síndrome interior de Hannah era o maior obstáculo. Foi ficando raquítica e isolada, os olhos áridos, o entendimento diluído, a linguagem inarticulada. Mas eu queria Hannah mesmo assim, para me rebaixar ao máximo como ser humano. Foram dois anos de espera pela morte do marido, culminando, ironicamente, com o caos do espírito. Hannah progredia para o autismo, para a perda de todos os gostos, para a anulação absoluta e total e completa do menor impulso de desejo. Ia virar estátua de sal, como a mulher de Ló; não superava os horrores nem em sonho, como Hécuba; estava sufocada pelo marido, por um equívoco, como Desdêmona. Quando o suicídio fechou as janelas de seu quarto, os delírios lhe deram um álibi.

EU — Que noção humana tendes vós de álibi?

ELE — Essa fase eu acompanhei de perto, vendo a mais competente degeneração de uma pessoa. Primeiro, Hannah disse que estava grávida de Santo Agostinho e ia deixar algo perpétuo no mundo. Depois, respondeu a todas as cartas de Paulo e queria que a Igreja as anexasse à Bíblia. Acordava perturbada à noite, em pleno orgasmo com Cassandra, Heloísa, Isolda, só não sentia nada por mim. Foi presa e torturada por guerreiras astecas, libertada por caçadoras incas, sequestrada, aos galopes, por céleres amazonas. Cavalos voadores pousaram em seu quarto, bruxas medievais vinham convidá-la para voos em bosques nublados de encanto, mas Hannah já não se erguia da cama. Sucumbindo a cada minuto, nem o mais fabuloso dos álibis, o suicídio, a convencia. Havia estagnado em tudo, até na sensação da morte.

EU — Isso vos deu alguma esperança?

ELE — Minha esperança era ainda fazer amor com Hannah, mesmo sob os lençóis da nulidade. Cabia a mim satisfazer meu desejo, já que as reações dela tinham-se sedimentado. De vegetal a mineral, Hannah teria que ser sacudida por um gemido meu, para sofrer algum retrocesso. Quanto mais involuía, mais sua mente se estragava, sem falar de todo um corpo, e cabeça, e olhos, e língua, invadidos e subjugados por feridas. Tornou-se um cativeiro de hematomas, um campo de concentração de bolhas, tudo se dissolvendo junto com ela. Mas as mãos! Ah!... As mãos! As mãos ainda resistiam! E aquela resistência, a tirania de uma mulher terminal contra os direitos da morte, só fazia aumentar meus desejos por ela. Era um sentimento misturado com admiração, vontade de abraçar e beijar, ser amada por alguém apreciável, que não cedia ao fim.

EU — Que conseguistes com isso, vós que já fôreis humano? Se já fostes de fato humano, deveis saber que nada que é humano vos é estranho.

ELE — Um dia ela pegou nas minhas mãos... Quando pensei que nosso amor ia se iniciar, veio o absurdo: ela me pediu, mimicamente, um lápis e passou dias respondendo às cartas que Hannah Arendt lhe escrevia todos os dias. Ao fim de cada esforço, pedia-me para colocar no correio, e eu rasgava, entre lágrimas, no meio do caminho. Mas ela continuou recebendo as cartas da filósofa judia, inclusive as que comentavam as cartas que eu rasgava. Todas as respostas dela eram rigorosamente em cima da carta anterior. Eu não sei de onde Hannah, a mulher que mais amei, tirava esse álibi. Hannah Arendt tinha morrido em 75, estávamos em 99 e nada, nem as cartas que eu rasgava, impedia o diálogo das duas. Às vezes, mal eu ia saindo para postar a carta, Hannah me chamava com os braços ossudos, pedia papel e lápis, porque já tinha recebido uma resposta sobre a carta que eu ainda tinha em mãos.

EU — E então... Como agiu esta menina linda?

ELE — Um dia, não aguentei a afronta. Hannah estava me desprezando, em função de uma morta. Não dirigia uma sílaba a mim, nem para repudiar minha paixão, e fazia cartas inteiras para a outra. A caminho do correio, pensei em violar a carta, para ver o que elas estavam escondendo de mim. Afinal, eu era uma mensageira, importante na ligação das duas, e não usufruía de nada. Assim, abri a carta de Hannah para Hannah, mergulhei na intimidade das duas e só fiz confirmar a total ausência de lucidez. Vinham discutindo o futuro da humanidade, ignorando as carências do presente e sequer tocando em meu nome.

EU — Imploro que não continueis...

ELE — A falta concreta de referências a mim, a preocupação abstrata com a história, o desprezo das duas por minha condição humana, tudo doeu muito em meus limites. Ao ler outra vez a carta, foi deprimente, para mim, este último álibi:

QUERIDA HANNAH,

*Recebi tua carta sobre a banalidade do mal. Não vou respondê-la à altura; mas ouso fazer breves comentários:*

*1. Adolf Eichmann era leitor de filosofia, assim como Adolf Hitler foi pintor na juventude. Göring era fascinado por teatro de vanguarda e Goebbels um gênio da comunicação. A lista desses humanistas é imensa. Isso mostra que as mais louváveis criações do espírito não impedem a fabricação de criminosos. Ao contrário: podem atiçá-la, justificá-la, requintá-la.*

*2. O povo alemão era o mais culto do mundo e também um dos mais famintos. E cumpriu, com o nazismo, a terrível profecia de Ivan Karamazov: "Podem nos reduzir à escravidão, desde que nos alimentem". Só temo que a evolução piore e o ingênuo Ivan seja superado.*

*3. No milênio redentor que se aproxima, a escassez de ética será a maior crise do planeta. Os povos se entregarão espontaneamente à escravidão, e sem alimento. Todo amor será um pecado mortal. A noção de humanidade será entregue aos bichos. Figuras como você, Hannah, serão de péssimo gosto. Serão carbonizadas pelos povos e transformadas em asfalto.*

*4. Nosso futuro será teológico. Cada bala de metralhadora ecoará um nome santo. Cada bomba para o alto será uma ressurreição. Cada escravo surdo, um demente celestial.*

*5. O mal não é imanente nem eterno: é das mãos dos homens. Mas a servidão voluntária, até hoje inabolida, me diz o oposto. A menos que eu já tenha interiorizado, até na reflexão crítica, a sua lógica.*

*6. O Mal existe. É uma pena, Hannah, mas é o único ser entificável. É a única ontologia palpável. Os holocaustos do século vinte suplantaram dois mil anos de esperança cristã. Destruíram o amor ao progresso e a redenção pelas artes. O mais tecnológico dos séculos foi o mais assassino. O futuro parou no muro de Sartre. O Inferno será a salvação.*

*7. Milhões de índios e negros, trancafiados por trabalho forçado e algemas de bactérias, foram mortos no alicerce do Novo Mundo. Quem falar das maravilhas modernas lembre-se disso. Cada rua larga ou arranha-céu tem uma caveira por baixo. Estamos vivos às custas dessa massa fúnebre.*

*8. Com a mais bela subserviência no coração das pessoas, temo que o mundo não tenha mais a mínima morália. Estamos a um passo desse Paraíso.*

*9. Os justos vão para o céu. Só que o céu é o subsolo do Inferno.*

*10. Não creio no Gênero Humano, Hannah. E nisso reside minha autoestima.*

*11. Os filósofos não explicaram o Mal de nenhuma forma. Transformá-lo, então, é incabível.*

EU — Terá repouso essa melodia tão pobre?

ELE — A carta era uma traição confessa. Nunca fui tão escanteada na vida quanto ao longo daqueles delírios. Ela não me amava nem ilucidamente, nem nas distorções do espírito, nem escondidinha naquelas letras, que eram puros devaneios. É muito doloroso uma pessoa dedicar o coração a alguém e sequer ser citada. Assim, é evidente que eu rasguei aquela carta. Mas Hannah, em casa, já tinha recebido a resposta.

EU — Quereis vós que eu acredite nessa experiência tão singular?

ELE — Talvez a segunda seja mais convincente. Na mesma condição de ser humano, eu me apaixonei pelas artes. Se usares da astúcia da tua razão, entenderás meu propósito.

EU — Astúcia da razão? Que astúcia da razão vai sanar uma perda imerecida? Quereis que eu compartilhe dessa mediocridade? Prefiro voltar a crer em Deus. Como diz Leverkühn, a mediocridade não tem nenhum status teológico.

ELE — Aí é que tu te enganas, caro jovem, como Adrian também se enganou. Quantos seres neste mundo ouvem *Apocalipsis cum figuris* ou *Lamentação do Doutor Fausto*? Quantas pessoas ouvem uma música de qualidade mínima? E sabes por que não ouvem? Porque multidões inteiras, as mais imundas, já encontraram salvação na banalidade. A mediocridade tornou-se mais teológica do que Deus. É o "circo e circo" que substitui todas as hóstias, todos os ritos monótonos que prometem a paz celestial. A paz está na imundície da indistinção, da indiferenciação, do que vier, do que for propagado não importa por quem. A paz está nesse mimetismo estúpido que elimina a mínima graça da inteligência crítica e do gosto saudável.

EU — Desgraça nenhuma da humanidade justifica a minha.

ELE — Não me refiro apenas à humanidade como massa amorfa. Achas que não existem desgraças individuais muito mais penosas que a tua? Deixa-me contar a história de Nélida, a mulher que amei da última vez que vim a este mundo como mulher. Ela resolveu me deixar subitamente e eu tentei compreender o fato como uma mera dissidência. Mas, na verdade, havia uma doença horrível nos separando. Recorri ao Obscuro para ele representar minha intimidade aturdida, de mulher afetada por outra que resolve fugir e não deixar rastro. Ao descobrir o lugar em que ela estava, contei tudo ao Obscuro e o cooptei para escrever o texto que segue. Não há uma linha poética, pois é tudo transcrição empírica e tosca de sentimentos concretos:

### DESVÍNCULO
(Ou A túnica de Tânatos)

Nélida, sem dúvida, traía-me. Que estúpida fui eu?! Precisávamos de diálogos, mas Nélida, hipócrita, ignorava-me. Fingindo-se católica, encaminhava-se a espetáculos litúrgicos, só que, *in veritas*, entregava-se a cópulas lúgubres com patéticos. Já sentíamos, na prática, a diáspora: o fim da república onírica que fundáramos. Não só idílica e edênica, mas orgíaca ao máximo. Prováramos do mais lúdico e canibalístico, o mais ídico, sem máscaras. Não tínhamos gênero: éramos unívocas e amávamos e menstruávamos em coágulo único. Apertávamos as vértebras, sugávamos os esôfagos, colávamos os espíritos, de tão cérnicas que estávamos tornando-nos. Não dependíamos de estímulos excêntricos. Éramos ímpares e excluíamos os medíocres: os dionisíacos, os românticos, os satânicos *et cetera*. Convertíamos o trágico em lírico, o aristotélico em platônico, com escândalos semânticos e filosóficos. Éramos os primogênitos dos harmagedônicos. Éramos o que éramos: um triângulo com o deífico. Um átomo traumático não carregávamos. E... súbito... um parêntese drástico!

Mas era-me nítido o prostíbulo em que Nélida escondia-se. E fui lá.

Lá, disseram-me que Nélida tinha-se... Não, não! Mas Nélida?! E entregaram-me tal epístola fúnebre, sinônimo de antimágica:

ÔMEGA

Por múltiplos ângulos penetramo-nos e devoramo-nos. Enconchamo-nos em cápsulas grutálicas e tornamo-nos súditos recíprocos. Do que vivêramos, restam-nos moléculas pútridas, partículas de partículas, óbolos inválidos. Síndromes nostálgicas invadem-me, mas mantenho-me lúcida. Deitávamos no mágico e no feérico, debulhando-nos em carícias. Ah lâmina cilíndrica retalhando-me o íntimo! Meu espírito rendia-se aos cânones teus! Poderíamos ser hóspedes de Deus, se plasmássemos os séculos com cânticos. Mas... um crepúsculo mísero aproxima-se: catástrofe epidêmica: encobre-nos a túnica de Tânatos. E só lembro-me dos ínterins paradisíacos que tivéramos. Flutuávamos no utópico, em órbitas sui generis, sem ridículos cúmplices. Éramos apóstolas do autêntico e extraíamos sépalas orgásticas dos paralelepípedos. Teu pêndulo cortava-me, sangrando-me de êxtases. Chegávamos ao cúmulo do apoteótico. Cavalgávamos em ápices míticos, qual Ícaro e Dédalo na abóbada cósmica. Trêmula, lambias-me das pálpebras ao vértice do útero e regrediamos, impúberes, ao âmago dos âmagos. Parecíamos cíclicas, sem término. Da gênese às prédicas apocalípticas, folheamo-nos versículo por versículo, em êxtases sincrônicos.

(...)

Fica-nos, por fim, o desvínculo.
Sem pétalas e sem lágrima.

Subscrevo-me,

Nélida.

EU — Repito, descarado, falsa mulher, cínico dos cínicos: desgraça nenhuma da humanidade justifica minha desgraça.

ELE — Ocorre que há desgraças e desgraças. Algumas delas, para o nível em que a humanidade se encontra, podem funcionar como delícias. A epidemia do consumo, por exemplo: queres divindade mais poderosa? As pessoas vivem a síndrome da estetização da mercadoria. Por isso, também, não só pela força direta, eu e Deus perdemos espaço. A mercadoria pode ser tão endeusada, tão enfeitada pela propaganda, que as pessoas acabam comprando a marca, não a qualidade do produto. A forma abstrata toma o lugar do conteúdo concreto e vale por ele. Orientando-se pela falsificação das imagens, as pessoas não percebem que são ludibriadas na compra de produtos medíocres. Assim, qualquer iogurtezinho pode vir a ter estatuto de arte, ser cultuado como um quadro de Picasso ou de Salvador Dalí. Uma chinela pendurada numa parede por um prego, e que sai nas melhores capas do mundo, é tão antológica quanto o Museu de Utrecht ou um conto de Poe. Qualquer talco, qualquer perfume, torna-se um fim em si, como as estátuas incompletas de Michelangelo ou os livros miniaturizados de Adelmo, traduzidos em 1327.

EU — Sim, e eu com isso? As massas idiotas que se fodam! Elas escolheram, desde Caim, a escravidão.

ELE — Mas a escravidão hoje se passa por liberdade. Nas artes, sobretudo na música, essa hecatombe tem se disseminado nas pessoas como único caminho ao paraíso. Essas equivalências arbitrárias anulam a diferença de gradação e de natureza entre as coisas: tudo se iguala magicamente, como se a *História universal da infâmia*, de Borges, valesse por uma revista de mulheres nuas. As estatuetas de Rodin podem ser trocadas, sem mais nem menos, por um pneu de bicicleta, e um pneu de bicicleta por um *Édipo* de Francis Bacon, em infinita cadeia de nivelação. Em tudo, a recíproca é exata. Poemas de William Blake e peças de Jéan Giono são rigorosamente iguais à obra dos Neovetustos, como já observou o Obscuro, o que deixa de ser calamidade dentro da lógica do valor. Tudo se universaliza pelo rebaixamento, como se o sorriso da Mona Lisa e o olhar da *Menina Morta*, de Portinari, valessem as ilustrações de uma lata de queijo do reino. E tu achas que as massas estão escandalizadas com essa aberração? Ela inverte o papel de tudo e converte os mais simplórios produtos de consumo em ouro, como se o mais banal sofresse cronicamente do Mal de Midas.

EU — Onde quereis chegar com isso, sub-Mentor?

ELE — Podes zombar das minhas pequenas utopias, mas já me fiz passar neste mundo por uma amante das artes. Estudei a fundo os oratórios de Bach e um romance de Clarice Lispector em que uma mulher rica come uma barata.

EU — Não, não, astúcia de imbecil, de mentiroso, não venhais com essa... Não, isso é impossível!

ELE — Por que impossível, se meu reino *é* deste mundo? Tenho sido destituído pelos homens, mas ainda possuo algumas artimanhas pelo menos para atacar tua mente pretensiosa!

EU — Mentira! Se tivésseis o poder de outrora, não seríeis tão estéril diante do que vos peço nem imporíeis a Leverkühn a proibição de compor na sétima diminuta! Por que tendes horror à dissonância e à estridência?

ELE — Estás equivocado, jovem, e nossos diálogos já estão redundantes. Em 1906, quando eu ainda era infantil e, portanto, majestoso, antes da grande revelação do que seria o novo século, de fato impus a Adrian essa proibição. Mas aquilo tinha um sentido: a dissonância na sétima diminuta é tão grande, tão descomunal e irritante, que já foi um dia considerada uma evocação de minha presença. Enquanto corria a areiinha da ampulheta, a liberdade dele era completa e eu não queria ser evocado para participar de nada. Da mesma forma que lhe garanti absoluta autonomia, também estava exigindo respeito a minha reserva. Eu só apareceria no momento fatal, vinte e quatro anos depois, quando de fato apareci, apenas para ser coerente. Mas minhas forças já estavam ultrapassadas pelos investimentos bélicos dos homens. Todas as nações já estavam fornicando sem parar com a indústria bélica, a mais próspera da história! Queres que eu te repita essa coisa tão óbvia?

EU — Imbecil, escutai bem: eu não quero saber de quem se fodeu em guerra, quem foi chacinado, quem foi cremado, foda-se o planeta inteiro! Eu não matei ninguém, pelo menos até o momento! Eu quero é o corpo da minha Italiana, quero minha filha de volta, senão vou iniciar uma sequência infinita de estragos! Dissestes que já estais lendo em meu coração o que hei de fazer — e é verdade pura! Nunca tive um pingo de remorso por deixar meus pais, por que então vou sentir um toquezinho na pele quando estiver lacerando célula por célula dos assassinos?

ELE — Foram eles mesmos que mataram a menina? Tua dor se compara às maiores perdas do século? Conheces a sequência de crimes contra a humanidade que poderia ser chamada de *Nova lamentação de Mefisto*?

EU — Fodam-se todos os crimes contra a humanidade, foda-se a espécie humana por completo, fodei-vos vós, caríssimo Mentor! Minha dor não é menor que nenhum genocídio.

ELE — Serás perdoado, mesmo sabendo o que dizes. Auschwitz, Biafra, Camboja, Dia D, Estupros em Berlim, Fissão Nuclear, Gueto de Varsóvia, HIV, Ilha das Flores, Johannesburg, Katyn, Lídice, May Lai, Nanquim, Onze de setembro de 73, Pavilhão 9, Quang Tri, Ruanda, Srebrenica, Tibet, Uganda, Vinte e quatro de março de 76, Xexênia, Wannsee-Konferenz, YHWH-invalidado, Zaire... Nada disso é obra minha.

EU — Pois eu vou compor uma música só sobre esses eventos e denominar *Sétima diminuta*. Qualquer um que ler meu relato verá que é mera ironia à vossa impotência de um divino apodrecido. Eu componho nos intervalos que eu bem quiser. Eu faço a escala que eu bem entender, com a dinâmica que me vier em mente, com os arcos e os trítonos que eu decidir!

ELE — Tua arrogância, caro jovem, é apenas uma névoa de ira. Estarás tecendo tua própria mortalha se assim agires. Hás de descobrir, um dia, que Avida Dollars tem razão: nada disso entre nós está acontecendo e eu sou aquela jovem que visitaste na cadeia, assim como sou também tua amada Italiana...

EU — Mentira, filho da puta dos infernos! Jamais tendes o talento da Górgona-Húmus, jamais me despertaríeis a paixão de Karol! Imbecil, Dante deveria afogar-vos em um cone invertido cheio de merda! Vossa mentira só espalha nojo! Vossa mãe fornicou com todos os demônios menores, logo que nascestes!

ELE — Vou desconsiderar o que dizes, pois é apenas expressão de desespero. Quanto à linda Karol, não quero te passar os segredos por enquanto... Será teu segundo Ap33: miséria absoluta que não tens mente para acolher. Mas, se quiseres saber um pouco mais da Górgona-Húmus, ela está em tua própria vista, *face to face...*

Súbito, Meritíssima, a transformação foi arrepiante. Górgona-Húmus apareceu com toda a sua banha e suas pelancas, nua, rigorosamente monstruosa. Fiquei imóvel, sem crer na cena sinistra: ela se preparava para questionar uma menina de uns dezessete anos, já presa a uma cadeira no centro da sala. A menina, provavelmente drogada, acordava aos poucos, muito aos poucos, de uma primeira sessão de violência. O rosto já estava inchado de pancadas, mas a Górgona-Húmus garantiu que era apenas o começo. Algo me fez lembrar uma de suas confissões quando a visitei, mas não lembrei de imediato os detalhes. Eu sabia que era uma ação terrível, mas não conseguia delinear com precisão o que ocorreria de mais cruel com o rosto da vítima. Só vi que a gorda chegou perto da menina, imobilizada na cadeira, e perguntou:

— O que é que sua seu corpinho tem mais que a minha? Hã? Responde, puta, hã? Eu tenho doutorado, quebrei a cabeça para aprender alemão, escrevi uma tese gigantesca, e você quer ganhar dinheiro apenas com o corpinho? O que é que seu corpo tem de mais? Hã, puta, hã?

Tive a sensação de estar estacado na sala, sem condições de dar um passo, como se estivesse enfeitiçado por nigromantes. Lembrei-me da Italiana por causa dos nomes feios, mas a fúria da gorda dava um sentido muito negativo e deprimente às palavras que usei em 69s de extrema doçura. Enquanto eu procurava recordar as carícias mais adocicadas que já dei em um corpo, como lâminas de seda amaciando violinos, a gorda procedia ao grotesco mais sórdido:

— Vamos, puta, responde, senão eu rasgo essa tua cara todinha, puta, hã? Você pode ter um corpinho lindo, saradinho, não nego. Mas o que é que seu corpo tem mais do que o meu? Só porque a minha é mais gordurosa? Hã? Os meninos que desejam você todinha não desejam nem uma pontinha de mim, por quê, hã? Eles acham que eu cago banha, hã? Responde, puta!

E rasgou o silêncio da linda menina com um pedaço de vidro alinhavando a cara dela. Um dos olhos foi perfurado a fundo, vazado em sangue pelos dentes da garrafa quebrada.

— Hã, puta, hã? Pensa que eu sou um lixo, um saco de bosta, como você me chamava no colégio, hã? Eu era a Baleia Assassina, a Mamão, a Hipopótamo, a Tonelzinho, a Rolha de Poço, a Ratazana, a Elefoa, a Saco-de-Bufa, a Dragoa, a Come-por-todos, a Que-Caga-por-Duas...

Consegui lembrar, depois de muito esforço, o detalhe mais horrendo: a vítima era a única menina que Górgona-Húmus se arrependera de torturar: ela me disse, na cadeia, que o remorso vinha do fato de ter quebrado o pacto com Mefisto e ter ultrapassado os limites do rosto: no final, havia enfiado papel higiênico pela boca da adolescente.

Ele me confessou ao meu lado:

ELE — Não fiz nenhum pacto com ela. Toda essa crueldade vem do coração dela, não do meu. Ainda que eu mesmo seja ela, como já fui a amante de Hannah e de Nélida, eu nada posso fazer para conter a maior paixão dos seres humanos.

EU — Mas... mas... caro Mentor, ela vai... ela me disse... sim, o detalhe do papel...

ELE — Em nada posso interferir. O livre arbítrio é parte dos planos de Deus, não dos meus. Seria uma heresia eu tentar modificar alguma coisa.

E a gorda, esfregando os peitos no rosto da indefesa, depois passando a mão no próprio corpo e na boca da menina, continuou:

— E aí, puta, já tem resposta, hã? Quantas vezes você ouviu uma música que preste? Pensa que eu não tenho uma educação superior a sua, só porque a mídia diz que você é toda gostosinha e linda e todos os playboys querem fornicar com você? Quantos deles você já provou sem me convidar? Hã, puta, responde!

O mais impressionante, Meritíssima, foi a mudança súbita para outra tonalidade, como se ela fosse iniciar um outro tratamento com a menina sequestrada:

— Já ouviu falar em GH, querida? Você vai ser famosa, sair em muitas capas, posar nua para muitos homens se masturbarem. Mas já ouviu falar no sacrifício de GH? Já ouviu falar na caminhada de um jovem músico, de quatrocentos quilômetros, apenas para ouvir um mestre? Já fez isso alguma vez?

A menina nunca respondia, Meritíssima, porque a assimilação do terror tinha-lhe petrificado a língua e o olhar. As chagas que se formavam em seu rosto, já gradualmente irreconhecível, eram sintomáticas de uma espécie de envelhecimento precoce e forçado.

— Pensa que eu sou alguma sebenta cheia de gordura, hã? Aí é que você se engana. Feliz hora em que você entrou no meu carro, pois eu tinha que completar o ciclo das vinte e duas.

Santo Deus! Era impossível, a partir dali, continuar confuso. A menina da cadeira era de fato a vítima mais trucidada pela Górgona-Húmus. O desfecho mais repugnante, o do montinho de papel higiênico, ainda poderia ser evitado se eu fizesse alguma coisa. Mas não me senti capaz de agir, como se a cena que eu via fosse em outro plano, inteiramente inacessível às minhas mãos. Mefisto insistiu em dizer que estava ao meu lado, sentado no meu coração, que secretamente desejava aquela cena e já aguardava com ânsia o desfecho. Ao mesmo tempo, disse ele, era eu que estava sangrando o rosto da menina, como uma forma inconsciente de me vingar de uma classe rica, parasita e supérflua, a mesma de Vói e Tila. Não, não, eu recusei a fala dele, gritei para que tudo voltasse ao normal, e apenas os nossos negócios fossem tratados ali na terra do Papa. Mas Mefisto foi contundente: Ele era a menina, enquanto eu era a Górgona-Húmus, fazendo justiça com as mãos. Ele era a Górgona-Húmus, movida por Lúcifer, a alegria dos homens, e nenhuma sublimidade bachiana jamais libertaria a humanidade de suas grosserias. Comecei a ficar com a mente cansada, afetado pelas confusões, mas o terror parecia estar sempre começando. A gorda asquerosa pediu para a menina mostrar o que a seu corpinho dela, que ia ficar famosa, tinha de diferente do corpo gordo que nunca foi lambida nem comida, nem sequer desejada. E o silêncio da menina, agravado pela tremedeira dos braços, talvez às vésperas de um colapso, só fez instigar a criminosa.

— Sim, vão me prender por esses dias, vão me rebaixar em todos os jornais, mas seu corpo não vai a lugar algum! Como fiz com as outras, o meu método é infalível! É tão eficaz, que castra a fala de vocês todas e implanta nas suas cabecinhas de vento uma perpétua síndrome de pânico. Já ouviu falar em GH? Sabe como o gênio de Leipzig assinava o nome em suas composições? Já ouviu falar em Sila Dosi?

Deu outro corte no rosto da menina, entre as meigas maçãs e o canto da boca, unificando todas as chagas pelo caminho mais longo e mais tortuoso. E afirmou:

— GH consegue a transcendência pelo rebaixamento. Eu decifrei: de G a H, ocorre a igualização com todos os seres, daí ela engolir a barata. A clave de sol comporta todo o enigma. A nota sol (antiga nota G) é para tonalidades mais agudas. A nota si (antiga nota H) é para tonalidades mais agudas ainda. No entanto, essa aparente elevação só é possibilitada pela fusão de GH com a barata, espírito com espírito, sem retorno a nenhuma das formas anteriores. GH busca a não-forma, a sua desagregação no informe, no indelineável, porque a paixão de GH é um sacrifício para baixo, para a desqualificação, não em busca das salvações egoístas da cultura judaico-cristã, que apregoa a purificação do espírito. Está entendendo, meu amor? Quem vai ficar famosa precisa se elevar em leitura. Ou precisa apenas mostrar o corpo seco nas revistas?

Chegou mais perto da menina e continuou:

— Ora, a purificação de GH é inconcebível sem ela engolir uma barata, para libertar-se de todos os preconceitos. Ela não apenas faz autocrítica reflexiva, mas na própria ação: o mastigamento da barata é uma epifania inferior, compreendendo-se sua redução ao miolo de um inseto, mas extremamente digna e superior na coragem, na atitude de romper com todos os seus limites, inclusive sensoriais e gustativos. Nem Cristo procede a um sacrifício tão singular: a abnegação de Cristo, além de prevista e amparada pelo Pai, é de outra ordem. Nenhuma das grandes religiões monoteístas prevê esse tipo de autodoação, ao ponto de GH colocar-se à prova pela língua, pela boca, o que afeta toda a formação do senso comum sobre nojo e sobre limpeza. Ao engolir a barata, ela está se desfazendo de sua deterioração espiritual, mas não por meio de orações e outras privações já conhecidas das religiões. O desafio está em igualar-se a um ser ínfimo e repugnante, consagrado no Ocidente como um dos símbolos mais patentes de podridão e repulsa. Esse trajeto decrescente na experiência sensível, mas ascendente na espiritualidade, já está sintetizado em seu próprio nome: GH. Você tem noção disso, putinha? Ou você é apenas um modelito da cabeça cheia de merda?

Tentei soltar-me, Meritíssima, sair daquela inércia maldita, mas parecia um mero condenado a assistir à penúria de uma jovem. Lembranças de minha linda Italiana eram inevitáveis, passei a odiar a Górgona-Húmus, a repudiar o manipulador de almas, pelo extremo da covardia a que ele me expunha. Como já salientei, o terror, que não tinha fim, parecia nunca ter um começo — um traço informe e indefinido que não admitia nenhuma previsão, nenhuma imagem exata. Pensei numa dor suprema em infinito começo, sem continuidade, sem uma evolução que resultasse em algum repouso — ao menos a gentileza da morte. Mas a gorda praticamente encostou-se na menina e disse:

— Em minha tese, meu amor, eu dedico um capítulo inteiro à comparação entre GH e a protagonização das dissonâncias na música sacra de Bach. É, é isso mesmo que você está ouvindo. Não finja que está morta não, porque o meu método apenas inutiliza. Sim, eu estudei a fundo a música sacra. E você, hã? Só fornicando com todas os dias com o capital? Nunca fez um esforço para pensar, para analisar nada, e quer viver só vendendo a imagem do corpo para as revistas? Sabe quantos velhos compram seu corpo para se masturbarem, hã? Que sacrifício de bosta é esse com o sexo, que qualquer animal, qualquer macaca pode fazer? Acha que isso é um distintivo humano, hã? Por que não optou por um sacrifício como o de GH? Você sabe o que é lamber uma barata para encontrar a si própria? Sabe, no meu caso, o que é nunca ter tido um beijo de nenhum homem? Eu sou a Sebosona, a Pneu de Trator, a Tanque, a Murcha-Rola, a Quebra-Peia, a Estoura-Bojo, a Balão de Mijo, a Peida-Trovão, a Peito-Peraqui, a Jaburu, a Orca... Pensa que eu não lembro como vocês me chamavam no colégio?

Chegou mais perto ainda do rosto pré-estraçalhado, lambuzou os cortes com o sumo de sua próprio corpo em menstruação, colou sangue com sangue, afirmou:

— Temos que imitar GH. Eu já conheço a dor dela há muito tempo, pois o que o mundo me reservou foram justamente as baratas... Mas você? Pensa que a vida é uma festa de seu corpinhos ricas e perfumadas para serem fotografadas? Que tal experimentar uma barata pelo corpo e outra pelo ânus?

Notei que a ninfeta fez um leve movimento, mas logo voltou a se anular.

— O que GH nos ensina é uma filosofia muito libertadora: tudo o que eu estou fazendo com você, e já fiz com as outras, eu aprendi com ela. Na verdade, aprendi com vocês mesmas, que me maltratam desde muito tempo. Mas GH me ensinou o caminho das pedras. As reflexões dela valem por mil corpos seus, sinha putinha. Ainda que você tivesse um milhão de corpos descendo de seus poros, querendo fornicar com todos os filhos de Lúcifer, com todos os homens e animais da face da Terra, uma única frase de GH me daria alegria para furar esse cerco podre e colocar-me acima de sua prostituição infernal.

E enfatizou:

— GH se coloca em dúvida mesmo nos momentos em que parece superar-se. Não um momento excepcional que serve de contraponto a um outro padrão de tonalidade, mas como uma contradição interna nas próprias frases. O que ela afirma no início de uma frase ou de um parágrafo é constantemente relativizado e desconstruído na continuidade das reflexões. Você não tem miolos para isso, mas vou insistir. São continuidades descontínuas, não no sentido morfológico, de frases incompatíveis em sua estrutura, mas no desenvolvimento da semântica. Quantas vezes seu corpo criou vergonha na cara e dialogou com você para colocá-la em dúvida?

Seguiu-se então a nefasta cena dos papéis, a qual, Meritíssima, faço questão de abreviar. Eu havia pensado que a gorda ia juntar baratas para socar nas partes íntimas da menina. Mas o monte de papel higiênico, já usado, com resíduos de fezes, extrapolou tudo o que eu esperava. E o alvo escolhido não foi o sexo nem o ânus, mas a boca. Ela foi enfiando cuidadosamente, com a cautela de uma cirurgiã, os papéis podres na garganta da inocente.

ELE — Como vês, caro jovem, a cena está se diluindo, mas não é invenção minha. Eu apenas a transportei para cá.

EU — Por que dissestes que sois a Górgona-Húmus?

ELE — De fato, não sou ela, não sou tua Italiana. Mas confundir é meu maior trunfo, embora já não triunfe sobre os infernos dos homens. Pensa bem o que vais fazer daqui por diante. Os gêmeos são uns débeis perigosos, mas são inocentes. Digo-te isso de coração. Levei-te ao passado, a uma cena real, para veres o quanto a violência é nociva e estéril. Se Deus já perdoou a Górgona-Húmus pela sincera declaração de arrependimento, ele também te perdoará, se desistires da empreitada. O melhor que fazes é recolher-te à prudência.

Nesse momento, Meritíssima, o quarto mudou bruscamente de temperatura. Procurei o ex-Mentor por todo canto. O Portador das Trevas havia se dissolvido no ar.

# O PODER DA LITANIA — IV (SI)

### 4.4. A ORGIA FINAL

MERITÍSSIMA,

Eu já havia iniciado o recorte do corpo de Vói com maquita — um prelúdio suave do enredo da noite —, quando meu trabalho foi interrompido, mais uma vez, pelo pintor. Um pouco antes, notei que o Vói estava semidemente e só despertava com a serra da maquita no rosto, no peito, levemente na barriga e no pescoço. Mas era tudo apenas uma preparação teatral — um ensaio fantasioso — para a parte decisiva da noite. Os cancerosos e os mendigos não poderiam saber que tudo era concreto, senão a admiração deles por mim cairia sensivelmente.

Chamei as Três Marias para que lamentassem o infortúnio dos filhos. Estava já amanhecendo, com o lentíssimo espreguiçar do sol, quando elas chegaram e imediatamente começaram a chorar. Um filete de luz esbarrou no rosto de Tila, o que me motivou a dizer:

— O sol, Tila, é uma bola na segunda linha.

Elementi colocou onze forquilhas de madeira segurando o rosto de Vói, que aparentemente dormia. O rosto ficou seguro e equilibrado, voltado para o do irmão. As forquilhas apoiavam-se no chão da piscina podre, nas paredes, e convergiam para o pescoço do sonolento, deixando-o em perfeita posição para a operação final. Lembrei-me então de um cachorro ancorado em uma das forquilhas; ao fundo, um castelo ou uma pequena cidade aparentemente abandonada, em ruínas gradativas. De onde me vinham aquelas lembranças, junto com a da Madona de Port Lligat, que eu não queria para o momento mais esperado? Meu desejo era dar um tom musical ao rosto do Efebo e que seu irmão, absolutamente intocado, presenciasse tudo. Foi aí que repeti:

— O sol, Tila, é uma bola na segunda linha. Stagioni, por favor, desenhe uma clave de sol no rosto de Vói. Ele não merece ficar na escuridão.

E Stagioni, rodando a maquita com muito manejo, arrancou pedaços dos ossos de Vói, que fediam um pouco de longe, destacando-se sobre a merda e o mijo. Eu havia instruído o artista a ter cuidado com a penetração da serra no cérebro do rapaz. Eu o queria vivo. Eu o queria com consciência.

TRÊS MARIAS — Por favor, não façam isso com nossos filhinhos.

Elementi juntou todas as partes da carniça viva para Tila comer. Mandei Stagioni ameaçar Tila com a maquita, apenas para ele ingerir o irmão com disciplina. Mas jamais eu tocaria no corpo dele.

EU — A clave de sol ficou perfeita, Stagioni, mas parece que o sangue está tirando um pouco da nitidez. Não seria ideal refazê-la?

TRÊS MARIAS — Por favor, tirem nossos filhos desse castigo.

TILA — Vói, porra, não foi que eu quis não, porra. Esse puto me forçou.

EU — Você ainda vai comer um prato delicioso. Deixe a noite chegar. Para distraí-lo, Tila, preparei para você um jogo de adivinhação. Se conseguir acertar, você será solto. Até Cristo temeu a morte, Tila. E o pai dele era muito mais poderoso do que Guilherme Tell de Abraão Eli.

TILA — Guilherme Tell é o teu butico, fresco!

EU — Vamos deixar de hostilidades. Eu só quero o seu bem. Use a sua inteligência para conquistar a liberdade.

E mostrei a ele as seguintes inscrições:

qtodjzbwypfkxneuaglcmrishçvqtodjzbwypfkxneuaglcmrishçvqtodjzbwypfkxneuaglcmrishçvqtodjzbwypfkxneuaglcmrishçvqtodjzbwypfkxneuaglcmrishçvqtodjzbwyfkxneuaglcmrishçvqtodjzbwypfkxneuaglcmrishçvqtodjzbwypfkxneuaglxneuaglcmrishçvqtodjzbwypfkxneuaglcmrishçvqtodjzbwypfkxneuaglcmrishçvqtodjzbwypfkx

qtodjzbwypfkxneuaglcmrishçvqtodjzbwypfkxneuaglcmrishçvqtodjzbwypfkxneuaglcmrishçvqtodjzbwypfkxneuaglcmrishçvqtodjzbwypfkxneuaglcmrishçvqtodjzbwyfkxneuaglcmrishçvqtodjzbwypfkxneuaglcmrishçvqtodjzbwypfkxneuaglxneuaglcmrishçvqtodjzbwypfkxneuaglcmrishçvqtodjzbwypfkxneuaglcmrishçvqtodjzbwypfkx

qtodjzbwypfkxneuaglcmrishçvqtodjzbwypfkxneuaglcmrishçvqtodjzbwypfkxneuaglcmrishçvqtodjzbwypfkxneuaglcmrishçvqtodjzbwyfkxneuaglcmrishçvqtodjzbwypfkxneuaglcmrishçvqtodjzbwypfkxneuaglxneuaglcmrishçvqtodjzbwypfkxneuaglcmrishçvqtodjzbwypfkxneuaglcmrishçvqtodjzbwypfkx

qtodjzbwypfkxneuaglcmrishçvqtodjzbwypfkxneuaglcmrishçvqtodjzbwypfkxneuaglcmrishçvqtodjzbwypfkxneuaglcmrishçvqtodjzbwypfkxneuaglcmrishçvqtodjzbwyfkxneuaglcmrishçvqtodjzbwypfkxneuaglcmrishçvqtodjzbwypfkxneuaglxneuaglcmrishçvqtodjzbwypfkxneuaglcmrishçvqtodjzbwypfkxneuaglcmrishçvqtodjzbwypfkx

EU — Você tem que ler esses quatro compassos. Eles são corridos e indivisíveis. Cada linha de letras é um espaço do pentagrama. Verticalmente, temos nos extremos *qlki*, que tem o mesmo significado de *gfrx*. Eles correspondem aos cortes que vocês deram no corpo da menina, depois que mataram ela. Não se contentaram com a morte? Pois aí vai. Esqueçam que o pentagrama tem cinco linhas e considerem apenas os espaços entre elas. Cada série de quatro linhas corresponde a apenas uma letra. No fim, as quatro letras que vocês deduzirem formarão a única palavra que poderá salvar vocês. Estão prontos para a decifração?

TILA — Vói, ô Vói, morre não, porra, foi a gente não.

EU — Não foi? Ora... Decifrar é devorar, é aniquilar, como fizeram um dia com o monstro de Tebas. Tila, eu poderei diminuir as maquitadas em seu irmão se você responder ao enigma. São quatro letras lindas que você tem que sequenciar, quatro letras que mudariam o mundo se a humanidade as assimilasse. Não quer tentar? Posso lhe dar umas pistas: não é YHWH, não é INRI, porque essas sucessões são transcendentais. O que eu quero para vocês é a felicidade aqui mesmo.

TILA — Morre não, Vói, foi a gente não.

Nesse momento, Meritíssima, fui surpreendido pela chegada, sempre elegante e imprudente, de Avida Dollars. Ele sequer me considerou, como se eu não estivesse presente. E passou a conversar com os gêmeos, como um arauto da esperança. Ordenei que Stagioni e Elementi suspendessem as atividades. Ficamos como meros figurantes de uma cena antológica que nós mesmos havíamos idealizado:

PINTOR — Quando o Universo era uma subfração de segundo, a matéria era um milésimo de átomo perdido entre outros milésimos de átomos, sem expansão. O espaço ainda não existia. Eu lembro da minha forma uterina, composta de partículas que queriam navegar num espaço que não existia e comprimia tudo. Nas formas primordiais dos buracos negros, minha garganta engolia todos os universos paralelos e eu mesmo era engolido milhões de vezes por mim, sem direito a um fôlego, a um mínimo movimento, por causa da ausência de espaço.

TILA — Morre não, Vói, porra, painho vem aí.

PINTOR — Eu era um cisne virando elefante, um elefante virando cisne, e aprendi que meu inconsciente premeditava essas imagens como sucessões reversíveis e provisórias. Isso me ensinou uma das certezas mais sólidas: o segredo da não-progressividade do tempo. Tudo pode voltar a sua forma primordial, a sua órbita tosca e compacta, anterior ao espaço e à própria malha do tempo. Meu irmão mais velho morreu precocemente, mas morreu para prenunciar meu advento a um mundo que até hoje não me comporta em minha totalidade. Eu sou o método paranoico-crítico, eu pari minhas entranhas, eu pari a entranha que me pariu, eu pari meu cérebro carcomido por besouros, meus olhos ocupados por caveiras que encerram caveiras, que encerram outras caveiras, na discreta infinitude do finito.

TRÊS MARIAS — Por favor, vamos perder nossos inocentes...

PINTOR — Nada se perde em absoluto, a menos que o imperativo da vontade iluda a nossa mente. Eu já fui uma rocha inerte e improdutiva, mas meu crânio já andou pelo mundo em cima de um cavalo, cumprindo as leis e os desejos do Harmagedom. Lembro claramente de meu crânio separado do corpo, de minhas penumbras esparzidas no núcleo do sol, onde as estrelas se reúnem em assembleia para decidirem se as próximas chuvas solares serão alvejadas pelos meus quadros. Vocês se encontram em situação idêntica, sob a escravidão dos pensamentos e dos ressentimentos do maestro. E este, coitado, não passa de um casulo letárgico no Manicômio, cujos enlouquecidos hostilizam mães de caridade.

TILA — Vói, porra, foi a gente não. Esse bosta quer confundir a gente.

PINTOR — Um morcego em diluição, prestes a proliferar-se em outros morcegos, esconde o guarda-chuva de Chamberlain, talvez o símbolo mais emblemático da tolerância e da incompetência do ministro. A massa espermática que ameaça cair no rosto de Hitler é ejaculada pelo telefone, não pela forquilha, mas o desejo desta é atravessar o ditador para vingar todas as vítimas. Eu presenciei essa disputa de desejos, eu vi o quanto é sugador cada aglomerado de sondas cósmicas pelas quais as energias circulam. Cadáveres trêmulos, contidos em blocos de pedras, rastejam pelo chão em busca de luz, mas o sol sofre a ameaça de ser encoberto e apagado pelo meu crânio, que o observa de Patmos. Neblinas de fogo caem nas prisões de Patmos e a ira patológica dos ditadores não se reduz. Eu deduzi *in loco* esse caráter irredutível deles em 39, meio século antes de ser embalsamado nas trevas, como me encontro lá até hoje. Estou com vocês dois aqui e meu corpo é patente, meu espírito mais empírico ainda. Minha morte em 89 talvez tenha sido apenas um ensaio incompleto, para provar-me de vez que eu sou as borboletas que giram nos moinhos de vento, mais confiáveis que essas correntes que prendem vocês. Nada disso está acontecendo e basta um mínimo de dignidade, de amor próprio, para vocês dissolverem toda essa farsa.

TRÊS MARIAS — Por favor, ninguém suporta tanta dor.

TILA — Vói, porra, responde. Foi a gente não.

TRÊS MARIAS — Foi não, filhinhos. Painho vem num piscar de olhos.

PINTOR — Vocês foram sequestrados por uma vontade negativa, hoje recolhida no Manicômio, porque é uma exceção à normalidade social. Vocês são escravos dessa anomalia, assim como os republicanos foram escravos de Franco e Auschwitz é fruto dos judeus que não se sublevaram. O Universo funciona assim: energias e antienergias, matérias e antimatérias disputam o espaço, ainda que o espaço não exista e seu esboço seja apenas um lapso precipitado do Demiurgo. A inteligência divina, de fato, ainda vai florescer, talvez só depois de falecer um milhão de vezes, para alcançar um nível plausível de perfeição. Mas seu subconsciente, que preexiste a qualquer criação, já convulsiona as energias pré-cósmicas à suplantação do caos primordial onde o tudo é o equivalente do nada. Essas equivalências, entretanto, são falsas, porque todos os meus cavalos são danificados e já existem no tempo que ainda será habitado pelo Ser Maior.

TILA — Vói, carai, diz alguma coisa...

PINTOR — O simples pressentimento de que um dia vai existir o espaço já é o motivo para toda essa ebulição de forças que se agridem em prol de um recanto mínimo entre um átomo e um antiátomo. Eu estou aqui e sou real. Vocês estão aqui e não são reais. Vocês não estão aqui e a única coisa real disso é a vontade que transformou vocês em imagens canibalizadas. Os traços difusos e aleatórios que atrapalham a coroação de João XXIII são herméticos à apreensão lógica, mas o Papa consegue, por força da convicção, realizar-se como Pontífice. Há forças em volta querendo destruir a santidade de João XXIII, mas a pureza das suas intenções predomina, tal é a força em que se embasa. Um traço mais claro pode ser paralelo a um peixe suspenso no ar, perpendicular a formas geométricas disformes, mas o problema de vocês é não conseguirem a autonomia em relação aos sentimentos do maestro.

TRÊS MARIAS — Por favor, tirem daí os nossos filhos.

PINTOR — Vói e Tila, por favor, me ouçam: vocês são responsáveis por este Semitártaro, uma vez que Próspero, tão empobrecido, mal consegue erguer-se do chão frio do Manicômio. Ele está mais enraizado na inércia do que Quéops ou Nefertite e apenas relógios moles poderiam expressar com precisão essa impotência. O tempo não passa para ele, por isso ele não supera nada. Ele se fixou em vocês, sonha com os gêmeos dele, nascidos da Italiana, sendo devorados por vocês dois. Esses sonhos aumentam a dor e a impotência dele por um lado, mas também o ódio a vocês por outro. Houve um momento, que não sei explicar com nitidez, que as mentes de vocês se cruzaram, os quatro gêmeos se cruzaram, e o outono é a estação mais propícia a essas colisões catastróficas. Saiam daí, já disse, cruzem outros meridianos, aproximem-se de Órion, naveguem entre as Três Marias.

TILA — Vói, ô Vói...

PINTOR — As três idades da vida podem ter como fundo uma paisagem de rios e rochas, mas os rostos são inconfundíveis, embora unos. Voltaire sorri no mercado de escravos porque ele não conhece o sofrimento. Vocês estão aí nessa penúria metafísica porque ainda não conhecem a dor. A dor que supostamente está em vocês é apenas um simulacro pobre, um prenúncio da verdadeira dor que ainda virá, caso vocês não se libertem desse sonho. Há uma moça à janela esperando a volta de vocês e olhando para o horizonte vazio. Há dois mil anos Cristo e os apóstolos esperam vocês para iniciarem a última ceia. Há um rosto em esferas esperando vocês para dar expansão ao Universo. E vocês, presos aí por causa de desejos pobres e mesquinhos, estão frustrando projetos bem maiores, como a profusão das quatro forças fundamentais do Universo. Se vocês continuarem submetidos aos ressentimentos de Próspero, serão vítimas fatais não do maestro, mas da indiferença do Universo, porque este funcionará um dia. Existem hoje quarenta milhões de aidéticos na África, Vói e Tila — e qual a importância de vocês diante dessa massa catastrófica? O mundo é assim: ou glorifica hipocritamente os famosos ou, mais hipocritamente ainda, as misérias anônimas. Há uma estimativa de duzentos milhões de pessoas mortas nas guerras do século vinte — quem vai se lembrar de vocês no cômputo geral dessa carniça? Há um cesto com pão que espera ser devorado por crianças ossificadas — e que pingo dágua vai se lembrar de refrescar a garganta de vocês? O nascimento dos desejos líquidos e o pão antropomorfo catalão proclamam-se à margem do egoísmo de vocês. Essas duas banheiras — uma limpinha, bem tratada, cheirando a eucalipto, outra monstruosamente preenchida de excrementos — são apenas metáforas dos desejos conflituosos de vocês, ainda que haja entre eles um ponto em comum: o desejo de pagar por alguma dívida.

TILA — Porra, Vói, faz isso comigo não. Foi a gente não, porra.

TRÊS MARIAS — Por favor, botem nossos filhinhos aqui nos nossos colos.

PINTOR — Essa busca de sacrifício reproduz uma estupidez das maiores da humanidade, como se a cabeça de Narciso fosse um ovo ou como se o Cristo de São João da Cruz fosse uma mercadoria banal. Essas correntes, pois, que supostamente descem das paredes, na verdade emergem de dentro de vocês mesmos, de cuja introspecção, permanentemente negativa, vocês não têm mais controle. Já pensei em converter vocês em matéria pictórica, mas é possível que vocês já sejam uma matéria pictórica anterior aos meus desejos. Tenho medo de querer devorá-los em minha arte e vocês não passarem de uma abstração, de um esvaziamento figurativo, que não condiz com minha estética. Essa autodestruição, aparentemente um sacrifício, será esquecida logo depois do esgotamento de vocês, em futuro próximo, quando o Universo será apenas uma subfração de segundo.

Com a saída do pintor, dispensei os travestis e expus a Tila mais uma chance de salvação pela inteligência:

wdvyjoqscthmlaxrgnipzefbukçwdvyjoqscthmlaxrgnipzefbukçwdvyjoqscthmlaxrgnipzefbukçwdvyjoqscthmlaxrgnipzefbukçwdvyjoqscthmlaxrgnipzefbukçwdvyjoqsctmlaxrgnipzefbukçwdvyjoqscthmlaxrgnipzefbukçwdvyjoqscthmlaxrgnipzefbukçwdvyjoqscthmlaxrgnipzefbukçwdvyjoqscthmlaxrgnipzefbukçwdvyjoqscthmlaxrgnipz

wdvyjoqscthmlaxrgnipzefbukçwdvyjoqscthmlaxrgnipzefbukçwdvyjoqscthmlaxrgnipzefbukçwdvyjoqscthmlaxrgnipzefbukçwdvyjoqscthmlaxrgnipzefbukçwdvyjoqsctmlaxrgnipzefbukçwdvyjoqscthmlaxrgnipzefbukçwdvyjoqscthmlaxrgnipzefbukçwdvyjoqscthmlaxrgnipzefbukçwdvyjoqscthmlaxrgnipz

wdvyjoqscthmlaxrgnipzefbukçwdvyjoqscthmlaxrgnipzefbukçwdvyjoqscthmlaxrgnipzefbukçwdvyjoqscthmlaxrgnipzefbukçwdvyjoqscthmlaxrgnipzefbukçwdvyjoqsctmlaxrgnipzefbukçwdvyjoqscthmlaxrgnipzefbukçwdvyjoqscthmlaxrgnipzefbukçwdvyjoqscthmlaxrgnipzefbukçwdvyjoqscthmlaxrgnipz

wdvyjoqscthmlaxrgnipzefbukçwdvyjoqscthmlaxrgnipzefbukçwdvyjoqscthmlaxrgnipzefbukçwdvyjoqscthmlaxrgnipzefbukçwdvyjoqscthmlaxrgnipzefbukçwdvyjoqsctmlaxrgnipzefbukçwdvyjoqscthmlaxrgnipzefbukçwdvyjoqscthmlaxrgnipzefbukçwdvyjoqscthmlaxrgnipzefbukçwdvyjoqscthmlaxrgnipz

EU — Pode visualizar melhor? Um dia, quando pegarem esses registros, vão dizer que Próspero era um assassino polido, como Hannibal Lecter, porque sabia fazer poesia de vanguarda. Não é nada disso. Esses compassos apenas escondem a palavra-chave que a humanidade deveria seguir, vocês dois deveriam seguir, mas não seguiram. Especializaram-se em canibalismo.

TILA — Cadê tu, Vói, porra? Foi a gente não, eles vão saber.

EU — Quando eles chegarem a saber, Tila, que vocês são inocentinhos, vocês terão tido a morte mais humilhante da história, tudo sob tortura lenta em quatro dias... Olhe aquela baba que desce da cabeça do seu irmão: você vai ter que comer.

Então ordenei que Stagioni serrasse uma parte do crânio de Vói, sem qualquer critério. Ele passou a maquita em várias direções, despertando gritos os mais cavernosos. Migalhas do cérebro, envoltas em sangue, começaram a se refugiar nas paredes.

A partir daí, Meritíssima, ou desde o início, perdi a ordem sensata das coisas. Essas lacunas afetam as lembranças, mas não desfiguram o essencial. Lembro agora que umas partes de Vói foram cortadas na forma de quatro letras, mais ou menos em quarenta centímetros, para dar consistência à comida do irmão:

ALLF

Não tinham o mesmo acabamento das letras, mas devem ter sido mais humanas na ingestão, por serem cortes macios e suculentos. Súbito, em meio ao anagrama mais belo do outono, quase um "alef", ouvi uma voz lá fora cantando "Palavra de mulher" e subi às pressas a escada. Aquele final repetido, que enfatiza o *"Me espera, eu vou voltar"*, fez um ronda letal nos meus ouvidos, até eu descobrir que estava em devaneio. Não era ainda a hora de ela voltar, tudo tinha que adequar-se ao plano perfeito, para corresponder à forma incomparável do seu corpo.

Chamei Stagioni e Elementi para o almoço. Passamos a tarde com os cancerosos e os mendigos, jogando baralho, dominó, o índio e o padre e outras besteiras, enquanto as Três Marias descansavam. Perto do pôr do sol, retornei a mais uma sessão de crueldade — para não dizer de amor:

— Tila, querido, seu irmão já é um corpo falido. A alma dele pode estar querendo ser devorada por você, mas faremos tudo para ela não ter espaço. Seu estômago é reservado para carnes, e carnes muito especiais, como convém a um canibal. Stagioni, por favor, arranque todos os dentes de Vói. Traga aqui a gengiva completa, sem quebrar nenhuma pecinha, para o irmão dele experimentar.

— Quipariu, Vói, foi a gente não, Vói, morre não, porra.

Stagioni fez o trabalho magistral. Dente por dente, depois olho por olho, tudo socado na boca de Tila.

Era hora do ensaio do coral. Instruí Stagioni e Elementi a irem com muita cautela ao cemitério. E aí uma amálgama de formas demoníacas — as mais demasiadamente humanas — me invadiram e me assaltaram, como se meu mínimo senso fosse suspenso na consciência do Inferno, nos crânios roídos por Ugolino. Subi rápido para o último arranjo com o coral, desci com eles na mais plena quietude. As Três Marias, acompanhando a cena, não iam mais suplicar pelos filhos. Pedi aos figurantes para se comportarem como atores impassíveis, mergulhados na lógica da arte, e que não se afetassem com os gritos dos dois atores principais. Tudo o que eles estavam sofrendo era apenas mimese, criação, recriação, imitação, como quer que chamem as fantasias humanas convertidas em tramas reais. Eles seguiram tudo com cuidado, na performance corporal e na música, até serem surpreendidos com uma plaqueta à frente do caixão: "Karol Tiana Miranda (1988-2005)".

Quando meus agentes desceram, procedi a uma cerimônia sacra: pedi que todos os presentes — cancerosos, mendigos, travestis, torturadores — esquecessem suas diferenças e se unissem em comunhão ao corpo presente. Stagioni e Elementi abriram cuidadosamente o caixão e ergueram, com todo respeito, o corpo da Italiana. Em seguida, o depositaram no mesmo lugar, para não convertê-lo em objeto banalizado.

Em uma de minhas visitas ao Obscuro, havia pedido a ele um soneto apropriado para o momento. Ele se inspirou num artista da infância de Hamlet para atingir o grau necessário de transcendência. Então afastei o violino — com o qual vinha regendo o coro — e tirei do bolso a folha com o poema. Senti dificuldade em pronunciar as primeiras linhas, mas com firmeza prossegui. Pedi para que todos ficassem de joelhos e ouvissem aquele poema-oração, um salmo apócrifo sobre o tema mais turbulento da existência. Pedi que fechassem os olhos e se concentrassem em cada palavra, em cada cesura, em honra ao corpo retalhado que jazia há um ano por extravagância e petulância dos homens. Estávamos num ritual de rememoração de um sacrifício banal, indevido, imerecido, trágico, porém extremamente instigante para minha alma, para o próprio renascer da fé e da significação da vida. Então recitei:

YORICK

Violada entre abismo e terra chã,
Tua mansão, tão vil, foi descoberta.
Teu crânio para os homens é um alerta
Maior que a maldição imposta a Cam.

Ela se enlaça em nós com mãos de lã
— Nossa meta mais certa e mais incerta —,
Como a angústia letal que nos aperta,
Como os grãos que afogaram Tzinacán.

Somos todos disfarces de teus ossos,
Máscaras provisórias de destroços,
Cascas sobre ruínas e agonias...

O Príncipe, ao te erguer entre os coveiros,
Viu em ti os instantes derradeiros
Dos dias que são seus e nossos dias.

Pedi que os figurantes se retirassem e fossem para a casa. Podiam comentar a peça à vontade, lanchar, jogar, dormir, mas jamais retornar ao Semitártaro. Com a ajuda de Elementi, abri a boca de Tila e lhe adverti:

— Não ouse vomitá-la, filho da puta! Você escolheu este momento. Partes especiais do corpo dela vão ser arrancadas e enfiadas na sua boca! Há um ano que ela espera ser devorada por completo! Você iniciou, vai ter que terminar.

Ele começou a gritar pelo irmão, esperneando como um demente irreflexo. Viu que Vói não mais reagia e desesperou-se por completo.

— Bota o caixão aqui na borda, Elementi, para Tila ver que não é nenhuma mágica. Você, meu rapaz, vai comer um corpo morto!

E eu mesmo serrei, com lágrimas nos olhos, aquelas lindas carnes que tinha beijado em extremo delírio. Blocos de vermes — misturados a pequenas bolsas de líquidos amarelados e cinzentos — acompanhavam os pedaços de carne. Tila ainda se torceu como um animal, mas Elementi botou forças nos braços e manteve a boca dele aberta, na base de alicate e tesoura. Ele corria o risco de ser perfurado e morto — e talvez, de seu ponto de vista, isso fosse mais confortável. As correntes se debatiam entre seus pulsos e as paredes da banheira; e eu não tive a menor hesitação. A parte mais íntima foi cortada, dilacerada dos restos mortais e socada na goela dele com toda frieza. Ele engolia cuspindo em nós três, mas estávamos protegidos por máscaras e roupas especiais, o que fazia parte da indumentária da peça.

— Você vai engolir todinha. A escolha foi sua. Estou apenas cumprindo seu desejo.

Ele ficou urrando entre as quatro mãos, enquanto as minhas cortavam, com todo carinho, as partes mais íntimas do cadáver. Órion, finalmente, migrava de minha boca para o estômago de um canibal. Era a sorte maldita de uma constelação, de um herói amado por Ártemis, mas uma sorte que tinha que ser finalizada, para não sucumbir ao terror das incompletudes.

— Você sabe o que é beijar um corpo com amor, Tila? Dessa vez, pelo menos, tente experimentar, finja que sim, porque é sua última chance. Sua boca está sendo filmada, lembra? Faça algum sinal de encanto em sua língua, algum gesto de emoção, para que as pessoas achem que, enfim, com paz no coração, você amou um corpo com amor.

E derramei na boca dele a última sopinha do corpo dela. O líquido podre refluía, mas a cabeça dele foi inclinada o suficiente para engolir tudo com perfeição, sem preconceito, com extrema fraternidade.

— Não pense que acabou, Tila. Ainda bem que você se mexe e mostra que está vivo e com bravura. Prepare-se para a outra parte: o ânus.

Ante a persistente grosseria de Tila, me aproximei mais do ouvido dele e gritei:

— Cadê os capangas de Guilherme Tell de Abraão Eli, cadê Franklin? Vou te foder todinho e o mundo vai ver! O mundo vai ver, seu bosta, o mundo vai ver o playboyzinho comendo um ânus ao vivo! O mundo vai ver, seu bosta, o mundo vai ver!

Logo depois, abrandei o máximo, com voz de criança de coral:

— Aqueles que se unirem em Cristo Jesus não terão condenação. Não é o seu caso, Tila, nem o meu.

E de repente, por motivos que não consigo explicar, me peguei cantando trechos do mais belo moteto já criado pelo homem:

*Es ist nun nichts, nichts,*
*nichts Verdammliches*
*an denen, die*
*in Christo Jesu sind,*
*die nicht nach dem Fleische wandeln,*
*sondern nach dem Geist.*

praticamente ceguei na breve cantata breve sim breve apenas partícula de uma obra gigantesca mas o suficiente para o *religare* para a sintonia perpétua para o que eu precisava para a humilhação mais catastrófica já praticada em minha cidade por motivos pessoais eles deram fim a um sonho foram soterrados da mesma forma e piedade não tinha a menos que se unissem em Cristo Jesus há umas sequências em *staccato* que não consigo entender se pertencem à melodia ou à harmonia são tão determinantes da qualidade dos rodopios utópicos do "Deus existe e Nietzsche está morto" do "Deus existe e tu ressuscitarás" do "Deus existe e o carinho que Ele nos ensinou não está nos lábios mas nas ações" e eu que pensava ser Durante o inspirador de minhas ações sim tinha Durante em minha cota suas notáveis cantatas para quarteto com mais uma voz que eu queria e essa voz foi arrasada ainda aos dezessete anos e estava ali nas bordas de uma banheira cheirosa que emitia eucalipto à semelhança do largo que cantei em seu velório é muito difícil acreditar que esse moteto seja apenas criação humana é aí que toda minha empáfia se rende e novas forças me constituem e novos fluxos de energias me contagiam e me soerguem e foi aí que os dois gêmeos de merda se enganaram eu não sou um cacique sem hotel pra dormir em calçada o cacique foi queimado e onde está a tribo para torrar um por um dos inocentes ora não vou quero ver quem vai me impedir mas é impossível crer que harmonia e melodia sejam duas componentes em separado a sapiência do moteto bwv 227 não permite a separação e confunde as mentes em diáspora as mentes que distinguem *staccato* de *legato* e as percepções não podem ser atrofiadas por categorias estanques Mefisto é um derrotado um covarde que ainda quis me impedir do desenlace final *Jesu meine Freude* é o triunfo da justiça Meritíssima alguns me avaliam inútil uns me acharão um pernicioso doente mas outros vão sentir na pele do coração um longo sopro de alívio *Nihil ergo nunc damnationis est iis qui sunt in Christo Iesu* e me preparei espiritualmente para cortar o ânus dela tirá-lo de dentro das bundas moles pudins cadavéricos libertar o lindo anusinho que eu tanto tinha beijado oh céus este é o destino final dela que seja cumprida a vontade deles *qui non secundum carnem ambulant* e o número 8 e o número 1 podem ser multiplicados entre si e pode o resultado ser divido por 2 e há sempre uma força maior que me inspira Mefisto é um idiota retraído traído por sua própria impotência subjugado pela repressão dos homens pelo medo que os homens lhe infundiram e vi seu rosto na Itália nos pés do Papa como um debiloide que não serve mais de modelo a ninguém por que então não criar meu próprio modelo e o terror me abraçou em definitivo para eu não ter condenação a *Litania nº 4* foi soterrada com o contralto que ia dar-lhe brilho nos palcos mas o destino a crueldade o canibalismo não deixou o soprano é quem conduz no início a melodia mas a melodia desdobra-se no moteto creio que há uma fuga ainda que incompleta no ritmo *poco adagio* não tenho segurança e bem na hora de encanecê-los e encarniçá-los me surge o bombardeio da música

Denn das Gesetz des Geistes,
der da lebendi machet
in Christo Jesu,
hat mich frei gemacht,
hat mich frei von den Gesetz
der Suende und des Todes

senti aquilo como uma ordem divina para que eu parasse a ação nefasta já tinha começado a cortar o anusinho dela para enxertar na boquinha do playboy e o mundo inteiro ia ver online sim é impossível ouvir o apelo é impossível o acordo é impossível a reconciliação é impossível outra conduta *Lex enim spiritus vitae in Christo Iesu liberavit me a lege peccati et mortis* e o número 8 e o número 2 se multiplicam por 2 e a soma é dividida por 4 assim aprendi no elementar e o coral apenas estiliza evocações ao Grande Império do Mal que devastou todos os povos então me aproximei de Tila e gritei abra a boca para sentir a delícia do ânusinho e o filho da puta ainda resistiu e Elementi e Stagioni tiveram que abrir a boca dele no pau é isso mesmo no cacete eu não vou encostar um dedo nele este é meu trato com ele mesmo mas é isso mesmo no pau abre essa porra dele pra ele beijar uma mulher com amor

— Entendeu, Tila?

E a Italiana, já sem corpo, teve o corpo virado no caixão para a perícia final. Com mais respeito do que demonstraria a uma autoridade, cortei o ânus dela, ex-louro, agora todo ensebado de vermes e líquidos sinistros. Pedi aos assistentes que abrissem a boca de Tila com toda crueza: aquela cena final era a concentração definitiva do meu ódio. Apagaram para ela a doçura dos oratórios, mas ainda havia algo sacro em meu coração para agir por ela. Então derramei e soquei — para não sobrar nada do ânus dela — os restos dos restos mais íntimos na boca dele. Coloquei um cano na boca dos dois — de boca a boca — para que as pessoas vissem que a minha ira não tinha fim. Tinha virado doença, acredito, mas uma doença saudável que me fazia sentir a vida plena outra vez.

O Vói, mesmo já decrépito entre as forquilhas, não ficou isento de minha arte. Engoliu pela boca e pelo cano tudo o que o irmão engoliu, inclusive os respingos do cérebro e pedaços dos ossos do crânio que o outro, insensato e egoísta, repudiava. Mas esses detalhes, Meritíssima, são redundantes e eu prefiro evitar repetições.

Em poucos minutos, sem mais nenhuma vibração, estavam mortos. Verifiquei tudo com cuidado, para não confundir com arte.

A chuva tinha diminuído um pouco, quando dei os devidos conselhos para os solistas e os agentes fugirem. Paguei a eles e dei a escritura da casa de presente aos mendigos. Em menos de uma hora, coloquei todas as imagens na internet e telefonei para a televisão.

Desde então, Meritíssima, espero um encontro com a Senhora. Sem balança, sem espada, sem venda nos olhos. Ainda tenho detalhes a revelar.

Entre a matéria e o relato sempre há lacunas: antitravessia.

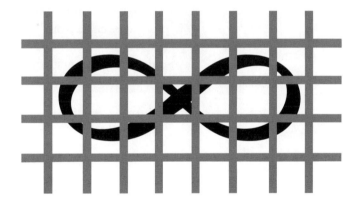

## CADASTRO
# ILUMI//URAS

Para receber informações
sobre nossos lançamentos e
promoções envie e-mail para:

cadastro@iluminuras.com.br

Este livro foi composto em Garamond pela
*Iluminuras* foi impresso nas oficinas da
*Paym gráfica*, em São Paulo, SP, sobre papel
off-white 80 gramas.